もう一つ上の日本史

『日本国紀』読書ノート

古代〜近世篇

浮世博史

幻戯書房

はじめに

二〇一八年（平成三十）十一月、百田尚樹著『日本国紀』という本が刊行されました。

同書は「当代一のストーリーテラーが、平成最後《ママ》の年に送り出す、日本通史の決定版」「教科書では教えない日本史」を謳い、小説家である著者が、日本の歴史を五百頁の一冊にまとめあげた、とされる一冊です。発売から四か月の間に、計九刷六十五万部が発行されたといいます。

同書がそれだけ人気を得た背景には、おそらく、「日本史にはなじみがない」「でも教科書はなんとなく信用できない」といった、既存の歴史教育に関する不満を持つ一般読者の方が、かなり多くいらっしゃったためではないかと思います。

でも、気になる部分が結構あるんです。

私はこれまで、中学・高校生の歴史教師として三十五年間、教壇に立ってきました。その眼からすると、単純な誤解や誤りの他にも、今は学校ではこう教えています、そんな風には説明していないんです、というところが多いのです。

「あげ足とりじゃないか！」って怒られそうですけど、大きな通史だからこそ、そこをそう説明しちゃうと、あとの話がつながらない、せっかくの言いたいことが伝わらなくなる、ということがあります。誤解の上に話が積まれると、全体が違う方向に行っちゃいますからね。

ひとくちに「日本史」といっても、実は、世間には様々な「見方」が混在しています。

たとえば、日本では戦前、いわゆる「皇国史観」という非科学的な歴史教育がなされ、敗戦後は一転、それを全否定するような教育に変わりました。そして戦後の時間の流れとともに、「社会科学としての歴史学」の進展による見解の変化が、その時々に教科書へ反映されてゆきました。

歴史は一方、小説やドラマといったフィクションの分野で根強い人気を持つ題材でもあります。フィクションの場合、もちろん必ずしも事実そのままでなくてもかまわないわけですが、時に、明らかな誤りまでもが、もっともらしく、広くそして長く再生産されてしまうこともあります。

二〇〇〇年代以降、インターネットが普及し、歴史に関しても、誰でも気軽に表現し公表できるようになりました。しかし先述のように、同じ「日本史」といっても、「かなり古い日本史教育」「ちょっと古い日本史教育」「最近の日本史教育」「最新の研究」「歴史ロマンとしてのフィクション」では、それぞれ見方が異なります。ネット上の記述については、それらの異なる見方が区別のつきにくい状態で混じり合っている場合が多く、そのまま受け入れるのは注意が必要です。にもかかわらず、最近では書籍の世界にまで、そうした玉石混淆の説が（時には一人歩きして）増え、ますます見分けがつかない状況になってきました。

本文中にも書きましたが、歴史に触れる際には批判的な見方が欠かせません。「これって本当かな？」というところから、その人にとっての本当の「歴史」が始まるのです。

私は必ずしも、「歴史ロマンとしてのフィクション」を否定しません。それらは時に楽しく、心躍るものでもあります。しかし、それが検証に耐えうる事実かどうかは別です。『日本国紀』のような、「小説家による日本史」はこれまでにもありましたし、これからも出てくるでしょう。でもそれを、そのまま鵜呑みにするのは、ちょっと待ってほしい、と思うのです（それは「歴史教育」に関しても言えますが）。

これから記していくのはそうした、歴史教師としての立場から見た、『日本国紀』という本の読書ノートです。私はこの一冊に、「昨今のネット上にある玉石混淆の歴史記述」あるいは「戦後の歴史教育に対する、一般的な日本人の不満」が凝縮されているのではないかな？　と感じます。

ＴＶドラマ『相棒』の杉下右京さんじゃないですが、

「細かいことが気になる、ぼくの悪いクセ」

という感じで、誹謗中傷にはならないように、できるだけ丁寧に説明していったつもりですが、結果的に、二冊合わせて元の本の二・五倍という膨大な量のノートになってしまいました。

それでももちろん、日本史に関するすべてを語り尽くせたわけではありません。ぜひ、本書を通じて、「なるほど、このあたりが日本史の面白いところなんだな」とか、「この本、ここが変だぞ」などと、それぞれの読者の方にとっての「もう一つ上の日本史」を意識するきっかけとなれば幸いです。

目次

「平安時代」の章

「戦国時代」の章

「江戸時代」の章

「幕末～明治維新」の章

もう一つ上の日本史

『日本国紀』読書ノート

古代〜近世篇

本書は、著者・浮世博史が「こはにわ歴史堂のブログ」に連載（二〇一八年十二月～一九年四月）した「『日本国紀』読書ノート」全二二七回のうち、第一～百二回までの分を大幅加筆改稿し、関連原稿を加えたものです。

別文献からの引用に際しては、

百田尚樹『日本国紀』（幻冬舎、二〇一八）からの場合＝▒内に

教科書や史料など、『日本国紀』以外からの場合＝前後一行空き

としてそれぞれ示しました（引用文については、仮名遣いを改めたり、ルビを整理したりしている箇所があります）。

また、『もう一つ上の日本史』内の別箇所の参照を示す際、

本書『古代～近世篇』内の場合＝（→○講）（→番外篇○）

下巻『近代～現代篇』内の場合＝（→下○講）

としてそれぞれ表記しました。

序章

通史にとって大切な五つのポイント

「通史」というのは実に難しい、専門家泣かせの分野です。多くの場合、各時代各分野の専門家に執筆を依頼し、誰か一人が編集者として全体にまとまりをもたせる、という手法が一般的です。

しかし、読みやすさを重視するならば、ある程度、文学者や作家の手を借りることで、わかりやすく解説できる場合があることは確かでしょう。その意味では、百田氏の『日本国紀』には期待するところもありました。

ただ、お断りしておくと、この本はCコードの「0021」ではなく「0095」に類する書です。つまり「日本歴史」の本ではなく、あくまでも「日本文学・評論・随筆・その他」の本。帯文には「壮大なる叙事詩である」とあり、同時に「日本通史の決定版」と記されています。したがって、読む場合には、この二つの側面をどうとらえて、どう評価するか、ということになりそうです。

さて、「通史」には、以下の1～5の手法・形式・留意点が必要である、と私は思っています。

1　歴史「を」説明することに軸足を置くか、歴史「で」説明することに軸足を置くか。

『日本国紀』を要約し、筆者の主張をまとめると、

「日本はすばらしい国で、すばらしい人たちが活躍してきた歴史がある。しかし、GHQの占領政策、戦後の教育によってその歴史がゆがめられた」

ということになりそうです。歴史の出来事からの類推《アナロジー》「で」日本や日本人の素晴らしさを説明していく、という筆者の思いが込められていて、この点は「叙事詩」的な部分なのでしょう。

2　その説明を「断絶論」で行なうか、「連続論」で行なうか。

たとえば、邪馬台国が九州と近畿、どちらにあったとするか。九州説をとればヤマト政権とは「断絶論」だし、近畿説をとれば「連続論」となります。

国風文化については、遣唐使の「廃止」によって日本独自の文化が生まれたとしたら断絶論。遣唐使は「停止」にすぎず、日本の風土や環境、慣習や伝統に順応して漸進的に生まれたとするならば連続論です（→18講）。

鎌倉文化については、それまでは貴族の文化中心だったが、鎌倉時代から武士や庶民の文化に変わった、としたら断絶論。一方、貴族文化が鎌倉時代にも受け継がれ、それと並行して新しく武士や庶民という担い手が加わった、としたら連続論です。

また明治維新については、江戸が「夜」で明治が「夜明け」というイメージならば断絶論。幕末か

らすでに文明開化が始まっていた、とするならば連続論となります。

百田氏は、江戸時代は別として、上記の「邪馬台国」は「九州王朝」説、「国風文化」は「遣唐使廃止による」、「鎌倉文化」は「武士の文化」とするなど、ことごとく断絶の立場から筆をとっています。この部分は、教科書的説明や定説とは著しく異なる部分です。なぜ定説や教科書とは違うか、丁寧な説明をしていただきたかったところです。

3　その理由を「テコ」で説明するか、「合力」で説明するか。

これは、特定の人物や事件だけを一点の「テコ」として歴史を説明するか、政治はもちろん、社会・経済・外交、当時の文化などとの「合力」で説明するか、ということです。総じてこの本は、歴史書ではなく「叙事詩」であるということから、作家としての筆者の顔がどうしても出てくるようです。また（1）の側面から、特定の人物や事件を「テコ」として通史を書き進めていく姿勢が見られます。もちろん、この部分が「物語」としての面白さでもあるのですが、「歴史書」としてならば、やはり「合力」での多面的な説明が必要になると思います。

幕末の坂本龍馬や勝海舟などの活躍（→番外篇15、16）はもちろん、「日英同盟」における柴五郎（→下23講）の扱いなどにそのことがよく表れていると言えます。古代・中世の歴史上の人物の場合は、少し史実を逸脱した表現でも、『平家物語』や『太平記』のように、詩的な記述が魅力や面白味を引き出してくれますが、近現代の人物は、関係者が存命の場合もあるので、筆者はもちろん監修、編集段階のファクト・チェックは徹底しておかないと、他の記述の信憑性も疑われてしまいます。

4　「一部」で「全体」を説明しない。「全体」のために「一部」を疎かにしない。

例を挙げると、水戸家の特殊性を説明するにあたり、「参勤交代」の実状に誤解を与えかねない部分があります。参勤交代での江戸定府《じょうふ》は、実は水戸家だけではありません。「御三家の中」で、あるいは「主だった大名の中」では唯一だった、と言うべきです（↓94講）。また、参勤交代は「諸藩が力を蓄えられないようにする（幕府に歯向かうことのないようにする）」ためと説明されていますが、幕府がそのような意図で参勤交代を始めたことを示す史料はなく、いわゆる俗説で、教科書から消えてかなり久しくなっています。

さらに、同書は日本史の物語、「叙事詩」ではありますが、世界史と関連する箇所では、やや雑に説明してしまっていて、ここでも誤解を受けかねません。むしろ専門外・対象外であるからこそ、一つ一つを丁寧に正確に、そして慎重に著述すべきであったと思います。

5　最新の研究と定説は違う場合もある。「紹介する」ことと「定説として示す」ことは別。

学説や研究は「振り子」のようなもの。一方に振り切れても、研究が進んでまた逆の方向に振れたりすることはよくあります。

『日本国紀』の一例で言えば、室町幕府の足利義満について。いわゆる皇位の簒奪《さんだつ》、義満は自分の子を天皇にすることによって自らは上皇になろうとした、という話が述べられています。一時期、この王権簒奪説は取り上げられましたが、現在では否定されています（↓41講）。

こうした説は、「叙事詩」というか物語としてはたしかに面白いものです。が、むしろコラムとして「紹介する」にとどめ、足利義満ならその権力獲得過程、明徳の乱や応永の乱にページを割かれたほうが、「通史」としての厚みが出たように思います。

最初に同書を要約して、

「日本は、すばらしい国で、すばらしい人たちが活躍してきた歴史がある。しかし、GHQの占領政策、戦後の教育によってその歴史がゆがめられた」

と述べました。五百ページをこえる同書のうち、第八章「明治の夜明け」（282頁）以降が明治から現在までですが、特に第九章からは、以下のようにも要約できるでしょう。

「侵略ではなく自衛」であった戦争が、

「GHQ・戦後の教育」によって、

「自衛ではなく侵略」にされてしまった。

しかし、「通史」であろうとするならば、自説を主張する場合でも、上記五つのポイントに十分留意して記述したほうが、説得力はあると思います。

なぜなら、「定説」は氷山と同じで、見えている部分はほんの少し。何もないように見えても、本当は背後に多くの研究者の、たくさんの議論と検証、傍証と追加資料が積み重ねられたものだからです。

社会科学としての「歴史学」

科学は大きく二つに分けることができます。

一つは「自然科学」、もう一つは「社会科学」です。でも、「科学」というと、多くの方が「自然科学」(いわゆる理系)をイメージされているような気がします。文系学部、文系教科はまるで「科学」ではないかのような扱い、理解をされている方もいます。

しかし実際には、経営学も経済学も、そして歴史学も、また文学も法学も、理系学部と同じくらいの質・量の「科学的」な研究が行なわれています。その手法や使用するツールに違いがある(手法にいたっては同じ場合もある)だけ。「社会科学」も「科学」なのです。

よって、日々、研究は進んでいます。が、その成果が学校教育の現場や教科書に反映されるには、時間がかかります。

歴史学について言えば――。

「事実」が「思想」を変えることはあっても、「思想」が「事実」を変えることは断じて許されません。自然科学の分野でも、かつては「天動説」や「創造説」のように、思想が事実を変えてしまっていたことがありました。しかし、二十世紀を経て、おおむねそれらを克服し(もちろん逆に、科学万能、というほうに振り子が振れている恐れはあるものの)、現在に至っています。

歴史研究、ことに歴史記述はやはり、その時代の政治や文化、思想の影響を受けてしまうことは否めません。戦前の日本においても、『古事記』『日本書紀』の科学的検証が禁じられ、またそうした

「歴史」を利用していろいろな事実が、都合よく歪められました。

しかし現在では、新史料の発見もある一方、すでにある史料の再検証、新旧学説の検討・再検討もまた、進んできています。

一見、「習った歴史が変わってしまった」「これからの発見でどうせまた変わる」……と、いま学習している（あるいはすでに学習した）歴史に疑念を持ってしまう方も、おられるかもしれません。でも、「変わった」とされることをよーく見てください。実は、教科書には書かれていない、つまり教科書の「外」で逸話・俗説として語られてきたことが、大部分なんです。

たとえば教科書には、武田信玄と上杉謙信が川中島で戦った、とは記されていますが、「きつつきの戦法」やら、二人が一騎打ちをした、なんて話が記されていたことはありません。

織田信長が今川義元を桶狭間で倒した、とは書かれていますが、奇襲攻撃をかけた、とか、今川義元が天下統一を目指して京都に向かっていた、とか書いてあったことはないのです。

関ヶ原の戦いで、徳川家康率いる東軍が西軍を破った、とは書かれていますが、小早川秀秋が裏切って西軍が負けた、なんて書いている教科書はありません。

日露戦争の日本海海戦で、T字戦法でバルチック艦隊を撃破した、もありません。

こうした逸話や俗説の多くは、信憑性が薄く、教科書では従来より排除されてきたものです。それが小説やドラマといったフィクション、あるいはゴシップと広く混同されているために、「実は最近の研究によれば否定されていて……」と後からひっくり返されると、「習ったことと違う」「歴史が変わった」「教科書は信用できない」と感じるのではないでしょうか。

近年よく言われるのは、「鎌倉幕府の成立」が一一九二年から一一八五年に「変わった」という例です。が、これも、源頼朝が征夷大将軍に任命された年はこれまで通り、一一九二年から動いていないのです。いくつかの理由から、「征夷大将軍の任命」をイコール「幕府の成立」とは捉えなくなった、というわけで、「認識」や「解釈」は変わりましたが、「事実」は変わっていません。

また最近では、「大化の改新」ではなく「乙巳《いっし》の変」を強調するようになりました。が、昔の教科書でも、「蘇我入鹿が中大兄皇子と中臣鎌足らに倒された。これを「大化の改新」という」とは説明していません。「大化の改新」とは一般には、六四六年に出された「改新の詔《みことのり》」以後の政治改革であり、「乙巳の変」は六四五年に起こったクーデター事件を指します。

つまり、

「乙巳の変」　＝　六四五年に起こったクーデター事件
「大化の改新」　＝　六四六年以降の政治改革

で、事件名として前者をより重視するようになったのです。これも、「歴史が変わった」わけではありません。

もちろん、中には本当に「かつて教科書に書いてあったのに消えた」ものもあります。それらのうち、いくつかの例については、これから本文の中で触れていくことになるでしょう。

一見何気ない、たった一行の説明の変化にも、その裏には、多くの研究者による研究の進展、史料批判、史料読解、新旧学説の検討が積み重ねられています。たしかに、こうした歴史記述の背後にある議論は、時に膨大で、必ずしもわかりやすいものではありません。

しかし、だからと言って、自分の主張や思想を正当化するために、それらの諸説から（あるいはまったくの思いつきや想像の中から）都合のいいものだけを選んで、その一行を否定してはならないでしょう。


海に浮かぶ氷山と、発泡スチロールの塊を想像してください。

どれだけ立派に、大きく見えても、発泡スチロールはふわふわ漂っているだけ。

小さく見える氷山は、その海面下に何倍もの氷塊があり、むしろそちらが本体。

大言壮語の「主義・主張」と、多くの研究者たちの研究成果の累積は、発泡スチロールの塊と海面の上に出ている氷山くらいの差があると捉えてほしいと思います。

実は、そうした「差」に気づくことこそ、歴史学の本当の面白さに触れるヒントになるのです。

「古代〜大和政権誕生」の章

「古代」というと、つい原始時代のイメージを持たれる方も多いようです。が、現在の教科書では、平安時代までを古代としています。旧石器時代から始まり、縄文時代・弥生時代・古墳時代・飛鳥時代・奈良時代・平安時代、と続きます（なので、「古代〜大和政権誕生」という章題には抵抗があるのですが……『日本国紀』の構成に対応させるため、そのままにしています。実際は「日本の誕生〜ヤマト政権」くらいが妥当でしょう）。

戦前の教科書は、神話の時代から始まり、『古事記』『日本書紀』に基づく説明がありました。

現在では、「古代」のうち文字がない時代については、遺跡・遺物を調べる考古学的研究の成果をもとに記述されています。紀元前一世紀になると、中国の歴史書に日本（倭《わ》）に関する記述が見えてきますが、文献・史料が少ない時代についても、やはり同様に、どうしても考古学的記述が中心になります。研究の進展による新発見、旧発見の否定などにつれて、記述も大きく変わりうる、と言えるでしょう。

実際に近年では、こうした考古学的成果と文献研究が突き合わされるようになり、二十年以上前よりも格段に、当時の様子がわかるようになってきています。

1　縄文時代にも農耕の萌芽はあった

『日本国紀』は「縄文時代」という項から始まります。当時の日本と世界の他地域が比較され、「当時の世界では、日本の縄文時代の文明よりもはるかに高度な文明が誕生していた。」（10頁）として、中国文明・インダス文明・メソポタミア文明・エジプト文明を挙げ、紀元前五〇〇年代の釈迦や孔子、前四〇〇年代のヘロドトスの『歴史』を紹介しています。

しかし、なぜか唐突に、

「同じ頃、（……）中国の司馬遷《しばせん》が『史記《しき》』を著わしたのは紀元前一〇〇年前後である。」（10～11頁）

と、「同じ頃」つまり日本が縄文時代であった頃の著作として『史記』を紹介されています。

縄文時代は、紀元前約一万年から前四〇〇年くらいまで。ですから司馬遷の『史記』は、日本で言えば弥生時代の著作になります。あえて歴史書にこだわってこの時代の例を挙げるならば、儒学のテキストである「四書五経《ししょごきょう》」の一つ、『春秋《しゅんじゅう》』（前四〇〇年代）が良い例になるのではないでしょうか。

ところで、

「縄文時代の人々の生活は、採取・狩猟・漁撈《ぎょろう》が主なもので、本格的な農耕や牧畜は行なわれていな

かった。」（10頁）

とあります。教科書でも「本格的な農耕の段階には達していなかった」（『詳説日本史B』13頁）となっていますが、採取・狩猟・漁撈中心の縄文時代に、ムギ・アワ・ヒエなどの栽培はすでに始まっていて、**農耕の萌芽はありました。**

弥生時代の稲作は大陸伝来の農業ですが、縄文時代の栽培は、日本の豊かな自然を背景にした日本独自のものです。コラムでせっかく「〔縄文時代の文明は〕世界有数の高度なものといえる」（12頁）と紹介されているので、「すでに縄文時代にも作物の栽培がみられた」とあればうれしかったのですが。

2　新嘗祭は、建国から現在まで連綿と行なわれている祭祀ではない

続いてすぐ、弥生時代に入ります。「農耕生活と日本人」という項に、農耕の話に絡めた初期の信仰に関する記述があり、そこで農耕祭祀《さいし》の「新嘗祭《にいなめのまつり》」を、

「これは建国から現在まで宮中で連綿と行なわれている最重要の祭祀の一つである。」（15頁）

と説明されています。

新嘗祭は、宮中祭祀としては平安時代に確立されているようですが、**室町時代から江戸時代に、実は中断されている**んです。十五世紀の後花園《ごはなぞの》天皇の時の記録を最後に、十七世紀末の東山《ひがしやま》天皇の時に復活するまで、新嘗祭は二百年以上行なわれていません。

宮中の儀式の復活に力を注いだのは江戸時代、東山天皇の先代の霊元《れいげん》上皇。江戸幕府の五代将軍綱吉《つなよし》（生類憐みの令で有名）に強く働きかけたといいます。この時、賀茂《かも》葵《あおい》祭《まつり》も百九十二年ぶりに再興されました。天皇即位の大嘗祭《だいじょうさい》ですら、二百二十一年ぶりに、同じく東山天皇の時に復活しています。宮中儀式の多くは応仁の乱、その後の戦国時代で中断せざるをえなかったのです。

新嘗祭の起源は古墳時代にまで遡れますが、もとは天皇が新穀《しんこく》を天神地祇《てんしんちぎ》に勧めて自らも食するという収穫感謝の祭祀。ちなみに、新しく即位した天皇が最初に行なう新嘗祭を大嘗祭と言います。また賀茂葵祭は、もともと平安時代の賀茂神社の例祭で、「賀茂祭」が正式名称。「葵祭」と呼ばれるようになったのは江戸時代に復活してからです。

伝統や儀式が長く続いている、続けているのももちろん立派なことですが、事情があって中断してしまった大切な文化や伝統、儀式を再発見・再認識して復活させるのもある意味、それ以上に大切なことです。

学問を重んじ、儀礼を大切にする文治政治が行なわれていた元禄時代は、日本文化復興の時代でもあり、歌学方《かがくかた》（和歌に関する学問を司る職）の北村季吟《きぎん》によって平安時代の古典などが再評価、再発掘されています。『源氏物語』はこの時の再評価が無ければおそらく、現在に伝わりませんでした。

新嘗祭も、賀茂葵祭も、そして大嘗祭も、「現在まで宮中で連綿と行なわれている」祭祀ではないのです。

3 『魏志』「倭人伝」の記述は「些細なこと」として見過ごされていない

「当時の日本社会と日本人」（16～17頁）という項で、卑弥呼《ひみこ》の名の由来に関して考察されています。卑弥呼がシャーマン、つまり「巫女《みこ》」であったことは、『魏志』「倭人伝《わじんでん》」の記述、「鬼道《きどう》を事《こと》とし能《よ》く衆《しゅう》を惑わす」からもまず、間違いないところでしょう。

また卑弥呼の死と日蝕《にっしょく》を関連付ける推測も「証拠はないが」としつつ述べられています。神話に何か意味があるのは確かだと思いますし、その中の描写も、実際の出来事に関連がある、と考えるのはおかしなことではありません。アマテラスオオミカミが岩戸に隠れて世界が闇に包まれる……日蝕があったんだろうな、と特に歴史や理科の知識がなくても、ついつい想像しちゃうところです。

スサノオノミコトがヤマタノオロチをやっつけて剣を得た、という話も、出雲《いずも》地方の豪族たちをやっつけて金属資源を手に入れた、と想像したって面白いかもしれません。

しかし、「巫女」と太陽、つまり「日」を組み合わせて「日の巫女」＝「卑弥呼」と考えるのは適切でしょうか。

「卑弥呼は〔……〕もしかしたら「日巫女」であったかもしれない。」（16頁）

巫女という単語が「みこ」と読まれたのははるか後年（平安末期の『梁塵秘抄《りょうじんひしょう》』には出てきます）。『日本書紀』の時代には「かんなぎ」と呼ばれていました。

三世紀の日本で「みこ」という言葉がすでに使用されていて、「卑弥呼」が「日巫女」である、と考えるには、少し慎重さが必要ではないでしょうか。また、卑弥呼の死去の年代（二四七〜二四八年）の日蝕は、日本列島では皆既日蝕ではなく、日本海側のかなり北の地域での部分蝕であったと考える天文学者もいるようです。

ところで、「『魏志』「倭人伝」には日本人の性格や日本社会の特徴についての記述もある」（16頁）とし、「風俗は乱れていない」「盗みはしない」「争いごとは少ない」といった箇所を取り上げ、「こうした記述は、多くの歴史研究者にとっては些細なことであり、見過ごされがちだが……」（同）と、ややお怒りのようですが。研究者のみなさんに成り代わって弁明しますと、そんなことはありません。『魏志』「倭人伝」はたいへん重要な史料ですので、この時代の研究者、あるいは日本史の教師で、些細なことだと見過ごしている方はいないでしょう。

たしかに教科書などでは抜き出しているものは少ないですが、中学生や高校生には、教科書以外の副教科書で史料集が配られる場合が多く、それにはこの部分もよく掲載されています。社会の様子（社会・経済史）は入試でもよく出るので、史料の説明も詳しくします。**『魏志』「倭人伝」の内容は正誤問題にもなりますので、「些細なこと」だとは考えられていません。**

ちなみに、『魏志』「倭人伝」で私が注目するのは、

「其《そ》の会同《かいどう》・坐起《ざき》には、父子男女別なし」

こここそ、見過ごしてはいけないところだと思っています。話し合いなどで集まるときは、男女長幼なく座る（男女共同参画社会っぽい？）。ついでに、その直後、「人性酒を嗜《たしな》む」と書いてあって、

なかなかよい社会だったんだな、と思えます。

また、大人《たいじん》・下戸《げこ》・生口《せいこう》という身分制度があって、一般人の下戸が支配階級の大人に道で出会うと、しりごみして草むらに入る、というしきたりもありました（酒が好き、と書いてあるからといって、下戸は「酒が飲めないヤツ」って意味じゃないですから、念のため）。

4 「諡号」から神話時代の天皇を考えすぎないほうがよい

「神功《じんぐう》皇后の謎」という項で、天皇の諡号《しごう》（歿後に贈られる名前）に基づいて様々な推測が述べられています。想像力豊かな説明で、面白いところではありますが……。

仲哀《ちゅうあい》天皇に関して、「『哀《かな》しい』という文字が入っているのも意味ありげだ」（25頁）、また子の応神《おうじん》天皇については「天皇の名前の前に「神」の文字が入ることは特別なことである」（26頁）。そして、

「敢えて大胆に推察すれば、ここで王朝が入れ替わり、その初代を表わすために、「神」の文字を用いたように思える。」（27頁）

と、応神天皇の代で皇統が途切れた、という「断絶」の立場を諡号から「推察」されています。

しかし、初代神武《じんむ》天皇以来の神話時代の天皇の諡号は、当時からあるものではなく、八世紀につけられたと考えられています。つまり、あくまでも八世紀における、神話や伝承についての見方が反映されたもの。

「仲哀」の「仲」は「二番目」、「哀」は「かなしい」という意味です。次男で天皇となったけれども、

戦いの途中で若くして死んだ、ということでおくられたと考えられます。これ以上の意味をあまり深く読み取らなくてもよいのではないでしょうか。

次に「神」を諡号に持つ天皇についてですが。百田氏が「断絶」の立場を説いているので、私はあえて逆に、皇統の断絶はなかった、という「連続」の立場で説明させてもらいます。「神」という字を持つ天皇は、神武・崇神・応神の三天皇です。もし、この「神」に特別な意味があるとして、それを開祖・中興・発展、という万世一系の流れの中の「節目」の天皇だ、と位置づけることは可能です。つまり「偉大な」というような意味でも話の筋は通ると思います。

また、万世一系の概念、「天皇は万世一系でなければならない」(32頁)という考えが八世紀に確立されたのだとしたら、「断絶」は秘すべきことのはず。わざわざ諡号で断絶を意味する言葉を「ヒント」として残す意味もわかりません。

「継体天皇の登場」の記述(31〜32頁)を読むかぎり、百田氏は「万世一系」を、八世紀頃に確立された概念にすぎず、実際には連続性はなく、途中で王朝が交替している、と捉えているようです。本の帯に書かれているように、**「神話とともに誕生し、万世一系の天皇を中心に、独自の発展を遂げてきた」という考え方は、ここには反映されていません。**

ちなみに「万世一系」という言葉ですが、どこで誰が使いだしたのでしょうか。『万葉集』や『古事記』、『日本書紀』に出てきそうですが、ありません。南北朝時代の北畠親房《きたばたけちかふさ》が言いそうですが、彼も使っていないようです。江戸時代の山鹿素行《やまがそこう》や頼山陽《らいさんよう》か水戸学の誰かか、というとそうでもありません。では、いつごろ生まれた言葉なのか。

なんと幕末、「王政復古の大号令」の文言を作成しているときに、岩倉具視《いわくらともみ》が考えて使用したそうです（島善高『律令制から立憲制へ』）。

二〇一八年は、明治維新から百五十年でした。「万世一系」という言葉もまた、百五十年を迎えたことになります。

5　一般的に思われている以上に、陵墓の研究は進んでおり、調査も認められている

「倭の五王」に関する説明のあと、「古墳時代」という項で、「宮内庁によって応神天皇陵とされている誉田御廟山古墳《こんだごびょうやま》も、実際は誰の墓なのかは不明である」（30頁）とし、古墳（陵墓《りょうぼ》）を調査するには宮内庁の許可が必要で、「過去に認められたケースはほとんどない」（同）とされています。

言うまでもなく、古墳のうち陵墓に指定されているものは、皇室の祖先のお墓。よって文化財保護法の対象外です。しかし宮内庁にはちゃんと「陵墓調査官」がいて、「陵墓管理委員会」というものもあります。このチーム、考古学者だけでなく、土木の専門家もいて、保全・修理・調査のアドバイスをされています。文化財保護法の指定外でも、ちゃんとこの法に記された手続通りに管理と研究がされているのだろう、と私は思います（ちなみに「宮内庁が管理する全国八百九十九の陵墓」とありますが、これは誤り。陵は百八十八、墓は五百五十五です。**「八百九十九」は火葬塚、分骨所、陵墓参考地などを含めた数**です）。

たしかに民間には、陵墓は原則非公開です。しかし、あらかじめ調査内容を提出し、審査されるな

ど厳しい制限はあるものの、研究者には学術的な目的による調査や、保全や修理に伴う事前調査・発掘が認められることも多いのです。墳丘内部に入ることは簡単ではありませんが、場所によっては宮内庁の調査結果が公表されます（研究者が情報公開請求をすることも）。地元の小・中学校に出土遺物を教材として貸し出す自治体もあります。それに、古墳・陵墓は内部だけではなく、周辺部もたいへん重要です。

仁賢《にんけん》天皇陵（大阪府藤井寺市）、仲哀天皇陵（同）、継体《けいたい》天皇陵（大阪府茨木市）などには、府・市の教育委員会の調査が入っていますし、景行《けいこう》天皇陵に治定《ちじょう》されている渋谷向山《しぶたにむかいやま》古墳（奈良県天理市）なども学会の調査が入り、研究が行なわれています。

また二〇〇七年に宮内庁書陵部が「陵墓の立入りの取扱方針」を決めて以降、民間からの見学要請が許可されるようになってきました。応神天皇陵と言われている誉田御廟山古墳（大阪府羽曳野市）の場合、内部は未調査ですが陪塚《ばいづか》（周辺部の小型古墳）の研究は進んでいて、宮内庁治定の陵墓の中ではかなり研究が進んでいるほうと言えます。二〇一一年には、学会団体による初の立ち入り調査が行なわれ、墳丘内部は不許可でしたが内堀部分が調査されました。

二〇〇八年二月には、五社神《ごさし》古墳での調査が考古学・歴史学など多くの学会の代表者により行なわれ、二〇一八年十月には、堺市と宮内庁が世界遺産となった百舌鳥《もず》古墳群で仁徳天皇陵とされる大仙古墳を共同調査・発掘することを発表しました。今後、このようなかたちでの調査は、さらに増えていくのではないでしょうか。

ところで、陵墓は皇室の祖先のお墓ですから、ちゃんとそれ相応の祭祀が行なわれています。入る前には、なんと「鳥」にならなくてはならないのです。

人としての魂を抜いて鳥になる……。

背中にカラスの羽根をつけて、カラスの格好で礼拝……。

と言っても、戦後は礼拝などの儀式だけで、カラスには変身しなくてもよくなっているようです。

残念というか、ちょっとホッとするというか……見てみたかったなあ、と、不敬ながら思ってしまいます。

6　八人十代の女性天皇は、「父親が全員、天皇」というわけではない

「万世一系」についてのコラムに、第一刷では以下のように書かれていました。

「日本には過去八人（十代）の女性の天皇がいたが、全員が男系である。つまり父親が天皇である。」（33頁）

この記述は明確な誤りを含んでいます。**「男系」は「父親が天皇」という意味ではありません**（↓その後、第四刷で「父親を辿ると必ず天皇に行き着く」に修正）。


でも、なんとなくこんな風に書いちゃった気持ち、わかるんです。女性天皇はみんな男系だ！と言いたくて、子、父、その父、そのまた父……と子から父にのぼって行けば、どこかで必ず「父親が天皇」になる、と頭の中で思っていたのが文字になっちゃったのかな、と。

実は最近、生徒の一人が、

「先生、元正《げんしょう》天皇のお父さんって、草壁皇子ですよね？」

「え？　そうやで」

「この本、女性の天皇の父親がみんな天皇って書いてあって……」

と、なんと『日本国紀』の該当部分を見せてくれたんです。よく気づいたな、と思ったんですが、私は授業でこの時代を説明する時は、皇極《こうぎょく》天皇から聖武《しょうむ》天皇まで、黒板に天皇の系図を書いて、「男系天皇」の意味を必ず紹介しています（次々頁参照）。

草壁《くさかべ》皇子が天皇にならなかったことこそ、この女性天皇の時代をつくり出したといっても過言ではありません。持統《じとう》―文武《もんむ》―元明《げんめい》―元正―聖武までの皇位継承の流れは、系図を書けば長屋王《ながやおう》の変（七二九年、藤原《ふじわら》氏の陰謀により、長屋王が謀反を計画しているとして自殺に追い込まれた政変）の背景もよくわかります。

女性の天皇は、単なる「中継ぎ」ではなく、それなりの意思を持ってふるまっていた、皇位継承に重要な役割を果たしていた、と私は思っています。

「八人（十代）の女性の天皇」の「十代」とは、推古《すいこ》（三十三代）・皇極（三十五代）・斉明《さいめい》（三十七代）・持統（四十一代）・元明（四十三代）・元正（四十四代）・孝謙《こうけん》（四十六代）・称徳《しょうとく》（四十八代）・明正《めいしょう》（百九代）・後桜町《ごさくらまち》天皇（百十七代）のこと。このうち、皇極天皇と斉明天皇、孝謙天皇と称徳天皇が同一人物（重祚《ちょうそ》）なので、「八人」が天皇の位についていることになります。

で、この八人の女性の父親は、全員が天皇というわけではありません。皇極天皇の父は茅渟王《ちぬおう》。そして茅渟王の父は押坂彦人大兄皇子《おしさかひこひと》。天皇ではありません。押坂彦人大兄皇子の父は、敏達《びだつ》天皇。つまり、皇極天皇の父の父の父親、ひいおじいさんが天皇、となるわけです。

また、元正天皇の父は草壁皇子。その父親が天武天皇です。

八人の女性天皇のうち、明正天皇と後桜町天皇は、江戸時代の天皇です。

明正天皇は第百九代の天皇で、母親は、なんと二代将軍徳川秀忠《ひでただ》の娘・和子《かずこ》。称徳天皇以来、八百五十九年ぶりの女性の天皇。父親は後水尾《ごみずのお》天皇です。諡号の「明正」ですが、一説には「元明天皇」と「元正天皇」の「明」「正」の一字ずつを得た、と言われています。

元明天皇は、天智《てんじ》天皇の娘。

元正天皇は、元明天皇の娘で、文武天皇の姉。

明正天皇は、後水尾天皇の娘で、後光明《ごこうみょう》天皇の姉。

つまり、天皇の娘にして天皇の姉、ということで、元明・元正の二人から名前の一字を受け継いでいても、おかしくはありません。

ただ正確には、後水尾天皇は明正天皇に譲位した後、明正天皇の異母弟が成人した際に、位を譲らせています（これが後光明天皇）。徳川の血を天皇家に入れさせないぞ、という御意志があったのかもしれません。

女性天皇と皇位継承の流れ
（太字は女性天皇）

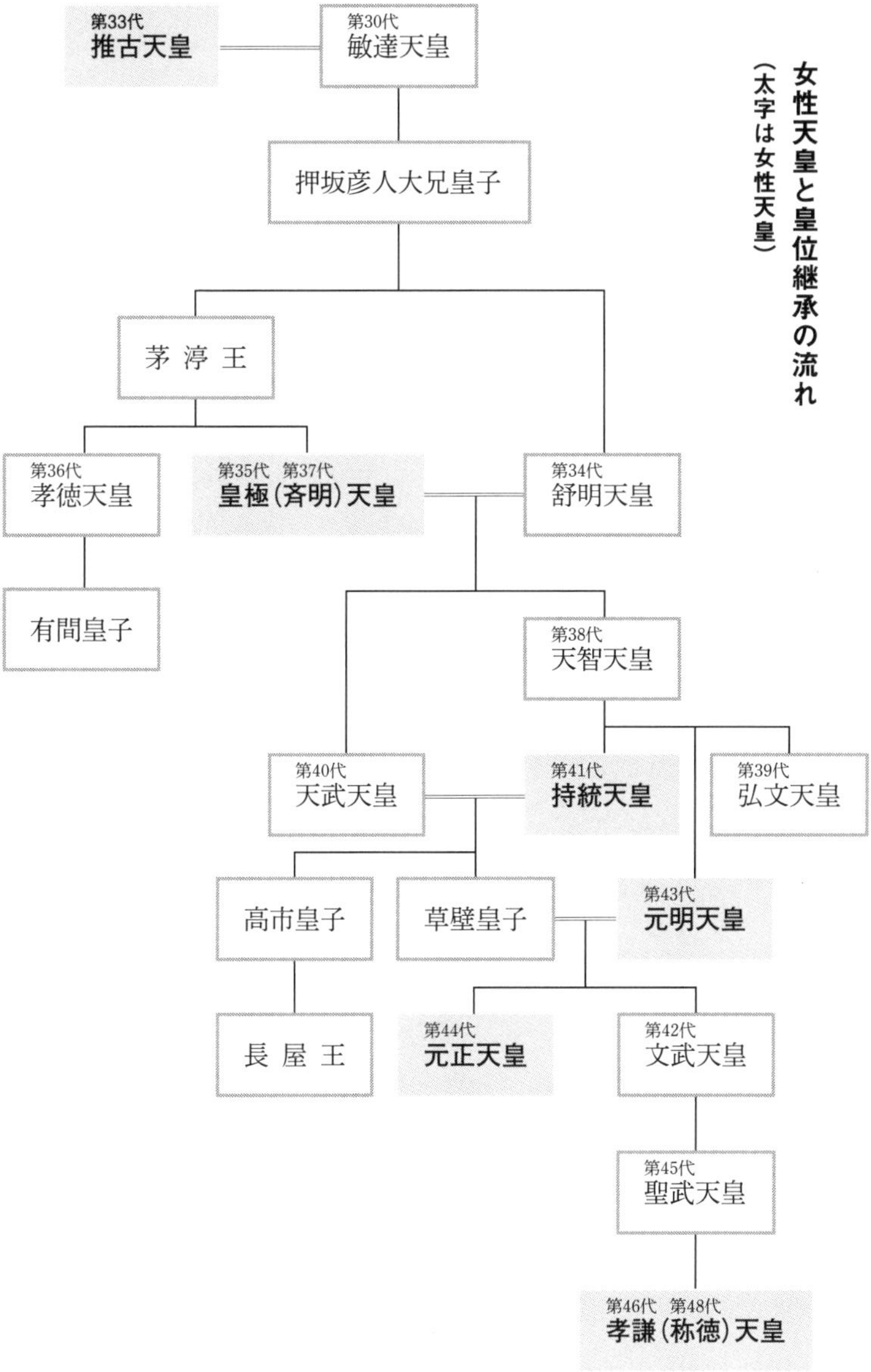

「飛鳥時代〜平城京」の章

「飛鳥」と書いて「あすか」と読みます。もともと『万葉集』などに出てくる地名としては「明日香」が多いのですが、この明日香の枕詞《まくらことば》が「とぶとりの」。昔の人の言葉遊びが由来です。

さてこの時代は、小学校の教科書では「聖徳太子の時代」とされている場合がありますが、かつて一九九〇年代後半ごろ、「聖徳太子はいなかった」という説が提唱されて話題となりました。

この説は結局否定されましたが、かえって飛鳥時代の研究を進めることになり、聖徳太子＝厩戸王《うまやどおう》の時代について、考古学的にも文献的にも検証が深まりました。

また、飛鳥、藤原京《ふじわらきょう》、平城京の発掘調査も進みました。亀形造形物、富本銭《ふほんせん》の発見、長屋王の木簡の発見、近年では渡来したペルシア人の墓も見つかり、ペルシア人が朝廷の役人に選ばれていたことがわかるなど、この時代の国際性が改めて際立つようになっています。三十年前の教科書とは内容が大きく変わっていると言えるでしょう。

7　十七条憲法は現在のような「憲法」ではない

歴史学は、史料を批判的に読み取るところから始まります。これは歴史学、なんて大げさに言わなくても、歴史を学ぶ者の姿勢としてイロハのイです。

「批判的」というのは、何もケチをつけるという意味ではありません。「果たしてそれが事実かどうか、いったん疑ってかかってみる」ことで、そこから歴史の学びが始まるのです。

さて、そのような史料の読み取りの姿勢の一つに、「裏返して」考える、があります。十七条憲法（六〇四年）を例にしますと――。

「和《わ》を以《もっ》て貴《とうと》しと為《な》し」とは、つまり、当時はまだ諸豪族の争いが見られたことを示している、と考えます。わざわざ「和を大切にせよ」と命じている以上は、争いが多かったことがわかりますよね。

「篤《あつ》く三宝《さんぽう》を敬《うやま》へ」も、仏教がまだ浸透していなかったからこそ、「敬へ」としているわけです。「当時の人々にとって宗教は、現代とは比べものにならないくらい重要なものだった」（42頁）のではなく、少なくとも仏教はまだ重要視されていなかった、と考えます。

「詔《みことのり》を承りては必ず謹《つつし》め」も、「大王《おおきみ》」を中心とする中央集権法治国家にはまだいたっておらず、それを目指すがゆえに「詔」を重要視せよ、と説いていると見るのです。つまり、まだ天皇を中心とする政治体制は実現できていなかったことがわかる史料です。

あとの条文も、「人として正しい行ないをすることの大切さ」（43頁）を説いてはいますが、あくまでも「役人の心得」でしかありません。一般大衆に向けた「人々が平和に暮らしていくための道徳規範が記されている」（42頁）というのは言い過ぎです。十七条憲法はやはり、近代的な民主憲法とは性質が異なるものなのです。

そんなふうに考えてしまうと、かえって聖徳太子が目指した画期的な「十七条憲法の先進性」が霞んでしまいます。ではそれが何かと言うと、

□　律令国家への過渡期に
□　分権国家から集権国家になるために
□　冠位十二階《かんいじゅうにかい》で創出した「未来の官僚」の服務規程を作った

と、その新しさを理解するべきではないでしょうか。

出されたのは、まさに律令《りつりょう》国家を準備しようという時期でした。実は八世紀に作られたという説もだとしてもこの頃、律令国家を目指す何らかの先駆的試みがなされていたことが読み取れる史料だと思います。

史料の裏返し、を現在でたとえれば、「男女雇用機会均等法」なんて早く廃止できる世の中にしないといけない、ということです。千何百年後にこの法律が発見されると、「この時代は、男女の雇用

の機会が均等じゃなかったんだな」と読み取られてしまいますから。

8　飛鳥文化・白鳳文化は、日本人らしく中国・朝鮮の文化を受け容れている

「飛鳥時代の文化」について、以下のように説明されています。

「大阪の四天王寺《してんのうじ》、奈良の法隆寺《ほうりゅうじ》など、日本独特の様式を持つ多くの寺院が建てられ、彫刻も薬《やく》師《し》寺金堂薬師三尊《さんぞん》像、法隆寺百済観音《くだらかんのん》像をはじめとする数々の傑作が現存している。絵画も高松塚《たかまつづか》古墳壁画などは、現代の目で見ても見事なものである。厳密には前期の飛鳥文化と後期の白鳳《はくほう》文化に分かれるが、いずれも日本人らしい芸術性が感じられる。」（43～44頁）

ここで四天王寺と法隆寺の建物についてお話しますと――。

飛鳥時代の寺院の伽藍《がらん》は、中国に端を発します。

四天王寺（五九三年創建）の伽藍は、当時の配置をそのまま現在に伝えるもの。建物はもちろん、何度も建て替えられていますが、読者の方にはぜひ、四天王寺の中心伽藍を訪れてほしいと思います。当時の排水施設が一部、今でも見られます。

他方、法隆寺（六〇七年創建）の現在の伽藍配置は日本独自のものです（西院《さいいん》伽藍）。最古の木造建築ですが、やはり再建されています。創建当時の伽藍は「若草伽藍」と呼ばれるもので（一説によると平安時代に菜園だったことから「若草」の名がある）、これは四天王寺式の（つまり中国の影響

を受けた）伽藍配置であったことがわかっています。

法隆寺は六七〇年に焼失しており、再建時期は不明ですが、夢殿《ゆめどの》・東院伽藍は七三八年に建てられたものです。現存する西院伽藍は、八世紀初頭までに五重塔・中門が再建・完成され、現在の伽藍になりました。大講堂などは九二五年に焼失、九九〇年に再建されています。

また、法隆寺やその隣の中宮寺（法隆寺と同じく七世紀始め頃創建）の仏像について言えば、法隆寺金堂の釈迦三尊像は北魏《ほくぎ》様式、中宮寺半跏思惟《はんかしゆい》像は南朝（梁《りょう》）様式です。

一般的に飛鳥文化は、百済・高句麗《こうくり》、中国南北朝時代の文化の影響を受け、特に紙・筆・彩色などは高句麗の僧曇徴《どんちょう》が伝えた技法であると考えられています。

白鳳文化は、七世紀には新羅《しらぎ》を経由して、八世紀には遣唐使によってもたらされた文化で、唐王朝初期の影響を受けています。高松塚古墳の壁画には、唐や高句麗の壁画の影響が見てとれます。

つまり、**飛鳥文化・白鳳文化は、完全なオリジナルという意味では、まだ「独自の日本人らしい芸術性」がある文化とは言えない**のです。

が、それでも私は、中国・朝鮮の文化の影響を強く受けていること自体に「日本人らしさ」を感じます。それは、

「受容力」

ではないでしょうか。他国の文化を受け容れ、やがて日本の風土や慣習に合うように改良して、気が付けば自分のものとしている――排他せず、理解から入る姿勢。「否定」ではなく「尊重」を感じます。

ところで。

興福寺《こうふくじ》（六六九年創建。奈良県奈良市）の有名な仏頭は、もともと山田寺《やまだでら》（七世紀中頃創建。奈良県桜井市）の薬師三尊の本尊なのですが、それが興福寺にあるのには理由があります。

平重衡《たいらのしげひら》による「南都《なんと》焼き討ち」（一一八〇年）で興福寺は焼け落ちてしまい、再建に手間取ります。寺内の東金堂《とうこんどう》にも本尊が無いまま七年が過ぎました。そこで山田寺の薬師如来像を、興福寺の僧兵たちが無理やり運び出し、東金堂の本尊としたのです。しかし、その後、一三五六年、一四一一年と二回の火災でまた焼け落ち、薬師如来も頭部だけ残して焼失しました。

やがて仏頭は忘れ去られてしまい、その後、別の薬師如来の座像が置かれたのですが、なんと一九三七年、東金堂修復の時に台座下から偶然、発見されました。現在では、白鳳文化を代表する彫刻として高く評価されています。

代々大切に守り継がれた文化財もありますが、このように、忘れ去られたり、失われたりしていたものが、教養ある人や、文化に理解がある人によって再発見、再認識されて回復されてきたことも、忘れてはいけないことではないでしょうか。

歴史を学ぶこと、知ることが、文化のメンテナンス力を高めることになってほしいと思います。

9　蘇我氏は滅亡していない

続いて「律令国家へ」という項。

「蘇我《そが》氏が大きな権力を握った。その権勢は天皇を上回るほどだった。これに危機感を抱いた皇太子の中大兄皇子《なかのおおえのおうじ》（後の第三十八代天智天皇）が、六四五年に蘇我氏を滅ぼし（乙巳《いっし》の変）、天皇による中央集権体制を整えた。」（45頁）

「蘇我氏」は滅ぼされていません。

教科書などでも「蘇我氏が滅ぼされた」ではなく、「蘇我蝦夷《えみし》・入鹿《いるか》が滅ぼされた」と個人の名で記しています。これは「細かいこと」ではありません。教科書にはサラリといろんなことが書かれていますが、簡潔な記述の一つ一つに、それなりの意味があります。

というのも、同じ蘇我氏の蘇我倉山田石川麻呂《そがのくらやまだいしかわまろ》（蝦夷の弟の子）は乙巳の変に加担し、後の政権の中枢に立ちましたし、蘇我赤兄《あかえ》・連子《むらじこ》は天智天皇の側近（大臣《おおおみ》）でもありました。連子の子の安《やす》麻呂《まろ》は天武《てんむ》天皇の信を得て「石川」の姓を与えられています。政変や勢力争いの中で衰退していきますが、**乙巳の変後も蘇我氏は一定の勢力を保っていた**のです。

それからもう一つ。「皇太子の中大兄皇子が六四五年に蘇我氏を滅ぼし（乙巳の変）……」も誤りです。

中大兄皇子が皇太子に任命されたのは、乙巳の変の後です。

孝徳天皇のもと、皇太子が中大兄皇子、左右大臣に阿倍内麻呂《あべのうちまろ》・蘇我倉山田石川麻呂、中臣鎌足《なかとみのかまたり》が内臣《うちつおみ》、僧の旻《みん》と高向玄理《たかむこのくろまろ》が国博士《くにのはかせ》、という新政権が発足し、宮も飛鳥から難波に遷《うつ》して政治改革が始まりました。基本方針である「改新の詔」が出された六四六年をその始まりとしています（かつては六四五年を「大化の改新」の始まりと教えていましたが）。

また、『日本書紀』に記された「改新の詔」の内容は、大宝《たいほう》律令の「令」をもとにして、後から付け加えられたり改められたりしているので、当時の段階で実際にどのようなことが目指されていたのかを細かく説明するには、慎重な姿勢が必要です。

ちなみにここで「律令国家」と言う時、「律」は刑法、「令」は行政法その他諸法をさします。「律」が刑法（刑）、「令」が儒教（礼《れい》・楽《らく》）、というのは中国の漢代の話。やがて中国の南北朝時代を通じ、「令」は政事《せいじ》の諸制を定めたものになりました。「律令」は隋《ずい》で確立され、唐はこれをほぼ踏襲しています。

したがって、律令国家とは、「律」と「令」を統治の基本原則とした国家のことです。「儒教に基づく法治国家」（45頁）という説明は、当時の日本や中国を適切に表したものではありません。

10 任那は日本の支配下にあったかもしれないが、百済はそうとは言えない

朝鮮半島と日本の関係についてですが。

三世紀あたりには、まだ統一的な国家が日本側になく、九州の小国などが朝鮮半島の南部地域と関わりを持っていたことが、甕棺墓《かめかんぼ》や支石墓《しせきぼ》などからわかります。

四世紀には、「好太王碑文《こうたいおう》」（広開土王碑文《こうかいどおう》）、また『日本書紀』の記述とも一致することから、ヤマト政権が本格的に朝鮮半島へ進出していたのは間違いないと思います。

以後、その時々の国家の勢力バランスの中で、百済や新羅を従わせたときもあったし、対立したり、また独立したり……百済は概ね友好的だったように思いますが、さりとて「従属していた」とも言い

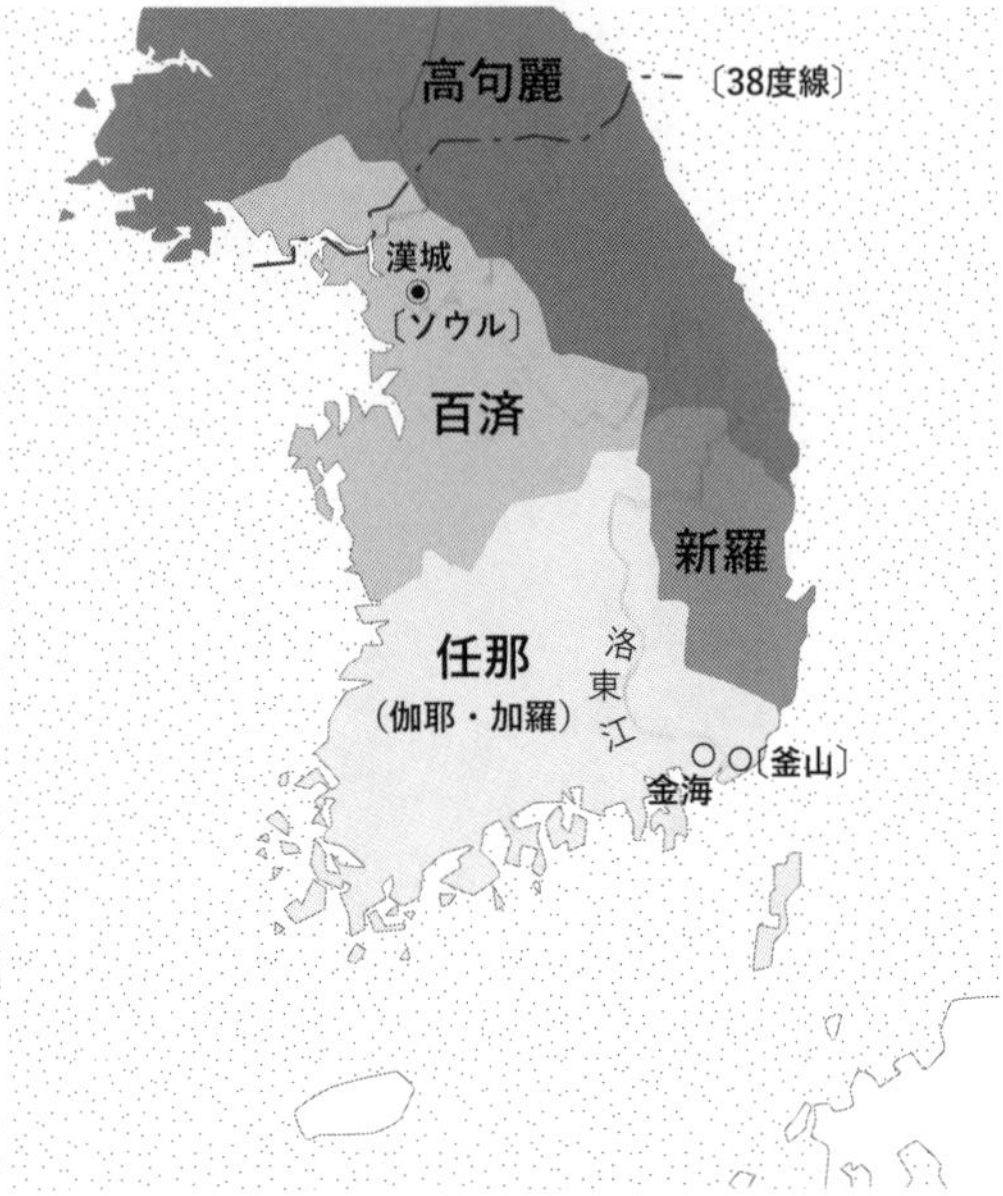

『日本書紀』等に基づく4～6世紀の朝鮮半島

にくいような関係ではなかったでしょうか。

そのバランスの中で、南部の百済・新羅の間にある小国家地域（伽耶《かや》諸国）に、ヤマト政権はかなり強い力を及ぼし、『日本書紀』ではこの地域、あるいはその一部を「任那《みまな》」と呼称しています。『日本書紀』だけでなく、五世紀の中国の史料や、後年、新羅の記録にも「任那」という言葉は出てきます。

「現代の韓国の歴史学界では、百済が日本の支配下にあった可能性について論じることはタブーとされており……」（47頁）

については、韓国側は「百済が日本の支配下にあった」ことではなく、**伽耶諸国＝日本の支配していた「任那」、という考えを強く否定している**のだと思います（一九七〇年代は特に、韓国は強く抗議していました）。

五世紀の日本は、中国の史書『宋書《そうしょ》』「倭国伝《わこくでん》」によれば、「倭王武《ぶ》」の時代です。武の上表文に、日本各地の征服、朝鮮半島への進出が述べられていますが、『日本書紀』からもこのことはうかがえます。

六世紀になると、百済は北部地域を失いました。

そのためかどうかは別にして、百済は南下政策をとります。百済から日本が任那四県割譲を求められたのはこの頃で、朝鮮半島での高句麗・百済・新羅の勢力バランスに動きがあったことがわかります。小国家にとって大国の庇護・支援は重要で、四県を百済に割譲したことは日本の影響力の低下を示してしまいました。

結果、六世紀半ばすぎには新羅が、この地域を支配するようになったと考えられます。

「百済があった地方からは日本特有の前方後円墳がいくつも発見されている。」（46頁）

「百済があった地方」というよりも、**「百済に割譲した任那四県があった地方」**と言うべきでしょう。前方後円墳だけではありません。翡翠《ひすい》製の勾玉《まがたま》なども出土していますが、朝鮮半島には翡翠が産出する地域がほとんどなく（高句麗の地域には少し見られるようですが）、出土した翡翠は日本の糸《いと》魚川《いがわ》産のものと同じであることがわかっています。

任那は日本の影響下・支配下にあった、というのは一定の説得力がある説です。が、「百済が日本の支配下にあった」というのはやや言いすぎではないでしょうか。

百済への出兵が日本の国家的事業であったことは確かです。色々な説があり、「六世紀の危機」という説明がかつてされました。

外にあっては任那四県の喪失。それにともない大伴氏が没落して豪族間の勢力関係が大きく変化し、内にあってはその中で蘇我・物部の対立が表面化する……。

新羅と結んだ北九州の磐井《いわい》の反乱（五二七年）もありました。さらに新羅により任那が滅ぼされます（五六二年）。聖徳太子による新羅遠征計画（六〇〇年、六〇二年）などは、この危機の解決が背景にあったのでしょう。友好国百済を失うことは、その先に新羅による北九州進出があってもおかしくない時代です。百済防衛は植民地防衛というより、後（明治以降）に言われた「利益線」防衛という意味の遠征であったとも考えられます。

また、大化の改新の急進的な改革は、国内の対立も生み出していました。宮の造営、新制度によって徴発された労役に反対していた有間皇子《ありまのみこ》などの発言も記録に残っています。

したがって、白村江《はくそんこう》の戦い（六六三年、日本・百済軍と唐・新羅軍が朝鮮半島の錦江《きんこう》河口付近で戦った）の背景については、「共通の敵」ができると団結できる法則、という見方もできます。対外的危機（百済滅亡・新羅の拡大）をテコに、国内の統合を図る意味での出兵であった、という考え方です。百済が植民地だったから大規模な遠征をした、という「新説」を唱えなくても、戦いの背景は説明できるのです。

11　遣唐使以降の文化や技術の輸入に、朝鮮は深く関与していた

日本・百済軍が唐・新羅軍に敗れた白村江の戦い（六六三年）の後、いったん日本と唐の交流は途絶えますが、六六七年に再び交流が始まり、「遣唐使」が送られるようになります。

「今の韓国がよく「日本の文化は朝鮮が伝えた」と主張するが、史実があやふやな古代は別にして、遣唐使以降の文化や技術の輸入には、朝鮮はまったく関与していないといえる。」（49頁）

遣唐使そのものは政治的な使節としての側面が強く、文化・技術の輸入に関しては、民間商人の往

来が重要な意味を持っていました。

朝鮮半島は七世紀に新羅によって統一されますが、日本は新羅とも使節の往来がありました。しかし七世紀末の天武天皇の頃から日本は新羅を従属国として扱い、奈良時代、政権の中枢に一時あった藤原仲麻呂《なかまろ》は渤海《ぼっかい》と歩調をあわせて、新羅攻撃も企画していました。

それもあって、**八世紀半ば以降、遣新羅使は格段に減りますが、民間商人の往来は、実はここからが盛んになっていきます。政治的外交と民間の通商は別**なのです。「文化・技術」はむしろ、この交易を通じて多くもたらされるようになります。八世紀末には、新羅からの使節が途絶しますが、九世紀前半には新羅商人が多数来航しています。

ちなみに「中世」とは院政期（平安時代末）からですので、その前までが古代。と言っても平安時代は、外交面でもけっして「史実があやふやな古代」ではありません。

12 稗田阿礼は『旧辞』『帝紀』を暗記していたわけではない

天智天皇の死後、後継争いから古代最大の内乱、壬申の乱が起こりました。これに勝利した大海人皇子《おおあまの》は都を飛鳥に遷《うつ》し、天武天皇となります。そして中央集権国家の建設を進め、後の『古事記』と『日本書紀』の編纂につながる歴史の研究、編纂を命じました。この成果は奈良時代になり、舎人《とねり》親王、太安万侶《おおのやすまろ》らによってまとめあげられます。

「抜群の記憶力を持っていた役人の稗田阿礼《ひえだのあれ》が『古事記』を編纂したとされる（稗田阿礼は古い歴史書

の『帝紀《ていき》』『旧辞《くじ》』などを記憶していたという）。」（51頁）

まず、『古事記』を「編纂」したのは、その「序」から、稗田阿礼ではなく太安万侶であることがわかります。編纂者としては太安万侶を挙げたほうがよかったと思います。

「抜群の記憶力を持っていた」と書かれているのは、おそらく、かつては「誦習《じゅしゅう》」という語を「暗《あん》誦《しょう》」と同義としていたからでしょう、これはかなり以前、学校の先生がよく説明していたものです。一九六〇年代は、百田氏はおいくつぐらいだったのでしょう。おそらくその頃に学校で習ったことが頭に残っていたのかもしれません。

その後、国文学者の研究によって、**「誦習」とは稗田阿礼が「暗記していた」のではなく、意味をふまえた読み方に精通していた、というニュアンスである**ことがわかっています。「記憶していた」と言うのはふさわしくありません。教科書でも「宮廷に伝わる『帝紀』『旧辞』をもとに天武天皇が稗田阿礼によみならわせた内容を、太安万侶が筆録したもので……」（『詳説日本史B』55頁。傍点引用者）としています。

「暗記していた」ならそうはっきりと書けばよいのに、教科書が「よみならわせた」と含みのある表現にしているのは、それなりの理由があってのことなのです。

13 『万葉集』に匹敵する文化は、遥か昔から世界各地に存在している

『万葉集』は、七世紀前半から八世紀半ばまでに詠まれた歌を、奈良時代末に編纂したものです。

「千三百年も前にこれほど豊かな文化を持った国が世界にあったろうか。」（52頁）

「これほど」とは、おそらく直前の、「歌を詠むという行為」が「身分の高い人たち」だけではなく「下級役人や農民や防人《さきもり》など」「一般庶民」にも「ごく普通の嗜み」であった文化、ということなのでしょう。

しかし、結論から言うと、**こういう文化は、もっと昔からたくさん世界に存在しています。**

メソポタミアの文明は前三五〇〇年。シュメール人の生活が楔形《くさびがた》文字で記され、職人・商人の言葉や当時の人々の生活がわかる「諺」や「詩」が残されています。

前三〇〇〇年のエジプト文明も、かつては専制的な王による支配と、奴隷を酷使してピラミッドを築いた王国、というイメージで語られていましたが、今では農民たちが祭の行事のようにピラミッド建設に携わり、労働の見返りにビールやパンなどが配られていたことがわかっています。当時の人々の、ピラミッド造りを楽しみにしている、祭りや酒での歌声が聞こえるような、詩やお話が記された文字板も発見されています。

前五世紀の古代ギリシアでは、奴隷は存在していましたが、詩はもちろん演劇も盛んで、市民レベルで学問も発達していました。

また、前一世紀の古代ローマでは詩、演劇、見世物を含めて享楽的な娯楽も栄え、奴隷出身の哲学者もいました。ローマの社会は、奴隷や下層市民でも、社会に貢献すればローマ市民権が与えられたりして、四世紀の帝政までは身分の固定も少なく、民衆レベルで社会に活力がありました。

前四世紀や前三世紀の春秋・戦国時代の中国でも『詩経《しきょう》』『春秋』などの儒学の経典が編纂され、『楚辞《そじ》』などの文学作品も生まれています。

日本の『万葉集』は、たしかに庶民文化の反映で、日本の歴史の中では特筆すべきですし、世界に誇れる文学作品ですが、同じように高度な文化は世界にもたくさん存在していました。

『万葉集』が素晴らしい、世界に誇るべきものだ、というのは私もまったく同感なんです。でも、日本の素晴らしさは、他者の価値を下げないと伝えられない、なんてことはないと思います。**外国の方に「『万葉集』って、どう素晴らしいの？」とたずねられて、「千三百年も前に、こんな文化は他になかったからだ」と胸を張ったら笑われてしまいます。**むしろ、いくつか和歌を挙げて背景を説明するだけでも、読者に『万葉集』の素晴らしさを伝えられるはず。「こんな歌があって、当時の歴史はこうで……」と解説できたほうがいいじゃないですか。

ちなみに私は、有間皇子《ありまのみこ》や大津皇子《おおつのみこ》のこんな歌が好きです。

家《や》にあらば笥《け》に盛る飯《いい》を草枕《くさまくら》旅にしあらば椎《しい》の葉に盛る　（有間皇子）

ももづたふ磐余《いわれ》の池に鳴く鴨を今日のみ見てや雲隠りなむ　（大津皇子）

彼らのように、権力闘争に敗れた人物の和歌さえも、『万葉集』には取り上げられています。罪は罪、でも人は人。権力に敗れた（陥れられた）人の悲哀、悲劇を、政治に阿《おもね》らず伝える、そんな意志が、ほんのりと薫っていると思うのですが、どうでしょう？

戦時中なら、防人の歌、なんてきっと怒られたでしょうね。兵隊さんの苦労話が書かれた小説は発禁になりましたから。

14　仁徳天皇の「民のかまど」の話を「創作する必要がない」とは言えない

『古事記』『日本書紀』『万葉集』の誕生」の項に、

「『古事記』は古い中国語を基本に日本独特の文法を混ぜた変体漢文で書かれ、『日本書紀』は純然たる漢文で書かれている。つまり『古事記』が自国民に向けて書かれたものであるのに対し、『日本書紀』は対外的（対中国）に書かれたものと見られている。」（51頁）

とあります。その直後、「仁徳天皇に見る「大御心《おおみこころ》」と「大御宝《おおみたから》」」の項（52～54頁）で、仁徳天皇のいわゆる「民のかまど（から煙の上がらないのを見て税を免除し、自らも倹約に努めた）」（『日本書紀』巻十一）のエピソードが紹介されています。戦前には修身（道徳）の教科書にも取り上げられた、有名な逸話です。

「この話が現代に書かれたものならば、まず為政者を褒めたたえるために創作されたものではないかと疑う。〔……〕しかし当時の為政者に大衆の人気取りをする必要はない。〔……〕つまり創作する理由がないのだ。したがって、仁徳天皇は本心からそのような発言をしたと考えられる。」（53～54頁）

「当時の為政者に大衆の人気取りをする必要はない」のは確かですが、百田氏が指摘されるように、仮に『日本書紀』が「対外的（対中国）に書かれた」とするならば、**中国に負けない律令国家像を示すことができる「史実」は必要**だったはずです。「創作する理由がない」とは言えないのではないでしょうか。

中国では為政者の「徳治」を理想とし、「法家思想」と「儒家思想」を政治思想の根幹とします。まさに「仁」と「徳」こそが重要。そのため中国に対するアピールとしては、「仁徳天皇」のエピソードは最適、ということになりそうです。

また、『日本書紀』を「誰が」読むのか、ということを考えると、「覇道の政治」ではなく「王道の政治」を説くことや、後の為政者への教訓という意味もこめられていたかもしれません。

『日本書紀』(全三十巻)は、体制側でつくられた歴史書であるにもかかわらず、諸説をまとめていたり、「一書《あるふみ》によると」という注釈を設けて両論併記したりしていて、一定の客観的な事実や伝聞、史実をまとめようとしている努力が感じられます。ほぼ『旧辞』『帝紀』をまとめただけの『古事記』(全三巻)に比べると、引用・参考が多い書です。仁徳天皇の逸話と武烈天皇の暴虐の逸話が併記できているところなどに、そのことは現れているのではないでしょうか。

この二例に限らず、支配者には都合の悪そうな(隠したくなるような)エピソードも『日本書紀』にはたくさん取り入れられています。皇室などに伝わっている「祖先の話」、その他の言い伝えなども、歴史書なんだから、とありのままに伝えようとする編集者の姿勢を感じさせます。

編集総裁は、教養があり、人望の厚かった「天平《てんぴょう》のインテリ」舎人親王。史料的な検証により、史実とは違うと指摘を受けている箇所など賛否両論あるものの、『日本書紀』には史実に沿った記述も一定以上含まれている、と私は思っています。

15　長岡京・平安京遷都をめぐる権力争いは明らかになっている

桓武《かんむ》天皇は即位後、いったん平城京から長岡京《ながおかきょう》へと遷都（七八四年）したものの、たった十年で新たに平安京への遷都（七九四年）を行ないました。

「歴史に現れない権力闘争があったのか、より大きな都を作るためだったのか、理由ははっきりしない。」（63頁）

と書かれていますが、**平安京への遷都の背景は、わりと明らかになっています。**

まず、長岡京での疫病や洪水などの多発が挙げられます（環境考古学の立場からの研究で、造営時の森林伐採が原因であるとの指摘もあります）。水運の良さについても百田氏は言及されていますが、それは水害の多さと表裏一体でした。

次に、藤原種継《たねつぐ》暗殺（七八五年）に関連した「歴史に現れ**た**権力闘争」が挙げられます。桓武天皇は即位とともに弟の早良《さわら》親王を皇太子としました（皇太弟、というべきでしょうか）。ところが種継暗殺事件が発生し、関係したと疑われた早良親王は乙訓寺《おとくにでら》に幽閉され、淡路への流罪が決定します。東宮《とうぐう》の役人、つまり早良親王の側にいた貴族たちも処罰されます。

藤原種継暗殺前に死去していた大伴家持《おおとものやかもち》も、東宮の長官（春宮大夫《とうぐうのだいぶ》）にあったことから陰謀に深く関わっていた、とされました。死んでいるのに官位剝奪、子ども流罪にあってしまいます。早良親王を排除し、桓武天皇の息子の安殿親王《あてしんのう》（母は藤原乙牟漏《ふじわらのおとむろ》）を皇太子とするための権力闘争だったと考えられています。

早良親王は無実を訴え、ハンガーストライキに出て、淡路に流される前に餓死しました。これら七八五年に起こった一連の事件の後の疫病や洪水が、早良親王の「祟り」と考えられ、遷都されることになったようです。

もともと早良親王は、奈良の寺院勢力とつながりが深く(東大寺の僧良弁《ろうべん》とも親しい)、政教分離を進めるために長岡京へ遷都することに反対だったのではないか、といわれています。早良親王を推す大伴氏・佐伯氏らの勢力と、安殿親王を押す藤原氏の対立が背景にあった、とも考えられます。「歴史に現れない権力闘争があったのか」と述べられていますが、これを説明していない教科書は現在ではありません。

「桓武天皇は①光仁天皇の政策を受け継ぎ、②仏教政治の弊害を改め、③天皇権力を強化するために、784年に平城京から山背国の長岡京に遷都した。しかし、④桓武天皇の腹心で長岡京造営を主導した藤原種継が暗殺される事件が起こり、⑤首謀者とされた皇太子の早良親王(桓武天皇の弟)や大伴氏・佐伯氏らの旧豪族が退けられた」(『詳説日本史B』60頁)

これら五つが長岡京・平安京遷都の背景です。

16 「城壁がない」のは、島国や単一言語を持つ民族だからではない

「平安京も長岡京もその前の平城京も、唐の長安を模して作られた都だが、いずれの都にも長安とは決定的な違いがある。城壁がないということだ。〔……〕日本は飛鳥時代以前に都市から城壁をなくした。これは単一言語を持つ民族であることと、日本列島が四方を海で囲まれていたというのが大きかった。」（63〜64頁）

たしかに、ヨーロッパや中国の都市には城壁があり、一つの閉じられた空間になっています。日本の場合は、市域も壁で囲む形の「城塞都市」ではありません。ただ、**城壁が町にない、というのは、単一民族であることや島国であることとは無関係に**（ましてや治安がいいとか盗賊が少ないなどとは無関係に）、**経済の在り方と自然環境によるところが大きい**と考えられます。

この頃の日本には、後年の都市と言えるようなものはまだなく、農村が中心でした。農家の集合体としての集落について考えると、西欧でも農村集落に城壁はあまり見られません。また、日本は平野が少ない一方、山川あいまって狭矮《きょうわい》な地形が多く、自然そのものが要害となっています。鎌倉などは、その例として教科書にも紹介されています。地形そのままで攻め込みにくい、つまり「壁で囲む」という発想をあまり必要としない自然環境と言えるでしょう。

また、石の文化の西欧に対して、日本は木の文化です。雨も多く湿潤。ですから壁ではなく木の塀や、水をためる堀で囲む、という考え方をしています。実際、弥生時代の集落は環濠《かんごう》集落で、堀をめぐらせていました。これはある意味、壁の代わりです。また、中世末期に「町」が生まれると、堺

などは堀をめぐらせています。

京都の史跡に「御土居《おどい》」という土塁の一種があります。現在、それを解説した看板に記されている文章を紹介しましょう。

「御土居は、天下統一を成し遂げた豊臣秀吉が、京都の都市改造の一環として外敵の来襲に備える防塁と、鴨川の氾濫から市街地を守る堤防として、天正19年（１５９１）に多くの経費と労力を費やして築いた土塁です。」

江戸時代や明治時代になって取り壊されただけで（石造りでないから残りにくい）、**都市を土塁や堀で囲む、というのは、ヨーロッパの都市を「壁」で囲むのと同じように行なわれていました。**

17　日本でも民衆の虐殺はあった

先の「城壁がなかった理由」に続けて、
「日本の歴史を見て驚くのは、ヨーロッパや中国では当たり前のように行なわれてきた民衆の大虐殺がまったくないということだ。」（64頁）
と書かれています。
奈良時代から平安時代の人口については諸説ありますが、六百万人くらいと考えられていて、小学校の教科書でも紹介されています。鎌倉時代や室町時代は千二百万人ほど。農民はその九〇％近くです。人口が少ないのに虐殺してしまうと生産に影響が出ますから、「人質」をとり、「身代金」の支払いで返還したりしていたことは、確かに見られました。

でも、これは逆に言うと、ヒトをモノ扱いしていたわけで、命が軽んじられていた証拠でもあります。そんな背景もあり、中世から近世にかけて、一向一揆に対しては、たとえば百田氏も後に指摘されているように（141〜142頁）、織田信長などはずいぶんと苛烈《かれつ》な虐殺をしています。

また、キリシタンの弾圧も、かつて教えられていたほどは厳しくなかったことが現在わかっていますが、豊臣秀吉の弾圧や、江戸時代に入ってからの禁教以後、天草・島原一揆、およびその後の弾圧は、やはり苛烈でした。

中世の民衆史研究はかなり進んでいます。大坂の役での兵たちの乱暴・狼藉は相当な規模だったようで、戦国時代などの戦いでもよく似たことが起こっていたのは、容易に推測できます。合戦後の農民たちによる「落ち武者狩り」も常態でした。

さらに遡って、奈良時代、藤原仲麻呂（恵美押勝《えみのおしかつ》）の乱時にも、虐殺が行なわれています。隼人《はやと》征伐や、大化の改新から平安時代までの蝦夷《えぞ》征伐の過程での、「蛮族」と呼ばれた人たちの扱いなどがどのようなものだったかは不明ですが、**日本だけ特別に虐殺がなかったとは言えない**と思います。

「平安時代」の章

一般に、平安時代は七九四年の平安京遷都から、とされています（もう少し幅をもたせれば、桓武天皇の治世［七八一年即位］からと言えなくもありません）。

平安時代は、小学校の教科書などではよく「貴族の世の中」と説明されます。

しかし、もちろん貴族だけがいたわけではありません。都で摂関政治が全盛期を迎えるまでの間に、地方の政治は乱れ、武士が台頭していきました。やがて貴族は武士を自分たちの支配に組み入れ、武士もまた貴族の政治の末端を担うようになります。

貴族を担い手としてこの頃、日本独自の文化が生まれた、とよく言われますが、貴族の教養と憧れは、やはり中国の文化にありました。日中政府間の公式の交流は途絶えるようになったものの、民間の貿易を通じてあいかわらず、中国の文物は日本に多くもたらされています。

仏教も南都（奈良）仏教に加え、いわゆる密教（天台宗や真言宗）、阿弥陀仏の信仰などがひろがり、貴族や庶民の死生観に大きな影響を与えていきます。

18　遣唐使の停止は「中国の文化を必要としない自信の表れ」ではない

「平安京」の説明に続き、「成熟の時代へ（国風文化の開花）」という項に、次のようにあります。

「平安時代の大きな出来事といえば、何といっても遣唐使の廃止である。」（68頁）

かつてはこのように、「遣唐使の廃止」で大陸からの文化の流入が止まり、それをきっかけに日本独自の文化が生まれた、と説明されていました。が、現在の観点から見れば、独自の文化の形成理由としては、むしろ誤りを含んでいます。

一見、この理屈はわかりやすく、辻褄は合っています。しかし、辻褄が合うことと、正しいこととは別です。

まず、**遣唐使の「廃止」ではなく、「停止」と現在では説明します**。遣唐使は六三〇年の第一回以後、十数回渡航し、八世紀以降は二十年に一回くらいの割合で派遣されていました。この間、派遣を予定しながら「中止」されたことが何回かあります。八九四年の菅原道真による建議も「中止」の提案で、「廃止」の提言ではありませんでした。

九世紀は東アジア激動の時代で、すでに八世紀後半から外交は、政治から交易中心の関係に移行していました。東アジアの混乱が波及することを懸念して、日本は孤立政策をとったと言えます。

遣唐使が停止されてからも中国・朝鮮からの使節は往来しましたし、何より商人の来航は続きます。十世紀後半に宋《そう》が中国を統一すると、日本は国交を拒否しましたが、交流は逆に盛んになったのです。奝然《ちょうねん》・成尋《じょうじん》などの僧たちのように、「巡礼」の名目で宋に渡り、仏像や経典を持ち帰る者も多く、中国の皇帝に謁見する者もいました。

「私は、この遣唐使の廃止を日本が中国の文化を必要としないという自信の表われであったと見ている。もはや学ぶべきものはすべて学んだ、という意識があったに違いない。」（69頁）

誤解です。

遣唐使の停止は政治的・外交的理由であって、文化を必要としない自信の表われなどではありません。中国の文化に対する貴族の憧れや需要はむしろ高まっていました。民間の商人からもたらされた大陸の文物は「唐物《からもの》」と呼ばれて珍重され、貴族たちはたくさん買い求めています。

長年にわたってもたらされていた文化は、日本の風土・習慣などに、あるものはなじみ、あるものはなじまず、咀嚼《そしゃく》・吸収されて在来文化と解け合い、担い手は貴族という一部の層ではありますが、その後の文化に続く美術・思想・風俗が生まれました。また「刀伊《とい》の入寇《にゅうこう》」（78頁）もこの時代の文化に影響を与えています（→22講）。刀伊（女真《じょしん》）によって多くの日本人が略奪され拉致されましたが、実は高麗《こうらい》が奪い返し、日本に送還しているのです。これを機会に、高麗との民間交流はいっそう盛んになりました。

19 紫式部以前にも、世界には書物を著す女性がいた

同じ国風文化についての項と、続くコラムに、当時の女性たちが著した書物が紹介されています。その『源氏物語』と紫式部について。

「〔紫式部は〕夫と死別し、その悲しみを忘れるためにこの物語を書き始めた。」（71頁）

『源氏物語』の執筆動機は実はよくわかっていないので、あくまでも説の一つです。また、紫式部はもちろん本名ではないのですが、清少納言については誤解を招きかねない表現が書かれているので、正確に補足しておきます。

「清少納言も彼女の父の清原元輔《きよはらのもとすけ》の「清」の字に役職名である「少納言」を付けただけである。」（同）

とありますが、父の清原元輔は少納言の地位には就いていません。

清少納言になぜ「少納言」という名称がついているかは、諸説あって不明です。紫式部の「式部」は父の役職と関係がありますが、**清少納言の「少納言」は父の役職と関係がない**のです。

私は、「宮廷の女官のお遊び」に由来しているという見方が有力ではないかと思っています。一条《いちじょう》天皇の中宮《ちゅうぐう》は定子《ていし》。その定子さまを帝に見立てて、彼女に仕える女官たちが「官位」や「役職」をつけて遊んでいたのではないか、という説です。清少納言が定子の側近くにあって、何やかやと世話をして話相手になっていたならば……「あなたは、まるで私の「少納言」みたいね」なんて言葉をかけられていたのではないか、という気がします。

それと、少し後の「藤原氏の台頭」の項にある、清少納言と紫式部の「仲」についてですが。

一条天皇には二人の后《きさき》がいて、その一人、定子（道長の姪）に仕えたのが清少納言。もう一人の后の彰子《しょうし》（道長の長女）に仕えたのが紫式部です。

「二人は才女としてのライバル心に加えて、そうした立場の違いから、仲が悪かったという説もある。」（74頁）

確かに、紫式部が清少納言の批判をしているのは史料的に確認されています。紫式部の身内に対する批判を清少納言がしていたんですね（『紫式部日記』）。

ところが、**二人の宮仕えの時期は重なっていません**。宮中で二人が出会ったりはしていないと思われます。「仲が悪かったという説」は、「紫式部が清少納言を批判している（嫌っていた）」のを誤解されているのではないでしょうか。

さて、『源氏物語』は日本が世界に誇る文学であることは確かです。だからといって、

「日本以外の世界を見渡せば、女性が書物を著わすのは近代になってからである。」（70頁）

というのは誤りです。まして、

「中国やヨーロッパでは、女性は出産や子育てや男性の快楽のための存在であり、教養や知識を持つどころか、文字を読める人さえ稀であった。」（同）

は言い過ぎです。

文学では、教科書で取り上げられているレベルでも、詩人として古代ギリシアの**サッフォー**（前六〇〇年頃）が挙げられます。また、アリストファネスの『女の平和』（前四一一年上演）には、当時の女性たちのたくましい姿が描かれています。

中国の歴史家で『漢書《かんじょ》』（八二年頃成立）を兄の班固《はんこ》とともに著した**班昭《はんしょう》**は、中国最初の女性歴史家

です。宋代（九六〇～一二七九）には庶民文化が栄え、音曲《おんぎょく》にあわせてうたう「詞《し》」が盛んでした。その作家（詞人）に**李清照**《りせいしょう》という女性がいて、当時から高く評価されています（朱子学の祖である朱熹も高い評価を与えていました）。

教養という面では、古代ローマに**ヒュパティア**という女性の数学・天文学者もいました。また、ビザンツ帝国の女帝**エウドキア・マクレンボリティサ**も、歴史や文学に深い教養を持った人物です。

一方で、私などは『源氏物語』を読むと、当時の日本で「女性たちが男性に支配される立場ではなく、恋愛に関しても対等であった」（70頁）とはとても思えない場面ばかりが気になります。たとえば「帚木《ははきぎ》」。紀伊守《きいのかみ》の屋敷を訪れた源氏が空蟬《うつせみ》に強引に迫り、一夜をともにする場面などには、当時の貴族の力関係、男女の身分の違いがよく表れています。

百田氏は小説家の立場から、『源氏物語』の、どの帖のどの場面が、女性が男性に「支配される」立場ではなく、「対等」であることを示しているか、具体例を挙げて解説されれば、説得力があったように思います。

20 「藤原」を名乗れたのは不比等の子から

藤原氏といえば、天皇の外祖父となって力を伸ばし、日本の貴族の中心的存在として続いていった代表的貴族。もともとは、中臣鎌足が「藤原」の姓を天智天皇から賜ったことから始まったとされています。

「不比等《ふひと》は実は天智天皇の子供だという説がある（『興福寺縁起』や『大鏡《おおかがみ》』など多くの史書にそれを匂わす記述がある）。現代の歴史学者の多くは、確たる証拠はないと言っているが、鎌足の子で藤原姓を名乗れたのは不比等（鎌足の次男）だけであるということを見ても、信憑性は高いと思う。」（73頁）

これは**厳密には、「不比等の子以外、藤原姓を名乗れなかった」というのが正しい**説明です。

藤原氏については、その権力獲得過程を正確に捉えなくては、彼らを中心とするのちの政治の実態を描けません。

藤原氏は、最初から力を握っていたわけではありません。権力の中心となったがゆえに、過去についてはあとから誇張されている可能性が高いのです。天皇の子どもとされる「御落胤《ごらくいん》」説なども、その延長にあるものにすぎません。

たとえば豊臣秀吉も御落胤説を創り出しています。でも、千年後くらいに、「庶民出身の秀吉が急速に出世して関白になれたのは、実は天皇の子どもだったからだ」なんて書かれていたら、笑ってしまいませんか？

「豊臣秀吉は実は天皇の子供だという説がある。同時代の歴史書にもそれを匂わす記述がある」

「庶民出身の人間で「豊臣」という新しい姓を授けられたのは秀吉だけだ」

なんてもっともらしく説明することも可能になります。このあたりは「陰謀論」とよく似た構造。

「藤原朝臣《ふじわらのあそん》」として知られる藤原氏は有力氏族には違いありませんが、実は、天武天皇の定めた新しい身分秩序である「八色《やくさ》の姓《かばね》」の中の第二位の姓「朝臣」を与えられた氏族に、「藤原朝臣」は見当たらないのです。この段階ではまだ「中臣連《なかとみのむらじ》」であったと考えられています。というのも、鎌足の後に中臣氏を率いた中臣金《かね》が近江朝側（壬申の乱で大海人皇子［のちの天武天皇］と対立した大友皇子の側）に与《くみ》していたからで、一時中臣氏は停滞し、「藤原」を名乗れませんでした。その後、中臣大嶋《おおしま》や中臣意美麻呂《おみまろ》らが中臣一族をまとめてから、ようやく再び「藤原」の姓を名乗れるようになります。

そしてこの段階では、不比等だけが「藤原」を名乗れたわけではありません。文武天皇の時代になり、信任を得た藤原不比等は、太政官の中で力を得るようになると、自分の子だけが「藤原」を名乗れるようにし、他の一族は「中臣」に戻して神祇官《じんぎかん》を担当させました。

言わば不比等は、出世した後、力を得て「藤原」の姓を独占できるようになったのです。

21　菅原道真の祟りの話は、藤原時平の死後にできた

菅原道真《すがわらのみちざね》といえば、「祟《たた》り」が有名ですよね。藤原時平の政略によって太宰府へ左遷され、そこで生涯を終えました。「「祟り」について」の項に、そのことが書かれています。

菅原道真の死は九〇三年。以下は道真の「怨霊が原因」で死んだとされている八人の没年です。

九〇六年　藤原定国《さだくに》
九〇八年　藤原菅根《すがね》
九〇九年　藤原時平《ときひら》

九一三年　源　光《ひかる》
九二三年　保明《やすあきら》親王
九二五年　慶頼《よしより》王
九三〇年　醍醐天皇
九三六年　藤原保忠

菅原道真が死去した年、比叡山の僧尊意《そんい》の前に、死んだはずの道真が現れ、「復讐宣言」をしたところから「怨霊の祟り事件」が始まったとされています（鎌倉時代の『北野天神縁起絵巻』より）。ところが、このうち最初の二人については、九〇九年の**藤原時平の死後、「菅根も定国も道真の祟りだったに違いない」と後から「認定」されたもの**です。

特に、本格的に「道真の祟り」と認定されたのは九三〇年の清涼殿《せいりょうでん》落雷事件から。道真の死後、二十七年後なんですよ。

さらにその後、『扶桑略記《ふそうりゃっき》』（十一世紀末以降成立）の中に、藤原時平の死に際、時平の耳から青龍に化けた菅原道真が出てきたのを僧の浄蔵《じょうぞう》が「目撃」した、と記されました。が、**そんな話はそれまでなかったの**です。

「道真を追い落とした藤原氏の主だった男たちが次々と急死し、その子供たちも次々と亡くなっていく。道真を左遷に追いやった首謀者の藤原時平はそれを見て、道真の祟りに怯えながら狂い死にする。それでも祟りは収まらず、今度は皇太子までもが亡くなる。」（75～76頁）

この記述は事実関係・前後関係を誤認しています。これではもはや、まったく新しい別の道真怨霊物語。藤原時平は、いったい誰とその子どもたちが、次々と死んでいくのを見たのでしょう？　おそらく、『大鏡』に記された時平の息子・藤原保忠《やすただ》の逸話とごっちゃになっていると思います。

「日本の歴史を見る際には、かつての日本人がそうしたもの（「祟り」や「怨霊」）を恐れていたということを忘れてはならない。」（75頁）

これはまったく同感。でもだからこそ、正確を期してほしいのです。こういうエピソードって、つい他人に話したくなるじゃないですか。それが不正確だと、どんどん誤った話が一人歩きして広がってしまいます。

ところで、左遷後の菅原道真なのですが。

大宰府では実に清らかな生活を送って反省したそうで、少なくとも一次史料には、藤原氏や天皇を恨むような記述はいっさい残していません。左遷自体よりも、のちに「道真の祟り」と決めつけられたことのほうが、菅原道真にとってより大きな「冤罪」だったと思います（↓拙著『宗教で読み解く日本史』）。

22　刀伊の入寇で朝廷は、夷狄調伏の祈禱ばかりしていない

「摂関政治の弊害」という項に、先述の「刀伊の入寇」が紹介されています。

「満州に住んでいた刀伊（女真族のこと。後に、金や清を興した民族。刀伊とは東夷に別字を当てたもの）が、対馬《つしま》・壱岐《いき》・北九州を襲い、女性や農作物を奪った事件である。この大事件に、朝廷が取

った行動は常軌を逸したものだった。何と武力を用いず、ひたすら夷狄調伏《いてきちょうぶく》の祈禱をするばかりだったのだ」(78頁)

ここに含まれている誤解を、

A　異民族が「女性や農作物を奪った」「大事件」に、

B　朝廷は「武力」を用いず、ひたすら「夷狄調伏の祈禱」をするばかりで、

C　この「行動」が「常軌を逸した」ものだった。

の三点に分けて考えてみましょう。

Aの「大事件」について

「女性や農作物を奪った」だけなら、それまでの新羅や高麗の海賊たちが起こした侵入事件と何も変わりません。実は、この出来事は小学校や中学校の教科書では取り上げられておらず、「こんな話、知らない」という方がいてもおかしくはありません。

しかし、刀伊の入寇は、対馬・壱岐・大宰府が襲撃されたやはり大事件。一次史料もたくさんあり、一九六〇年代から研究はかなり進んでいます。というのも、外敵への対応、つまり兵の動員や連絡・通信にかかる日数などが明確に記録されていて、平安時代後期の軍制がよくわかる事件だからです。

寛仁《かんにん》三年三月二十七日、といいますから西暦一〇一九年。対馬に三千人ほどの刀伊が上陸し、対馬・壱岐で略奪・放火・誘拐を行ないました（以下詳細は土田直鎮『日本の歴史5　王朝の貴族』より。また被害などについては『長崎県の歴史』に詳しい）。四、五十人が一隊となり、弓・剣・盾などで武装。それらが十組くらいで行動し、家畜は殺して食す。老人・子供は殺害、壮年男女は連れ去

ったことがわかります（女真の戦い方とほぼ一致）。船は五十隻ほどで、大きさは十尋《ひろ》。「尋」は六尺（一・八メートル）ですから二〇メートル近い大きさの船で来襲しました。対馬では約四十人が殺害、約三百五十人が拉致されました。壱岐では約百五十人が殺害、約二百四十人が拉致。壱岐守・藤原理忠《まさただ》は兵を率いて戦いましたが戦死……。

福田豊彦「戦争とその集団」（『室町幕府と国人一揆』）によると、殺害三百六十五人、拉致者千二百八十九人、家屋四十五棟が破壊・焼却されました。家畜は三百八十頭が屠殺されています。壱岐では残された島民は三十余名、という「大事件」です。

Bの「夷狄調伏の祈禱」について

これはそもそも無理な要求です。事件を時系列で追ってみると、

三月二十七日　対馬来襲

三月二十八日　対馬から大宰府へ襲撃を受けたことを知らせる急使が出発。

四月七日　襲撃を大宰府に連絡。同日、刀伊北九州上陸・戦闘開始。都へ飛駅使《ひえきし》が送られる。

四月十三日　戦闘終了。

四月十七日　都へ飛駅使到着。

四月十八日　会議で防衛支持・勲功を約束する議決。

四月二十五日　事件解決の知らせが届く。

飛駅使が都に着く四日前にはすでに事件は現地で終結しています。

それから、朝廷が「武力を用いず」とありますが、実は、**すでに北九州では防衛体制は作られていたのです**。九世紀の弘仁《こうにん》・貞観《じょうがん》・寛平《かんぺい》の年間に、朝鮮の海賊が北九州で横行していたので、「防人」の制度も復活していましたし、「弩《いしゆみ》」(弓の一種)も配備しています。沿岸防衛はしっかりしていたと考えられます。

そして何より、朝廷は事件を十七日まで「知らなかった」のです。まして都に知らせが届く前の十三日に「解決」していることなどわかりません。急を知らせる「飛駅使」も機能していましたし、「大宰府」も本来の防衛施設としての機能を十全に果たしました。大宰府には(百田氏も「荒くれ者」と言及している)大宰《だざいの》権帥《ごんのそち》藤原隆家《たかいえ》がいて、**指揮・防衛をしている**のですから、**それは「朝廷が武力で対応した」のと同じ**。ことさら朝廷が何もしていないかのように断ずるのはおかしいと思います。

「夷狄調伏の祈禱をするばかり」とありますが、藤原実資《さねすけ》の日記『小右記《しょうゆうき》』によると、たしかに四月二十一日に伊勢神宮以下十社にて神への奉幣がなされています。ただし一方で、陣定《じんのさだめ》(現在の閣議)の後、翌十八日には大宰府に使いを発し、

① 要所の警固

② 賊の追討

③ 手柄を立てた者への行賞

を命令し、

④ 山陽道・山陰道・南海道・北陸道の警固

を指示しています。

Cの「常軌を逸した」について

まったくの逆。当時としては、異変に対して「祈禱」は通常のことですから、それをもって無能ぶりをあげつらうのは少し酷です。後の「蒙古襲来」の話にも通じますが、当時としてはむしろ「常識的」で、このような場合に祈禱を命じないほうが異常でした。

四月二十三日以降、朝廷では様々な議論が行なわれています。従来の高麗の海賊の延長ではないか、また四月二十五日以降は、捕虜の中に高麗人がいたことから、海賊ではなく高麗の攻撃ではないか、などとも議論されています。

「刀伊」であることがわかったのは、対馬の判官長嶺諸近《ながみねのもろちか》が、高麗に渡って情報を収集し（連れ去られた家族を取り戻すため）、帰国して情勢を伝えたからでした。

これが七月七日のことです。さらに高麗との関係についての議論が進み、八月には高麗の仕業でないことが最終的に確認されています。

『小右記』によると、朝廷では後に高麗が刀伊を撃退して日本人を送り届けてきたとしても、もとは敵国なので（新羅の時代から対立していてまだ国交がなかった）、何か企みがあってのことかもしれない、と慎重な議論が交わされていたこともわかります。

さて、九月には、高麗から使者が来ます。拉致されていた二百七十人を刀伊から奪い返して、日本に届けてくれました。翌年二月にはその使者に返書を持たせて帰国させ、金三百両の礼金も支払っています（『大鏡』より）。以後、高麗との関係は良好で、不安定だった東アジアの中で、宋とも友好関係を築きました。

朝廷は「祈禱をするばかり」ではけっしてなく、その後の外交で、高麗との友好関係を築き、それを契機に民間での交流はいっそう盛んになりました。軍事ではなく、政治・外交による解決の後日譚があることを忘れてはいけません。

藤原隆家について、「叔父〔道長〕との折り合いが悪く、若いころに左遷され、出世はしなかった」（78頁）と記されています。文脈から誤解される方がいてはいけないので、申し添えますと。

隆家は、大宰府に左遷されたのではありません。「若いころ」というのは十七歳の時、長徳の変で出雲権守に左遷されたのです。

でも、翌年には都にもどり、兵《ひょう》部《ぶ》卿《きょう》に任じられ、四年後には以前の権中納言に任じられます。これで復活。位階は五年後に従二位。翌年には正二位となります（正一位はほとんど没後贈位なので、実質的には従一位に次ぐ二番目の高位）。官職は中納言ですから、「出世しなかった」というのは誤りです。

大宰権帥への任官は、眼病の治療のために自ら申し出たものです。これは左遷ではないので、大宰府では優遇された生活をしています。隆家が都を去るのを、藤原道長が止めようとしたので、任命が九カ月遅れました。賀茂の祭りには、道長は同じ牛車に隆家を乗せています。「若いころ」にはわだかまりがあったかもしれませんが、二人は和解していたとも言えます。

23　藤原氏による摂関政治の始まりの時期は、はっきりとわかっている

「いつの頃からか摂政や関白は藤原氏一族以外からは出なくなっていたため、藤原氏は「摂関家」と呼ばれるようになった。」（78頁）

摂関政治の始まり、摂関の独占は「いつの頃からか」わからない曖昧《あいまい》なものではありません。藤原氏による摂関政治は、古代史の中ではたいへん重要な位置づけなので、どの教科書でも権力掌握過程は、他氏排斥の事件をふまえて詳細に説明します。

「摂政」は天皇が幼少あるいは女帝の場合に政務を代わりに行なう職。「摂《ふさ》ね政《つかさど》る」という言葉からできたもので、政治を悉《ことごと》く委《ゆだ》ねる、という意味です。聖徳太子が「最初の摂政」と考えられていた時期もありますが、聖徳太子は「皇太子」として推古天皇から政治を委ねられていたので、役職としての摂政はこの時はありませんでした。

ちなみに皇太子や皇后が天皇に即位せずに政治をすることを「称制《しょうせい》」といいます。中大兄皇子も斉明天皇崩御の後、この方法で政治を行なっています。

藤原良房《よしふさ》が、皇族以外で政治を委ねられた最初の人物とされるのは『日本三代実録《さんだいじつろく》』に記された「天下の政《まつりごと》を摂行せしむ」という貞観八年（八六六）の記録、または『公卿補任《くぎょうぶにん》』に見られる天安二年（八五八）の記録「摂政と為す」によります。

「関白」は成人した天皇の政務を補佐する職。良房の子（養子）の基経《もとつね》が最初です。関白は「関《あず》り白《もう》

す」に由来し、元慶《がんぎょう》八年（八八四）に「今日より官庁に坐して就きて万政を領行《とりおこな》ひ、入《い》りては朕《ちん》が躬《み》を輔《たす》け、出《いで》ては百官を総《す》ぶべし」と天皇から命じられています。また、仁和《にんな》三年（八八七）の『政《せい》事要略《じようりやく》』には「摂政太政大臣に万機を関白《かんぱく》せしむる詔《みことのり》を賜ふ」と記され、これらをもって藤原基経が関白となった、と説明します。

以後、摂政・関白が空位の時はあっても、藤原氏以外が摂政・関白となったことはありません（豊臣秀吉も形式的には、藤原氏として関白に任じられています）。

番外篇1

聖海上人の涙

序章で、「通史」を読む際のポイント五つを紹介させてもらいました。その一つは、歴史「を」書くのか？　歴史「で」書くのか？　でした。

『日本国紀』は明らかに後者で、歴史「で」筆者の言いたいこと「を」伝えるものだと思います。これは別に何も否定すべき手法ではありません。歴史をアナロジーにして、いろいろなことを語る、あるいはそれを聞くのは楽しいものです。

地下鉄に乗ると、書籍や雑誌の中吊り広告に、

織田信長に学ぶ経営戦略！

豊臣秀吉の人心掌握術！

徳川家康のすごい人事！
みたいなのを見かけます。

筆者の言いたいこと「を」信長や秀吉や家康「で」伝える……楽しんで読むのは何も問題ないのですが、もしもほんとに、彼らの事績に忠実に経営戦略を立てたり人事考課されたりしたら、現場の人たちは、たまったもんじゃありませんよ。

武士って人口の七％しかいなかったんです。そんな人たちの歴史から何かを学んだとしても、真実や実態の七％ですよ、きっと。サムライジャパン！って、カッコはいいけれど、日本人の大部分は、サムライではなくノウミンでした。いつから日本人はみんなサムライになって、そんな気分を自分の行動原理にするようになったんでしょう。

ある種の「幻想」に基づいた「雰囲気」に酔い、腑に落ちる……そういうことでしょうか。

企業経営も、信長や秀吉や家康なんかより、惣村《そうそん》制や町衆《まちしゅう》の経営から学んだほうが、得られるものははるかに多いのではないでしょうか。

さて、最初の話です。

歴史「で」何か「を」伝える

のだとすると、手段とする歴史に「誤り」があれば、伝えようとする何かも誤りに、あるいは伝わらなくなります。誤った「歴史」の理解から生まれる「歴史観」は、もちろん誤りです。

『徒然草《つれづれぐさ》』二百三十六段にこんな話があります。

丹波《たんば》に出雲という場所がありました。出雲大社から神様を分け遷《うつ》したんでしょう、立派な神社がありました。

その土地の有力者が、高名な聖海上人《しょうかいしょうにん》その他多くの人たちを都から地元にお招きしました。

「さあ、おいでください、出雲へ。ぼたもちなども召し上がっていただきますよ」

食事付きの観光案内。まあ、ある種の町興しみたいなものだったのかもしれません。客人たちはお参りをし、おおいに信仰心も高まったようです。

さて、その神社の社殿前に、獅子と狛犬《こまいぬ》があったのですが、不思議なことにその狛犬と獅子は、互いに背を向けて後ろ向きに立っているではありませんか。それを見た聖海上人は、とても驚き、

「ああ、これは素晴らしい！　この獅子と狛犬の置かれ方はとても珍しい！　きっと深いわけがあるのでしょう！」

と涙ぐんで感動しました。他の人たちはさして関心も無さそうにしているので、

「ちょっとみなさん！　この狛犬と獅子の、由緒ありげな置き方を見て何も思わないのですか？　こういうところを見ないでどうするんです？」

高名な聖海上人が言うものですから、人々も、なるほど不思議なことだと集まってきました。

「たしかに他とは違いますな」

「これは都へのよい土産話ができた」

と、口々に言い出しました。

聖海上人は、さらに由緒来歴などを知りたいと考えて、あたりを見回します。すると、なにやら物知りそうな、年配の神主さんがいたので、ちょっとちょっと、と呼び招き、

「この神社の、獅子と狛犬の置かれ方！　さぞかし由緒があることでございましょう。ちょっ

とお聞かせいただけませんか。さぁ、みなさんも、よく聞きましょうぞ」

するとその神主、

「あ、やられた。近所の悪ガキがいたずらして、ひっくり返しよったんですわ。ほんまにけしからん」

と、獅子と狛犬を元通りにして去って行きました……。

「上人の感涙、いたづらになりにけり」

上人の流した涙は、なんだったのでしょうか……チャンチャン。

間違っている時は、「あ、それ、違うんです」と言わなくてはなりません。都への土産話で、とんでもない話が広がっては赤っ恥ですからね。

24　武士集団は、現代で言うヤクザではない

私も授業でよく、「現代で言ったら○○みたいなもんや」と「比喩」を言うことがあります。しかしこういう比喩は、よほど慎重に使わないと、生徒たちに「わかりやすさ」と引き換えに、誤ったイメージを植え付けかねません。

「わかりやすさ」と引き換えにしてはいけないのはやはり「事実」です。複雑でも、わかりにくくても、「実態」を正確に説明しなくてはならないのが、この時代でいえば「武士」の説明だと思います。

少し前の記述に戻って、「武士の誕生」という項ですが。

「初期の武士集団というのは現代でいうならヤクザのような存在であった。」（72頁）

このような話はインターネット上の解説などでしか私は見たことがありません。少なくとも**平安時代後期・中世史の専門家で、こうした理解をしている人はいない**のではないでしょうか。

武士を、ひとくくりに「武士」と称してよいのは、鎌倉政権が誕生して以降ではないかと思います。「武士」は、一本の川が上流―中流―下流と変化していくように一つの発展段階で十世紀、十一世紀、十二世紀と変化したわけではありません。むしろ、複数の河川の段階的合流、と理解したほうがよいと考えられますし、現在の教科書もそうしたかたちで説明するようになりました。

その複数の流れの、まずは一本目。地方の各地に生まれた豪族や有力農民が勢力を拡大するために武装した者たち。「兵《つわもの》」と呼ばれるグループです。「家《いえ》の子《こ》」と呼ばれる一族や「郎党《ろうとう》」と呼ばれる従者を率いていました。

二本目の流れ。武力で朝廷に仕えていた者たち。畿内・近国にいて朝廷の「武官」となっていた者で「武者《もののふ》」と呼ばれるグループです。もともと貴族である場合も多く、「文」ではなく「武」で仕える者。阿倍比羅夫《あべのひらふ》や坂上田村麻呂《さかのうえのたむらまろ》、小野好古《おののよしふる》などが武官としての官位を授かっています。

三本目の流れ。貴族に仕えて、公家の家政や護衛を担う者たち。「侍《さぶらひ》」と呼ばれるグループです。

二本目と三本目は複雑に交わっています。畿内で藤原氏に仕えて勢力を拡大した河内源氏、院の警固で北面の武士として活躍した伊勢平氏、などを見ればわかると思います。

四本目は、一本目とも複雑に交わり、三本目に流れ込むパターン。都の有力貴族が地方に行き、地元の勢力にその名望から受け入れられて担がれたような者で、桓武天皇の曾孫《そうそん》・高望王《たかもちおう》が、平《たいら》姓を与えられて関東に勢力を張ったような例です。

五本目も一本目と複雑に交わるものですが、もともと朝廷とは関係がなく、独自の勢力であった者が戦いなどを通じて帰属していった例で、奥州の安倍《あべ》氏や清原《きよはら》氏などがこれに当たります。

これらが十世紀、十一世紀、十二世紀と段階的に分岐・合流・展開して、鎌倉時代にようやく「ひとくくりの武士」になります。

さて、これらをふまえて百田氏の記述を読むと、武士と朝廷に関する説明は誤解の上に成り立っていることがわかります。

まず、72頁の記述は「武士」を一本の流れで単純化してしまい、十世紀の初期武士集団の多様性を説明しきれず、さらに「ヤクザのような存在」とステレオタイプ化してしまいました。そしてその前提に立って、

「朝廷は治安を維持する警察機構のようなものを持たず、戦は武士たちに任せきりだったのがわかる。雅を愛する平安貴族たちは「戦」のような野蛮なものを「穢れ」として忌み嫌うようになっていたからだ。」（80頁）

とまとめてしまっています。おそらく、学生時代に習った「平将門の乱」や「藤原純友《すみとも》の乱」の解説のうち、「この乱により、武士に頼らなければ、もはや武士の力を抑えられなくなったことが明らかになった」といった記述が印象に残っていたのかもしれません。

これらの乱は、「朝廷の軍事力」の低下を示した事件ではありますが、実は**これによって朝廷は、逆に従来の軍制を再編強化し、軍事力の回復を図る**のです。以下、教科書や『詳説日本史研究』などに基づいて解説します。

朝廷・貴族は武士を積極的に「侍」「武者」として奉仕させるようにし、また地方の「兵」も館《たち》侍《ざむらい》・国侍《くにざむらい》として国司のもとに組織化し、諸国の「追捕使《ついぶし》」や「押領使《おうりょうし》」に任命しました（「追捕使」は盗賊や反乱を抑える役割をし、「押領使」は内乱などに兵士を統率する役割をします）。

　こうして国司に仕える武士たちは、地方の行事にも参加するようになり、神事の相撲《すもう》に武士が奉仕することにもなりました。相撲は武士の体制内化を示す例と言えます。

「刀伊の入寇」（→22講）に際して、都に来襲の知らせが届く前に迅速に対応できたのは、九州の武士団が国司のもとでよく統率・組織されていたからこそで、それゆえ藤原隆家はリーダーシップを発揮できたのです。

　平安後期は、「兵」「武者」「侍」が平将門の乱や藤原純友の乱を通じ、しだいに朝廷や国司の下にまとめられ、シビリアン・コントロールならぬ貴族コントロールに入っていった時代でした。

　もう一つ、「武士」が生まれたことについて、忘れてはならない側面があります。

もともと律令政治の下、農民は衛士《えじ》や防人、地方の軍団での一定期間の軍役に就かされていました。民間人もすでに武器の扱いを知っていたのです。桓武天皇の時代には健児《こんでい》の制で、郡司《ぐんじ》の子弟や弓《きゅう》馬《ば》に秀でた農民による兵士が組織されています。十世紀以降の荘園発達や有力農民の開墾の過程で、農民たちは武装することに違和感がなかったとも言えます。

　以上の話をふまえて、以下の記述を読んでみてください。

「飛鳥時代の政府（朝廷）は、防人制度を作ったり大宰府に水城《みずき》を築いたりして、常に外国からの侵略に備えていたが、三百年も平和が続くと、朝廷も完全な平和ボケに陥り、国を守るという考えが希薄になっていた。同時に現実的な判断力をも失っていた。「刀伊の入寇」の際、ひたすら祈禱に頼るし

かなかったというのが、まさにその象徴的な行動である。」（81頁）

この時代の武士と朝廷の関係を、いかに深く誤解しているかがわかると思います。

25 院政は、上皇が天皇と同等の権力を有することを利用して始まったわけではない

続く「院政の時代」という項に、以下のようにあります。

「律令制度では譲位した天皇は上皇（太上《だじょう》天皇の略）になり、天皇と同等の権力を有するものとされたが、白河《しらかわ》上皇はそれを利用し、政治の実権を握った。これを「院政」という。」（81頁）

これでは、「院政」をまったく説明できていません。

まず、「天皇と同等の権力を有するものとされた」とありますが、実のところ、**律令制度の中でも、「上皇」をどう位置付けるかははっきりとしていません**でした。聖武天皇は、自分の娘を皇太子として「太上天皇」となっていますし、その娘、すなわち孝謙天皇も淳仁《じゅんにん》天皇に譲位して「上皇」となっています。

この時に、

① 天皇の系統を維持する（自分の子や孫に位を確実に譲る）ために上皇となる。

② 上皇が天皇よりも上である（国家の大事は上皇が担うと孝謙上皇は宣言しています）。

の二つが先例となりました。

しかしこの先例は、平安時代初期に「訂正」されます。平城《へいぜい》太上天皇と嵯峨《さが》天皇が対立して、薬子《くすこ》の変（現在では「平城太上天皇の変」）が起こりました。嵯峨天皇が実権を掌握して天皇権力が安定するのですが、自分が淳和《じゅんな》天皇に譲位したとき、同じような権力闘争を避けるため、「上皇」の位を得てのちも実権を得ることを頑なに拒否します。

ここから上皇は、天皇がその称号を贈る地位となり、「天皇が上皇よりも上」が慣例となります。

したがって、白河上皇が、「天皇と同等の権力を有する」ことを利用して政治の実権を握った、というのは誤りです。**白河上皇の「院政」は、①の「天皇の系統を維持する」目的で始まったもの。政治の実権を藤原氏から奪い、摂関政治に対抗しようとする意図で始められたのではない**のです。

白河天皇が、まだ後三条《ごさんじょう》天皇の皇太子（貞仁親王《さだひと》）であった時のことです。父の後三条天皇は、貞仁親王の異母弟・実仁《さねひと》親王、さらにその弟・輔仁《すけひと》親王に、天皇の位を継がせたいと考えるようになりました。貞仁親王の実母・茂子《しげこ》はすでに死去しており、源《みなもとの》基子《もとこ》が、義理の弟になる実仁親王と輔仁親王を産んでいたのです。後三条天皇は、貞仁親王（白河天皇）に位を譲りますが、その条件として次の天皇は実仁親王、さらにその後は輔仁親王である、と決定し、後三条上皇による院政が始まる、はずでした。

ところが、わずか一年で後三条上皇は崩御し、実仁親王も十五歳で死去してしまいます。ここにおいて白河天皇は、父の遺言（輔仁親王を次の天皇とする）を無視し、自分の息子・善仁《たるひと》親王（堀河天皇）に位を譲って上皇となったのです。

これが「院政」のそもそもの始まりです。

白河天皇による「院政」の流れ
(太字は天皇)

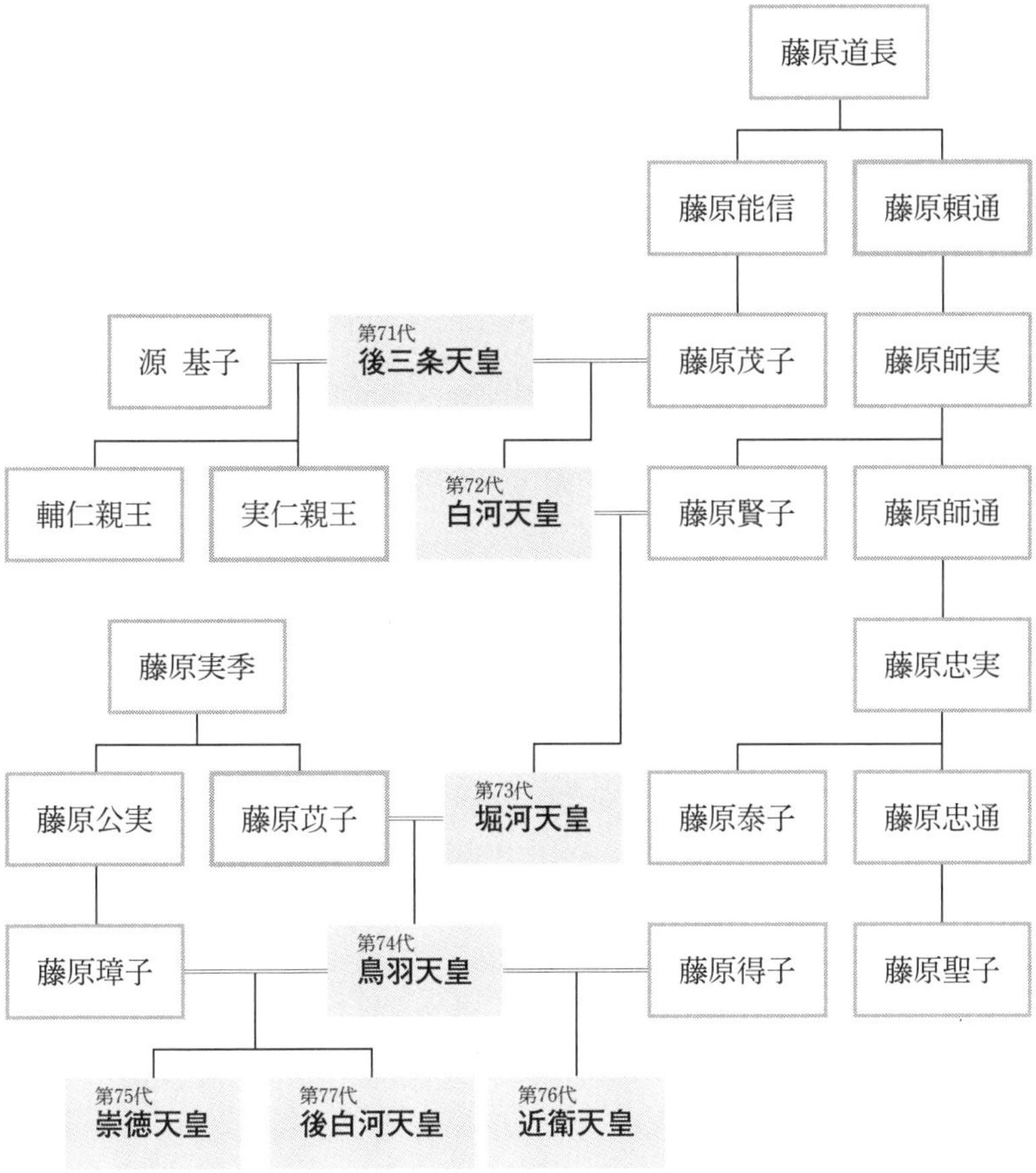

白河上皇と藤原氏との関係は良好でした。堀河《ほりかわ》天皇の母は上皇が寵愛していた賢子《けんし》で、その父が関白藤原師実《もろざね》。むしろ摂関政治は復活していたのです。

つまり上皇になるのは、あくまでも「自分の子を天皇にする」のが最優先課題。政治の実権を握ることになったのは、さらにその後のことで、しかも意図的なものではありませんでした。

そして次の関白は藤原師実の子・師通《もろみち》。堀河天皇との関係もよく、かなり有能な関白でした。しかし師通は三十八歳の若さで死んでしまい、その子・忠実《ただざね》はまだ二十代。大納言という地位にはありましたが、就任間もなく、まだまだ政治の見習いレベル。堀河天皇は、父・白河上皇に政治を頼らざるをえなくなってしまいます。

ところがその堀河天皇もわずか二十九歳で崩御してしまうのです。摂関家も天皇家も、後継者が未熟な状態となり、朝廷に「政治の空白」の危機が訪れました。

こうして摂関家を助け、幼い孫の鳥羽《とば》天皇も助けるために白河上皇に権力が集中することになります。院政開始は白河天皇が上皇となった一〇八六年、とよく言いますが、事実上の「いわゆる院政」は一一〇七年の堀河天皇崩御からなのです。

自分の子を天皇とするため上皇となる。息子が摂関政治を始める。ところが関白が若くして死んでしまう。さらに天皇も崩御してまだ幼い孫が天皇となる……。

藤原氏の混乱と天皇家の危機。これを乗り切る政治が、白河上皇の「院政」の背景でした。

26 保元の乱は「不倫」から始まっていない

一一五六年、保元《ほうげん》の乱（崇徳上皇側と弟の後白河天皇側に立った貴族・武士たちが衝突した政変）が起こります。「保元の乱」の項で、崇徳上皇について以下のようにあるのですが。

「〔崇徳上皇は〕白河上皇による不倫の末に生まれた悲劇の天皇であった。〔……〕保元の乱こそ、日本史の大きなターニングポイントの一つといえるのだが、そのもととなったのが不倫だったというのが面白い。」（85頁）

と本文にあり、コラムでも崇徳上皇が「怨霊」となる話が紹介されています。

ただ、参考にされたと思われる『**保元物語**』**の成立年は、はっきりとわかっておらず、十三世紀前半あたりに書かれたのではないかと言われています。つまり事件の五十年以上後に書かれたもの。**特に弓の名手の源為朝《ためとも》の活躍や、崇徳上皇の怨霊の話は、『太平記』など後の軍記物や江戸時代の『雨月物語』などで「補強」され、後世に伝わったものです。

菅原道真の怨霊話と同じく、崇徳上皇の怨霊は、死後十三年以上たってから出てきた話。当時に崇徳上皇が異形の姿になり果て、皇室を呪いながら死んでいく様が実話のように述べられているのは、困惑するかぎりです。ちょうどその頃、都では不吉な事件が起こり、また平清盛の台頭など、古い貴族社会をゆるがす出来事も続いていたため、これが崇徳上皇の祟り、とされたのです。

崇徳帝の名誉のためにも申し上げますが、讃岐《さぬき》への流罪後の生活は穏やかで、哀しみにくれていたことがわかる和歌は残っていますが、天皇や貴族に対する恨みのようなものは当時の史料に一切残っていません。

白河法皇と藤原璋子《しょうし》の「不倫」の話にいたっては、鎌倉時代の『古事談《こじだん》』によるもの。**これは昔の貴族の噂やスキャンダルをまとめたもので、「当時の実際の話」ではありません。**ちなみに「道鏡《どうきょう》座れば膝三つ」の巨根伝説や「清少納言が陰部を見せて、兄たちを襲撃した源頼親の部下たちに殺されそうになったことから免れた」みたいな話も掲載されています。

「様々な状況証拠から、おそらく事実である」（82頁）と言われていますが、まさか『古事談』の記述を「状況証拠」とされているとしたら、軽率ではなかったかと思います。コラムでこんな噂話がありました、と紹介して笑い話にしたほうがよかったのではないでしょうか。

むしろ当時の「状況」を証拠とするなら、違う話が浮かび上がります。

上皇についてのお話を先にしました（→25講）。白河天皇が堀河天皇に譲位したのは「自分の子」に天皇の位を確実に譲るためでした。

上皇が、天皇家の一家の長として家政および後継を決める。そのため「皇太子」が不在になるのも、院政が開始されてからの特徴です。

鳥羽天皇の中宮・璋子（待賢門院《たいけんもんいん》）は、父は藤原公実《きみざね》でしたが、白河法皇とその寵姫《ちょうき》・祇園女御《ぎおんにょうご》に可愛がられて育った人物でした。鳥羽天皇との間に男子は五人も生まれています。

この第一皇子が顕仁《あきひと》親王、のちの崇徳天皇です。白河法皇は、顕仁親王が五歳になると天皇とし、鳥羽天皇は上皇となります。その後、白河法皇が崩御すると、天皇一家の長は鳥羽上皇となりました。

当時の摂関家の長は藤原忠実。前講でお話ししたように、政治の場から長く離れていて、白河法皇

崇徳天皇と保元の乱の背景
(太字は天皇)

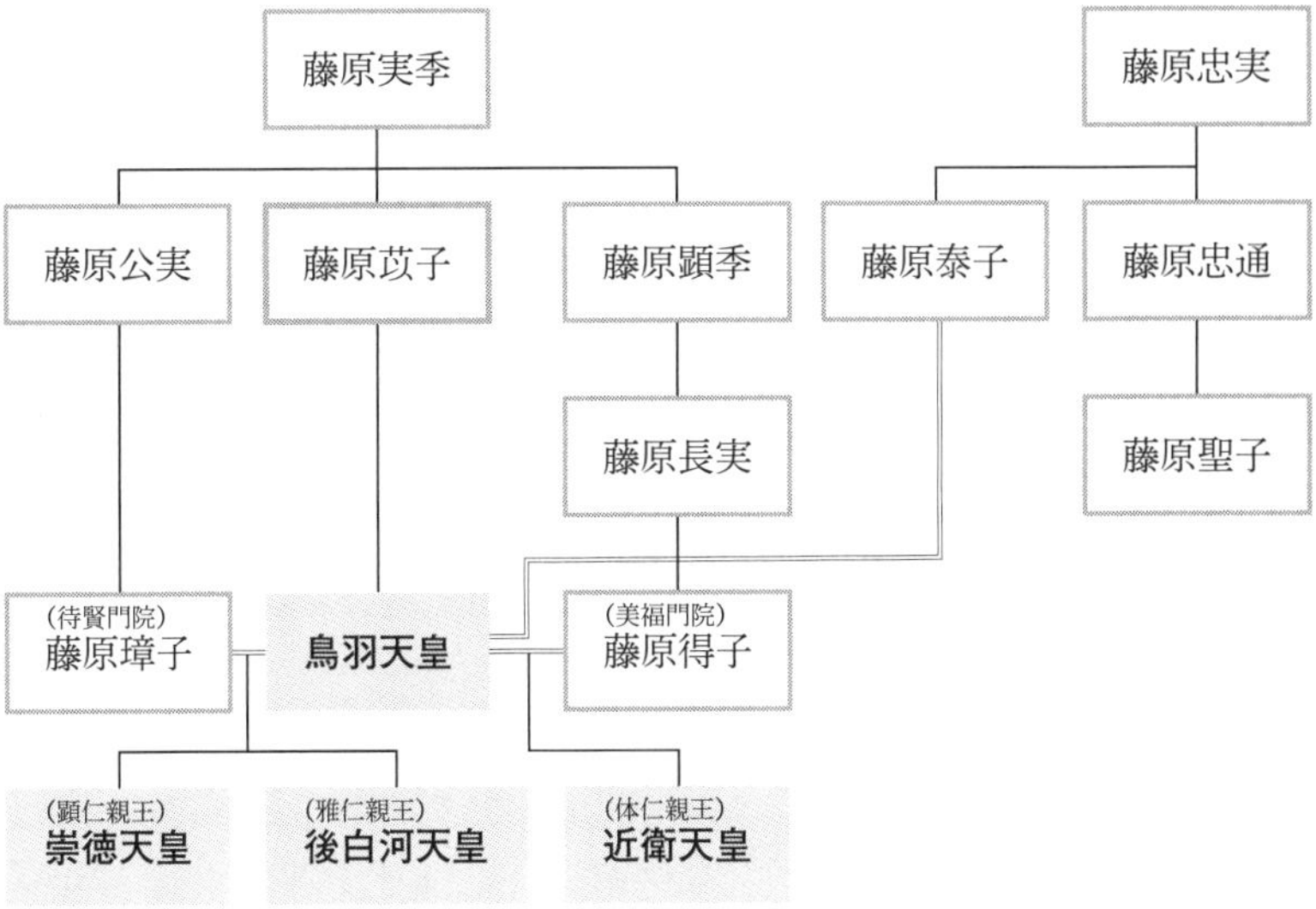

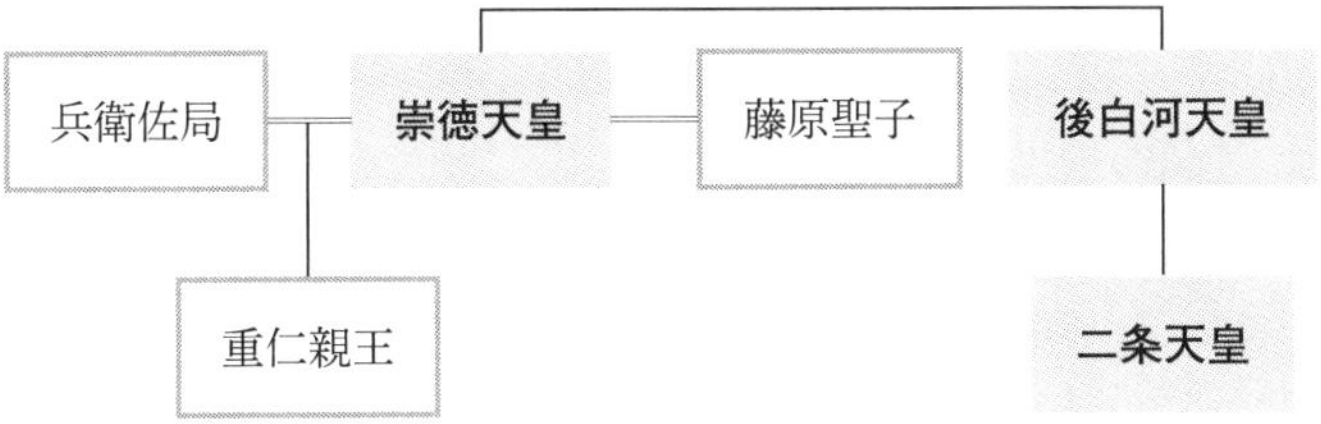

には頭が上がりませんでした。しかし、白河法皇の崩御を機に復活。娘の泰子《たいし》を鳥羽上皇の皇后に立て、藤原摂関家の政界への返り咲きに成功します。

また鳥羽上皇は、さらに寵姫を得ました。これが得子《とくし》（美福門院《びふくもんいん》）です。

こうなると、崇徳天皇と母の待賢門院は、白河法皇の後ろ盾もなく、藤原氏の支援もない状態で、完全に孤立してしまうことになります。

この段階で、得子と鳥羽上皇の間に皇子が生まれました。これが体仁《なりひと》親王です。

璋子（待賢門院）の子、崇徳天皇。

得子（美福門院）の子、体仁親王。

妻の実家、すなわち後ろ盾がたいへん重要な意味を持つ時代です。鳥羽上皇にしてみれば、美福門院の子を次の天皇にしたいと考えても不思議ではありません。崇徳天皇に譲位させ、体仁親王を天皇とします（近衛《このえ》天皇）。

崇徳上皇が孤立し、藤原氏の支援も受けられなくなった理由はまだありました。藤原忠実の子で関白の藤原忠通《ただみち》の娘・聖子《せいし》を妻としていたのですが、二人の間には子が生まれず、別の女性（兵衛佐《ひょうえのすけの》局《つぼね》）との間に重仁《しげひと》親王が生まれました。『今鏡《いまかがみ》』には忠通も聖子も不愉快な思いをしたと記されています。まあ、そりゃそうですよね。このことが、後に保元の乱で、忠通が崇徳上皇を退ける側に回った理由とも考えられています。

さてさて、従来の説では、崇徳上皇と鳥羽上皇の確執が大きく取り上げられていましたが、それは『保元物語』や『古事談』を通した「色眼鏡」でこの時代を眺めているからです。その先入観をとりはらって事実の経緯を辿っていくと、むしろ鳥羽上皇は、天皇家の長として、冷静なふるまいをしています。

まず、鳥羽上皇は得子（美福門院）との間に生まれた体仁親王（近衛天皇）を、崇徳天皇の中宮・聖子の養子にしています。それだけではありません。崇徳上皇の皇子・重仁親王を美福門院の養子に迎えています。

近衛天皇に後継がいないまま鳥羽上皇が亡くなれば、天皇一家の長は崇徳上皇となり、崇徳上皇の子・重仁親王が天皇となる可能性もあります。鳥羽上皇と崇徳上皇の関係は、近衛天皇が十七歳で早逝してしまうまではむしろ良好であったと見るべきです（佐伯智広『中世前期の政治構造と王家』）。鳥羽上皇と崇徳上皇の間の「確執」は従来説明されていたようなものではなく、ましてや保元の乱は、「不倫」が原因で起こったのではありません。上皇、天皇をとりまく、貴族、武家の勢力争いが背景にあったと見るべきでしょう。

27 平治の乱は、「男と女のドラマ」「人間の情愛」「欲望と怒り」では説明できない

保元の乱の後、藤原信頼《のぶより》と源義朝《よしとも》が、朝廷内での立場を強化・回復しようとして後白河上皇と二条天皇に対し起こしたクーデターが「平治《へいじ》の乱」です。

「信西《しんぜい》は後白河上皇と男色関係にあったという噂もあるが、これは単なる中傷ともいわれている。」（86頁）

こんな「噂」はそもそもありません。

「信西」とは後白河上皇が雅仁親王《まさひとしんのう》と呼ばれた頃の乳母《めのと》・紀伊局《きいのつぼね》（藤原朝子）の夫・藤原通憲《みちのり》のことで、出家して信西と名乗りました。後白河上皇にとっては父のような存在です。後白河上皇は元々、子の守仁《もりひと》親王が天皇（二条天皇）となるまでの中継ぎとして天皇となっていたため、政治に疎く、信西を頼るところが大きかったのです。

後白河上皇との「男色関係」を噂されていたのは、藤原信頼です（おそらく「信頼」と「信西」を取り違えたのでしょう）が、それとて『平治物語』に見られる話で、十三世紀につくられた物語の一コマにすぎません。

保元の乱にせよ、平治の乱にせよ、鎌倉時代への過渡期の重要な契機となった事件です。それを二次史料や当時の噂話、「男と女のドラマ」「人間の情愛」「欲望と怒り」で説明されてしまっては、市井の三文芝居と同じで、時代の転換や社会の変化が何も伝わりません。

「信西の出世をよく思わなかった藤原信頼が、平治元年（一一五九）、源義朝の力を借りて、クーデターを起こした。〔……〕〔源義朝は〕信西と姻戚関係を結んだ平清盛が自分より重用されたことを恨みに思っていたのだ。」（86頁）

これでは、信西の異例の出世をねたんだ信頼が、自分より出世した清盛を恨んだ義朝とともに、信西と清盛を排除するためにクーデターを起こしたのが「平治の乱」、ということになってしまいかねません。そうではないのです。

また続けて、有名な「お涙頂戴」の場面が登場します。

「清盛の継母が愛らしい頼朝〔義朝の子〕を見て、亡くした息子を思い出し、清盛に助命嘆願する。」

（87頁）

「もし、清盛が頼朝をこの時、殺していたならば」と、ドラマの視聴者や小説の読者は歴史の皮肉を感じるところなのでしょうが……。

これは**『平治物語』にしか見られない記述で、実際は、後白河の姉や、頼朝の母の親戚である待賢門院の近臣らが頼朝助命の働きかけをしています**（元木泰雄『河内源氏』）。頼朝は若年ながらすでに後白河の姉の蔵人をつとめていて、そもそも後白河上皇方に与《くみ》していたとも解釈できるのです。清盛が罪一等を減じたのは当然でした。

「清盛は頼朝の異母弟である義経（当時一歳）も殺そうとするが、その母を自分の妾にすることで、義経の命を助け、鞍馬寺《くらまでら》に預けた。」（同）

こちらのほうは完全に後世のフィクションです。

実は**源義経については、二十二歳から死去までの九年間のことしか記録には残っておらず**、ドラマや小説で取り上げられている義経像は、すべて『平治物語』『源平盛衰記《げんぺいじょうすいき》』『義経記《ぎけいき》』のいずれか、あるいはその複合で作られたものです。『義経記』は南北朝時代から室町時代に書かれたもの。ほぼ歴史小説といってよいでしょう。物語ではなく貴族の記録としては、九条兼実《かねざね》の日記『玉葉《ぎょくよう》』の中で一一八三年十月に「頼朝の弟・九郎が大将軍となって数万の兵を率いて上洛を計画している」と記されているのが最初です。

「もし清盛が継母の言葉に耳を貸さず、また義経の母の情にほだされなければ、歴史が変わっていた可能性は大である。」（87頁）

とありますが、そもそも無い話で歴史が動くことはありません。現在では平治の乱は、以下のように捉えられています。

保元の乱後、政治の実権を握ったのは、後白河天皇の下で腕をふるった藤原通憲（信西）でした。平清盛の軍事力を使って荘園の整理を断行し、摂関家や大寺院の勢力を抑える政治を進めました。これを「保元新制」といいます。

これに対し藤原摂関家は、鳥羽上皇の寵姫で、鳥羽上皇の荘園の多くを相続して大きな力を持ち、また後白河天皇の子の守仁親王を養子にしていた美福門院と結んで、信西に対抗しようとしました。

そして美福門院と信西が話し合い、後白河天皇が守仁親王に天皇の位を譲る（守仁が二条天皇となる）ことが決まりました。こうして後白河上皇・二条天皇体制ができあがります。

しかし後白河上皇は、頼りにしていた信西が二条天皇派と接近するのを不安に思い、新しい近臣を求めるようになります。これが藤原信頼でした。後白河上皇は信頼をどんどん出世させましたから、「異例の出世」は信頼のほうです。このようにして、藤原信頼と信西は対立するようになりました。

つまり、朝廷の派閥に後白河派と二条派の二派ができたのですが、後白河派の内部も、信西派と信頼派に分かれていたのです。そこで信西派の軍事力担当の平清盛が熊野詣に出かけた間に、信頼は都に残っていた軍事力担当の源義朝《よしとも》を巻き込んでクーデターを起こしました。

これを受け、二条派も、「保元新制」で専制的にふるまっていた信西の排除には賛成するようになっていましたから、信頼に協力します。二条派は宮中の警備をする検非違使を抑えており、宮廷の掌握は容易でした。「共通の敵」ができると団結する法則ですね。

そして信頼が一時は権力を握りますが、共通の敵・信西が処刑されると、また分裂が始まります。

一方、平清盛は都でのクーデターを恐れ、一時九州に逃れることも考えましたが、伊勢からの平氏の援軍が到着し、その兵力を背景に都に戻り、六波羅《ろくはら》邸に入りました。実は信頼の息子は、清盛の娘と結婚していたので、藤原信頼は平清盛を味方に引き入れられると思っていたのです。

ところが、藤原信頼が権力を握る後白河院政を嫌う二条派が、平清盛に接近します。清盛も、源氏と接近している藤原信頼ではなく、二条派と結ぶことにしました。

こうして清盛の六波羅邸に二条派が天皇を移し、後白河上皇も仁和寺《にんなじ》に脱出します。貴族も役人も六波羅邸にほとんど移り、宮廷そのものが引っ越したようになります。これで実質上、藤原信頼の敗北が決定しました。

このままだと「無血の再クーデター」だったのですが、信頼と義朝が最後の抵抗を見せ、天皇を取り戻そうと六波羅に攻撃をしかけます。しかし清盛の息子・重盛の活躍などで敗退しました。

以上が平治の乱の実態です。

「藤原信頼と源義朝の謀反《むほん》を知った平清盛は、後白河上皇と二条天皇を救い出すと、兵を挙げて信頼と義朝を攻め、二人を死に追いやった。これが「平治の乱」である。」（86頁）

これが「平治の乱」の実相とはずいぶん違うことがおわかりかと思います。

戦による民の犠牲

「ヒストリーという言葉はストーリーと同じ語源とされています。」（3頁）

確かに、ストーリーもヒストリーも、語源は同じヒストリア（historia）という言葉です。ラテン語で「史書」を意味します。

his story から history が生まれた、みたいな話を見かけることがありますが、これ、金八先生が、黒板に漢字を書いて、それらしい教訓を垂れるのに似ているんですよ。

『古事談』『保元物語』『平治物語』『平家物語』『源平盛衰記』『義経記』などの物語を紹介するのはかまいませんが、これらをすべて「実話である」と考えて話を進められてしまうと、「日本人の素晴らしさ」までフィクションと誤解されかねません。コラムでは、

「ヨーロッパや中国では、戦争となると必ず市民に多くの犠牲が出る。」（90頁）

とし、源平の戦いについて、

「注目すべきことがある。それはこの戦いが、武士のみで行われたものであるということだ。一般民衆はまったく巻き添えになっていない。」

と断言してしまっています。

この戦いでの平重衡による南都焼き討ちは、現在では失火であったと言われていますが、「（暗いので）火をつけよ」という命令を、兵たちが「民家に火を放て」と誤解した、という説もあります。これは逆に言えば、兵が民家に火を放つことが戦では見られた証拠でもあります。

一ノ谷の戦いの前哨戦、三草山《みくさやま》の戦いでは民家が焼き払われ、じゅうぶん一般市民が巻き込まれています。

「源平合戦で、市民の犠牲が出たという記述はない」（90頁）とコラムで述べられる一方、直前の本文では「義仲《よしなか》が平氏を攻め」「京都を支配した義仲は洛中で乱暴狼藉を働き」（89頁）とあるのですが……。

「七度の飢饉より一度の戦」という当時の民衆の言葉が残っています。一度の戦争は、七回の飢饉よりもひどい惨状をもたらしていたのです。「戦よりも餓死のほうがまし」というのが農民たちの思いでした。

武士を主役とし、特定の人物にスポットを当てた「物語」では、他の多くの人々が遭遇した災禍・惨劇は伝わりません。特に、武士の美学の犠牲になった人々は無視されてしまいます。合戦では「乱取り」が常識。

戦国大名でも、領土を拡大しないのに武将が何度も戦いをしているのは、飢えた兵を食べさせるためです。冬の小競り合いや戦闘の目的はたいていこれでした。戦の後には、「戦利品」の女や奴隷を売る「市」が立ち、来日した宣教師もそのありさまを記録しています。

このあたりの研究はもう十分に進んでいるのですから、現代に問う「通史」としては、十分反映させて説明してほしいところです。

28 平氏政権は前期と後期で性格が異なる

どうしても、わからないことがあるんですよ。

なぜ、崇徳上皇は白河法皇の不倫の末の子であることを「おそらく事実」（82頁）と認定しているのに、平清盛が白河法皇と祇園女御の間に生まれた子である、というのは、いともたやすく「事実ではない」（87頁）と否定するのか。どちらも根拠の無いゴシップですよ。

それから、

「高倉《たかくら》天皇は六歳で皇位に就き、徳子〔清盛の娘〕と結婚したのは十歳（徳子は十七歳）、完全な政略結婚である。」（88頁）

この時代、貴族の結婚はみんな政略結婚です。藤原氏が自分の娘を結婚させるのも、すべて政略結婚でしょう。どうして平清盛の場合だけ、政略結婚だ、なんてわざわざ書くのか。あと、

「〔清盛は〕武力を背景にのしあがり、ついに最高位の太政大臣に就く。」（87頁）

どこか平清盛に対する「悪意」を感じませんか？

当時の貴族たちが清盛に悪意を抱いていたのはわかるんですよ。平家の台頭で、自分たちの地位が脅かされていくんですから。

九条兼実なんかは、清盛のお姉さんが亡くなった時に日記（『玉葉』）でこう書いています。

「姓の違う者が、藤原氏に入って財産を相続などしたから、春日大社の祟りにあったのだ」

このように、当時の貴族が清盛のことを悪く思っていろんな記述を残しているのはわかります。な

にせ「平氏にあらざれば人にあらず」なんておっしゃる平家一門ですから、そりゃ嫌われます。それはわかるんですが、現代の百田さんがどうして平清盛をよく思わないのか……そう思って読むと、いくつか気になるところが出てくるんですよ。

「高倉天皇を退位させ、自分の孫の安徳天皇（当時一歳）に譲位させた」（同）
「手法はそれまでの貴族政権を踏襲したものにすぎなかった」（89頁）
「平氏は貴族の真似事をしたかっただけのようにも見える」（同）

天皇に対して強制したかのような表現。そして「すぎなかった」「〜だけのようにも見える」のような言い回し。厳しいですよね。

一つ思い浮かんだことがあるんです。昔の教科書で習った平清盛像のイメージから抜け出せていないんじゃないかな、と。今では研究の進展により、平清盛の評価はガラっと変わりました。もちろん教科書にも反映されています。

実は、平氏政権は、その前半と後半で性格が異なります。

清盛は、後白河上皇の信任を得るため、法住寺《ほうじゅうじ》御所の近くに蓮華王院《れんげおういん》を造営し、その本堂（三十《さんじゅう》三間堂《さんげんどう》）には千一体の千手観音像を安置し、宝蔵には古今東西の宝物を納めています。こうした上皇への貢献があったからこそ、清盛は異例の昇進をとげて、太政大臣となっているんです。

清盛は、院の近臣として後白河上皇（出家後は法皇）に奉仕し、後白河院政を支えて、むしろ法皇と協調した政治をしています。単に武力でのしあがったわけではありません。この頃くらいまでは、表面的には二人の関係は良好でした。

「表面的に」というのは教科書などには出ていませんが、清盛はあくまでも天皇、つまり二条天皇や、美福門院、藤原摂関家などとの関係を重視していたようなんです。ただ、天皇派の有力者が次々に亡くなってしまいます。美福門院も藤原忠通も亡くなり、残ったのは二条天皇の幼い子ども、六条天皇だけ。結果として、後白河上皇が天皇家の長として力を握る……。

思うんですが、平清盛は、天皇中心の政治のほうが好きな、わりと伝統を重んじる人だったんではないでしょうか。

かつては、平氏政権の誕生を、清盛が武士で初めて太政大臣となった一一六七年、としていましたが、今は違います。太政大臣の位は名誉職みたいなもので、彼はわずか三カ月で辞めています。むしろ、武士で初めて三位以上の正二位の位、内大臣に就いた一一六六年と言うべきで、実際、教科書でもそれを強調しているものが出てきています。

さて、二人の関係が変わったのは、清盛の妻の妹で、後白河法皇の后となっていた建春門院《けんしゅんもんいん》が亡くなってから。

後白河法皇は専制が目立つようになり、比叡山延暦寺を攻めよ、という命令までも出そうとしていました。清盛は鹿ケ谷《ししがたに》の陰謀をきっかけに、院の近臣を排除し、その上で、軍事力を背景に後白河法皇を幽閉します。ここからが、平清盛の武断的な、新しい体制の始まりです。

平氏はちゃんと、力をつけていた地方の武士団を味方にしています。かれらの一部を荘園・公領の地頭に任命し、畿内・西国の武士たちを家人《けにん》とし、平氏の一門は追捕使《ついぶし》などにも任じられ、受領《ずりょう》にもなって東国にも勢力を拡大しています。したがって、

「平氏は貴族の真似事をしたかっただけ」（89頁）

というのは大きな間違い。

「翌年、清盛は十八歳の高倉天皇を退位させ、自分の孫の安徳天皇（当時一歳）に譲位させた。幼い安徳天皇が政治を行なえるはずもなく、表向きは高倉上皇の院政ということだったが、すべての権力は清盛が握っていた。清盛は大輪田泊《おおわだのとまり》（現在の神戸港）を修築し、宋と貿易を行ない、富を築いた。この時、宋の銅銭が大量に流入した。」（88頁）

日宋貿易は、平清盛が大輪田泊を修築してから始めたのではありません。**父の忠盛《ただもり》の時からすでに始まっていました**。なんと平治の乱の前。大宰大弐《だざいのだいに》だった清盛は、一一五八年に博多を築き、日宋貿易を本格的に始めたんです。

ちなみに大輪田泊を修築したのは一一七三年で、後白河法皇を幽閉する前。ですので、高倉天皇を退位させて安徳天皇を位に就けるよりも前から。この書き方だと、日宋貿易が始まったのは一一八〇年代のように誤解されてしまうので、念のため。

「鎌倉幕府〜応仁の乱」の章

中世史の研究もかなり進み、三十年前の教科書とは大きく異なっているところがあります。「イイクニツクロウ鎌倉幕府」というゴロ合わせでおぼえた鎌倉幕府は、現在では段階的な成立論をふまえて源頼朝の征夷大将軍就任年を強調しなくなり、全国に支配権が及んだ一一八五年を成立年とするようになりました。そもそも、「幕府」という用語も当時は「政体」を意味する言葉ではありませんでした。ひょっとすると近い将来、「鎌倉幕府」ではなく「鎌倉政権」と表記する時が来るかもしれません。

鎌倉時代の大事件「元寇」も、現在では「蒙古襲来」と表記するようになり、「神風」の話や「一騎打ちの武士と集団戦法のモンゴル兵の対比」はあまり強調されなくなりました。高校の教科書では、「蒙古襲来前後の社会の様子の変化」「鎌倉仏教の変化」などの説明に力点が置かれるようになっています。

鎌倉・室町時代は、社会・経済がそれまでとは大きく変化した時代です。それに合わせて文化の大衆化も進みました。したがって、「元寇」「応仁の乱」の評価も、それらをふまえて、単なる「戦い」としての側面を強調するような教え方を学校教育ではしなくなってきています。鎌倉・室町時代こそ、政治・外交・経済・社会・文化の総体的な説明が必要な時代。何か一つの出来事で全体を説明しにくい時代だと言えます。

29 北条政子の名前は「政子」ではない

栄華を誇った平氏政権でしたが、一一八五年、源氏との壇ノ浦《だんのうら》の戦いで滅亡してしまい、源頼朝を中心とする本格的な武士政権が誕生します。

その「鎌倉政権」と北条氏について。

「頼朝の死後、跡を継ぎ二代将軍となった息子の頼家は暗殺され、弟の実朝が三代将軍となるが……」（94頁）

実朝は、兄の頼家が暗殺されてから将軍になったわけではありません。経緯はなかなか微妙なのですが、**実朝が三代将軍になったのは一二〇三年で、二代頼家が暗殺されたのは一二〇四年です。**

若くして将軍となった頼家（十七歳）でしたが、専制的なふるまいのために実権を奪われ、有力御家人の合議制になりました。その後、病気となった時に、まだ死んでいないのに、死去したと都に報告され、弟の実朝が将軍に任命された、という話があります。

頼家を支持していた御家人は退けられ、頼家本人は将軍職を奪われ伊豆へ幽閉。その後、暗殺されています。ただ、『愚管抄《ぐかんしょう》』では少し違う記事が出ていて、大江広元《おおえのひろもと》（鎌倉幕府初代政所《まんどころ》別当《べっとう》）の屋敷で病気になり、子に位を譲ろうとして出家した、という話もあり、詳細は不明です。

「頼朝の妻となった政子は北条氏の出である。当時は、女性は結婚しても出身家の姓を名乗っていて、そのため彼女は北条政子と呼ばれる。」（同）

誤解があってはいけないので申し添えておきますと、**北条政子の名前は、実は不明**なのです。「政子」の名前は、朝廷から位（従三位）をもらった時からで（一二一八年）、父が時政《ときまさ》であったため、「政子」と呼ばれるようになりました。夫の頼朝は一一九九年に死んでいますから、自分の妻が「政子」と呼ばれることを知りません。時代劇や小説の中で、頼朝が「政子」と呼びかけることがありますが、あれはフィクションです（ちなみに、豊臣秀吉の妻おねは「豊臣吉子」という姓名をもらっています）。

さて、三代将軍となった実朝でしたが、なんと頼家の子・公暁に殺害されてしまいます。将軍の不在を補うため、執権の北条氏が実権を握りますが、今度は後鳥羽上皇が北条義時追討のために挙兵。これが承久《じょうきゅう》の乱です。この時の政子の「演説」はたいへん有名です。

「みなのもの、よく聞きなさい」から始まる演説は、小学校の教科書にも取り上げられ、「頼朝公の恩は山より高く海より深い……」と御家人の結束を促したとしてよく紹介されていました。

ところが、最近の教科書からは消えるようになっています。どうもこの演説、やっていないみたいなんですよ。やったように書いているのは鎌倉中期の『承久記』ですが、『吾妻鏡《あづまかがみ》』では安達景盛《あだちかげもり》が御家人たちの前で代読しています。そんなことから、曖昧な話は避けようということで教科書には載せられなくなりつつあります。

「これは史上に名高い演説であり、政子の名を「尼将軍」として後世にまで残すエピソードとなっ

た。」（94〜95頁）

これも誤解の無いように言いますと、**承久の乱で政子が「尼将軍」としてその名を後世に伝えられることになったわけではありません。**

実朝の死後、幕府は皇族将軍を後鳥羽《ごとば》上皇に求めましたが拒否されます。そこで摂関家から一二一九年、藤原頼経《よりつね》（当時二歳）を第四代将軍に迎え、その**後見人として政子が将軍代行をしたので「尼将軍」と呼ばれる**ようになりました。『吾妻鏡』によると、御家人たちは、政子をこの時から「鎌《かま》倉殿《くらどの》」と認識していたことがわかります。

藤原頼経は、頼朝の妹の曾孫にあたるので、源氏の血が流れていないわけではありませんでした。二十六歳まで将軍でしたが、反北条勢力に利用されそうになり一二四四年、子の頼嗣《よりつぐ》に位を譲らされ、翌年出家、一二四六年に京都に送還されています。

五代頼嗣は十四歳で都に送還され、その後、後嵯峨《ごさが》天皇の皇子・宗尊《むねたか》親王が第六代将軍として迎えられました。十一歳から二十六歳まで将軍の位にありましたが、解任されて子の惟康《これやす》親王が三歳で第七代。彼もまた二十六歳のときに長期在任を嫌われ、京都に返されてしまいます。

次は後深草《ごふかくさ》天皇の皇子・久明《ひさあきら》親王が十三歳で第八代。久明親王は三十二歳まで将軍をつとめて、またまた京都に送還、八歳の子・守邦《もりくに》親王が第九代。こちらは三十三歳まで生きますが、死去の三カ月前に幕府が滅亡しています。

「承久の乱」以後の鎌倉幕府の将軍職の存在は、このようなものでした。

「将軍には幼少の者を据え、成人すると将軍職を解いて京都へ送り返した。」（95頁）

頼嗣以外は成人後も将軍を続けていますから、不正確な記述です。

30　政治体制が変わったから社会変革がもたらされたわけではない

「鎌倉幕府は日本史上に現れた初めての武家政権だったが、その政権は御家人たちによるものである。」（95頁）

一般的には、百田氏も「平氏の没落」で指摘されているように（89頁）、**「日本史上、武家として初めて権力を握った」のは平氏**です。鎌倉幕府を「初めての本格的な武家政権」としたなら、読者に矛盾を感じさせなかったと思います。

鎌倉幕府成立の年代の諸説も紹介されています（92頁）。ただ、現在の中学生の使う教科書では、壇ノ浦の戦いと同じ年で、国ごとに守護《しゅご》（治安維持を担当）、荘園や公領ごとに地頭《じとう》（徴税・警備・治安維持などを担当）という役職が公的に設置された年でもある一一八五年を、鎌倉幕府の成立としています。

この**「守護と地頭」こそが、鎌倉幕府の支配のキモ**。「その政権は御家人たちによるものである」と言われるように、御家人にとって将軍との主従関係は、守護や地頭に任命される、というところに大きな意味がありました。

特に承久の乱後、幕府が「実質的に全国を支配」できたのは、六波羅探題《たんだい》の設置に加え、上皇側の武士の所領や貴族の荘園を没収して、新たに「地頭」（新補《しんぽ》地頭）を配置していったからです。その後、地頭が下地中分《したじちゅうぶん》・地頭請《じとううけ》という手段を通じて貴族の荘園に侵出していく、という過程が「武家社会」

への移行ともつながるので、鎌倉時代を語るのに「守護」も「地頭」もほぼゼロというのはちょっと問題があるように思います。

それから、「惣領《そうりょう》制」（惣領［家の跡取り］が中心となって庶子を率いる、武士の一族支配の形態）の話もまったく出てきません。

鎌倉幕府の政治や軍事は、惣領制によって支えられています。これがなければ、後の幕府の滅亡や室町時代へと続く武家社会の説明もできないはずです。

通史は次の時代へのネタフリの連続。「惣領制」に触れていないのは、鎌倉時代の武士の説明の半分ができていないのと同じだと思います。『日本国紀』には総じて、社会・経済史の視点があまり見られず、通史としての薄っぺらさの原因はこのようなところにもあるかと感じます。

さて、「商業の発達」の項で、

「政治体制が大きく変わったことにより、社会全体に変革が為されたのである。」（97頁）

とありますが、これは明らかに逆です。**「社会全体が大きく変わったことにより、政治体制が変革された」**のです。

荘園が発達し、地方豪族や有力農民が台頭する中で武士が力をつけ、その力をも取り込みながら荘園公領制（荘園と公領が併存し、重なり合った土地支配）に変化し、院政期の社会が成立しました。院政期の新たな荘園の成立、貴族の権力闘争などは、開発領主《かいはつりょうしゅ》として勢力を拡大してきた武士たち抜きでは実現しませんでした。そういった武士たちと荘園・公領との新しい関係を築くには、既存の体制では不可能になりつつあったのです。**武家政権の誕生は、こうした社会の変化に対応するために生まれました。**

97頁の「商業の発達」の説明では、商業の発達が先に紹介されて、「変化はそれだけではない」として農業生産についての記述が続きます。

商業の発達と農業の発達は、別々に起こった変化ではありません。商業の発達の背景には、農業生産の拡大があったからです。

二毛作・牛馬耕《ぎゅうばこう》の開始、肥料の使用、荏胡麻《えごま》などの商品作物の栽培によって農業生産が拡大し、その余剰生産物が荘園・公領の要地や寺社の門前で売買されて定期市が生まれました。こうして商業が発達していくのです。手工業の職人もこの時代は農村内に住んでいます。

ちなみにこのような「変化」は、蒙古襲来の前後に見られましたが、特に蒙古襲来後の社会変化と深くつながっています。

幕府の滅亡の重要な要因ともなっていくので、「商業の発達」については「文永《ぶんえい》の役・弘安《こうあん》の役」の後にされたほうがよかったのではないでしょうか（多くの教科書では、蒙古襲来の後に社会の変化を説明しています）。

番外篇 3

蒙古襲来と夷狄調伏

授業では、「現代人の価値観で、昔の人の言動を評価してはいけないよ」と、よく生徒に話します。

以前、蒙古襲来の説明をしていた際に、

「武士たちが戦いでがんばっていたのに、朝廷は神仏に頼って夷狄調伏《いてきちょうぶく》を祈禱してばかりだった、なんていうのは、私が子どもの時によく教えられていたもので、今はそんなことは言わない」

と話しました。

そもそも、この「朝廷無能／武士有能論」は、一九六〇年代の歴史教育でよく言われたもの。明らかに戦前の「神風」思想に基づく「朝廷有能／武士無能論」の反動でしょう。『八幡愚童訓《はちまんぐどうくん》』に見られるような、集団戦法に対して無謀な一騎打ちで挑む武士の姿などは、この考え方に立ったものです。

そして一九八〇年代の学校教育では、この二つが混在し、「朝廷は神仏に頼るばかりの一方、武士は武士で、愚かな一騎打ちで挑んだ」という言説が、ときに教訓、ときに反面教師の例として、面白おかしく流布されてしまいました。

戦前に右に振れた振り子が、戦後の教育で左に振れ、また右に振れて、また左に振れる……史実を抜きに、しだいに誇張や矮小化を繰り返し、得体の知れぬ蒙古襲来像ができあがってしまったのです。

現在の歴史教育は、そういう「愚かな振幅」から離れて、史料に基づき、社会史の立場をふまえて説明しようという段階に来ています。勉強不足の教師や作家による誤謬の「再生産」は、どこかで断ち切らないといけません。

さて、授業では続けてこんな話をしました。

「君たち、受験勉強の時、お父さんやお母さんが、あるいはおじいちゃんやおばあちゃんが、神社やお寺で合格祈願してくれて、御守りもらって、ありがたい、とか思わなかった？　がんばるぞ、って思わなかった？　現代人でもそうなんだから、当時の人はどんなふうに考えたと思う？」

農村には鎮守《ちんじゅ》の社《やしろ》があり、また人々が信仰する様々な寺院もありました。農作業は、様々な神事を節目にして、村人たちの共同作業で進められるもの。武士たちも、それぞれの氏神《うじがみ》や念持仏《ねんじぶつ》の信仰を持ち、惣領は平時には、その祭祀をとりしきって一族の団結を深めていました。

武士の社会では、分割相続が行なわれ、土地は一族に分けられましたが、血縁を重んじ、本家を中心にして一家・一門を形成します。本家の長が「惣領」で、戦時には惣領を指揮官として戦います。

一つ所に命を懸けるのは、一家・一門。「一所懸命《いっしょけんめい》」は「一家一門一所懸命」なのです。そして命に関わることですから、神や仏に命をゆだねる気持ちも強く、平時に先祖の供養、氏神の祭祀は大切にされ、その統轄も惣領が行なったのです（→『宗教で読み解く日本史』）。

承久の乱の時は、後鳥羽上皇方には人が集まらず、鎌倉方にたくさんの兵が集まったように見えますが、「鎌倉が勝つなら鎌倉、上皇が勝つなら上皇」と勝ち馬に乗ろうとした御家人が多く（『承久記』）、迅速に動いて緒戦に勝利したことが幸いし、鎌倉方に兵が集まりました。上皇方が勝利する可能性も十分にあったんです。武士たちはドライで、初期の鎌倉時代は、まだ双務的な契約関係にあったことがわかります。

しかし、蒙古襲来の時は様子が変わっていました。

朝廷が全国の寺社に加持祈禱・夷狄調伏の祈願を行なうように命令を発し、「国を挙げて戦う」という空気が武士や農民などに広くゆきわたったのは、神事が農村生活と深いつながりができていて、武士の惣領制を支える精神的支柱として寺社があったからです。特に、弘安の役のときの速やかな大動員や、東方からのさらなる大規模な援軍の組織には、このような一助があったことも評価しなくてはならないと思います。

これらは、もちろん教科書には書かれていませんが、「教科書には書かれていない日本史」を標榜するならば、このような側面こそ語られるべきではなかったでしょうか。

31 朝廷は、蒙古の国書への対処の仕方がわからずおろおろしていない

続いて、「文永の役」「弘安の役」と呼ばれる、二度の「蒙古襲来」については比較的長い記述で紹介されています。

「当時、外交の権限を持っていた朝廷は、蒙古からの国書にどう対応していいかわからず、おろおろするばかりだったが……」（98頁）

別に朝廷は「おろおろ」ばかりしてはいません。史料的にどういう根拠があるのかよくわかりません。

フビライの国書は、高麗の使節によって一二六八年一月にもたらされました。大宰府にある鎮西奉《ちんぜいぶ》

行《ぎょう》のもとに届き、鎌倉にまず送られましたが、その後、朝廷にも回されます。

同年三月、北条時宗《ときむね》は執権になります。「驚くべきことに、この時、時宗は満十六歳であった」とありますが、べつに驚くには当たりません。

北条政村《まさむら》が執権の時の連署《れんしょ》（執権を補佐する要職）は時宗でした。政村は三代執権泰時《やすとき》の弟。もと本家の時宗が成長するまでの中継ぎで、時宗は政村の下で「執権見習い」のような形で成長が待たれていました。フビライからの国書を得ると実務的な対応の必要性を感じ、政村は象徴的な執権の座を時宗に譲り、自分は逆に連署に就きます。

ですから、「鎌倉武士団の団結を高めるために、六十二歳である自身は引退し……」（98頁）は明確な誤りです。政村は引退などしていません。

政村は若い時宗を支える連署として、安達泰盛《やすもり》・北条実時《さねとき》・平頼綱《たいらのよりつな》などの幕府の有力者とともに政治を執っていきます。ちなみに、時宗はこの時、夷狄調伏の祈禱を寺社に命じています。神仏に願をかけたのは朝廷だけではありません。

さて朝廷では、評定《ひょうじょう》を開き、対応を協議したことが当時の記録からはっきりしています（『深心院《じんしんいん》関白記』『岡屋《おかや》関白記』『後知足《ごちそく》院関白記』）。

「北条時宗は、蒙古とは交渉しないという断固たる決定を下した。蒙古はその後、何度も使節を寄越したが、時宗は返書を出そうとする朝廷を抑えて、黙殺する態度を貫いた。〔……〕無礼な手紙に対して返書をしないのは当然である。」（98頁）

これらは一九六〇年代の「時宗英雄説」の焼き直しですが、**「国書」に返信しなかったのは、「時間稼ぎ」のためです。**未熟な時宗を中心とする国内体制を早期に整え、迎撃の準備を進めるための、北条政村・北条実時・安達泰盛・平頼綱の老獪《ろうかい》な作戦でした。

「蒙古がいかに強大な帝国であるかという情報を、南宋と貿易していた鎌倉幕府が知らないはずはない。それでも、時宗は蒙古の恫喝《どうかつ》に萎縮することはなかったのだ。」（99頁）

この時、南宋と幕府は貿易をしてはいません。幕府が得た情報は、宋から渡来した禅僧たちからのものが中心でした。彼らは当然、元の圧迫を受けていた当時の宋の立場に立った意見を、時宗たちに伝えていたはずです。モンゴルの「強大さ」や「国際情勢」が正しく伝わっていたかどうかは疑問です。

さらに「時間稼ぎ」には、思わぬ協力がありました。

高麗です。

高麗は、日本への遠征が実現すると、戦費の負担や出兵に協力しなくてはならないので、フビライに遠征を止めるように説得しています。そして、フビライに命じられて高麗が送った一二六八年の使節は、七カ月も大宰府に滞在してから帰国し、「残念ながら回答を得られませんでした」と伝えます。

一二六九年二月、フビライは二回目の使節を高麗に命じましたが、対馬において、これより先に進むことを拒否されました。『五代帝王記《ごだいていおうき》』に面白い記事が出ていて、この時、高麗の使節は、対馬の住人二人を連れ帰り、フビライのもとへ送っています。中国側の『元史《げんし》』にもこの話が記載されていて、フビライはこの二人に宮殿などを見せて国威を見せつけました。まさか高麗が、対馬で捕まえた日本人を、日本からの使いのように偽ってフビライに届けたというわけではないとは思いますが、かなり高麗の使節はサボタージュをしているのがわかります。

一二六九年九月、二人を帰国させる名目で使者がさらに大宰府に送られてきました。この時もたらされた国書は、フビライからのものではなく、中書省（元の中央官庁の一つ）が発したものでした。朝廷が拒否の回答をするために返書を書こうとしたのはこの時が初めてです。

百田氏はまるで、無礼な内容の手紙に対し、朝廷がモンゴルの威を恐れて弱気な返事を出そうとしていたのを、時宗が止めさせていたかのように書いています。

ところが、朝廷が出そうとしていた返書は、以下のような内容だったのです。

> 「蒙古之号」は未だ聞いたことがなく、貴国はかつて人物の往来もなく、本朝《ほんちょう》はどうして貴国に好悪することがあるだろうか。そうした由緒を顧みず、「凶器」＝武器を用いようとしている。春風が再びやって来ても、凍った氷はなお厚い。聖人の書物や釈迦の教えは、救い生かすことを素懐《そかい》［かねてからの願い］として、命を奪うことを悪い行いとする。どうして自らを「帝徳仁義之境」と称しながら、かえって民衆を殺傷する源を開くのか。天照皇大神《あまてらすおおみかみ》から日本今天皇に至るまで聖明のおよばないところはなく、百王の鎮護は明かであり、四方《よも》の異民族をおさめ鎮めること少しの乱れもないため、皇土をもって永く神国と号している。智をもって競うべきではなく、力をもって争うべきでもない。（佐伯弘次「蒙古襲来以後の日本の対高麗関係」より）

「乞也思量（よくよく考えられよ）」と最後はしめくくっています。

このように、朝廷はフビライの威嚇を非難し、要求を拒否しています。この返書のどこに「おろおろ」した態度が表れているというのでしょうか。むしろ**「無礼な国書」に毅然とした態度をとって拒否しようとしたのは、朝廷**です。この返書を、幕府（北条時宗）は返してはだめだ、と言ったのですよ。

「想像だが、彼は日本国を預かる執権として屈辱的な外交はできないという誇りを持っていたのだろう。」(99頁)

その勇ましい「誇り」を持っていたのは朝廷であって、これが返されたらこちらの準備が整わないまま戦争が始まってしまう、と恐れたのは幕府のほうでした。

「時宗英雄説」は、戦前の「神国思想」に基づく朝廷礼讃に対する、戦後の反動として生まれた考え方です。「屈辱的な外交はできないという誇りを持っていた」姿勢を、朝廷から幕府へと巧みにすりかえたものなのです。

32 蒙古襲来は世界史の視点から見る必要がある

長く続いてきたいわゆるセンター試験が廃止され、二〇二一年から新テストが導入されます。また、現場の社会科教育では、日本史・世界史・地理をそれぞれ単独教科として教えるのではなく、ヨコのつながりを重視し、総合的に理解させ、考えさせる教育も二十一世紀に入ってからすでに始められています。「蒙古襲来」はこの点、教材として良質な素材となりえています。

「鎌倉武士の決死の戦いが蒙古軍を撤退させたのだ。」(100頁)

私も、この視点には賛成です。

従来は、蒙古の集団戦法に対して日本の一騎打ちが苦戦した、とか、暴風雨に助けられた、などと強調されすぎました。日本の一次史料の研究だけでなく、高麗や元側の史料の検証が進んだことで、御家人たちの戦いは、もっと高く評価されてもいいと私は考えています。授業でもこの十年ほどは、かつての教科書の記述を挙げながら、今ではこういう説明はしない、という形で紹介してきました。教科書の記述も、ようやく変わりつつあります。

しかし、「鎌倉武士の決死の戦い」という表現には、少し誤解があります。**「鎌倉武士」ではなく「九州地方の武士」が中心となって戦った**のです。おそらくは「鎌倉時代の武士たち」「鎌倉幕府の御家人たち」というイメージがあるのでしょうが、教科書検定では「誤り」あるいは「誤解を招く」ということで指摘が入る箇所です。「文永の役」では、幕府は九州地方に「所領を持つ」御家人に動員をかけて迎撃させています。入試でも「幕府は御家人たちを九州に派遣して元軍の侵攻を撃退した」という選択肢を選べば誤りになるので、ここは正確に説明してもらいたかったところ。誤りといえば、「鎌倉幕府の衰退と悪党の台頭」という項で、

「さらに弘安の役以後、幕府は御家人に異国警固番役《いこくけいごばんやく》などを命じたため、御家人の暮らしぶりは一層悪化した。」（105頁）

とされていますが、**異国警固番役の開始は、文永の役の前**です。その前に「時宗は、御家人たちに防御態勢を取れと命じて、蒙古軍の襲来に備える」（99頁）と述べられているように、ここで異国警固番役が開始されたのです。

入試でよく出る時系列は、

① 異国警固番役の開始（一二七一年）

② 文永の役（一二七四年）

③ 異国警固番役の強化。防塁《ぼうるい》の構築。元が南宋を滅ぼす（一二七六年）
④ 弘安の役（一二八一年）
という流れです。教科書では、
「異国警固番役は九州地方の御家人に課せられ、文永の役の前から始まったが、文永の役後、大幅に整備された。防塁の構築は御家人だけではなく、九州地方の所領所有者たちにも割り当てられた。」（『詳説日本史B』108頁）

百田氏は、「石塁《せきるい》」（101頁）と記述されていますが、これも以前の教科書にあった単語で、今は「防塁」あるいは「石築地《いしついじ》」に差し替わっています。福岡市教育委員会などの調査や、現地での遺跡の説明にそろえるようになったと思われます。

さて、最初の話です。
日本一国のみの視点から見てしまうのを避けるのが現在の歴史教育ですので、蒙古襲来は世界史、特に東アジア・東南アジア史の枠組みの中で捉えることが重要です。
「世界の大半を征服したモンゴル人からの攻撃を二度までも打ち破った国は、日本とベトナムだけである。これは日本人として大いに胸を張ってもいいことだと私は思う。」（105頁）
「蒙古を日本が撃退した」と優越感にひたってしまうだけでは、歴史の理解としては一面的です。冒頭でも書いたように、通史には、

「テコで説明するか合力で説明するか」

という二つの手法がありますが、蒙古襲来は「合力」で説明しないといけません。とりわけ「戦争の歴史」は、政治・外交・経済の面から複合的に捉えず、単に軍事力だけをクローズアップしてしまうと、「戦争の勝利＝軍事力の優位」という誤った理解を植えつけかねません。戦争の歴史の誤った解説は、「国家の独立は戦わなければ守れない」という、狭く誤ったメッセージとなります。

まず、高麗での三別抄《さんべつしょう》の乱（一二七〇〜七三年）の話がまったく出てきません。元の支配に抵抗した三別抄の乱は長く続き、フビライによる日本遠征を遅らせています。また、高麗は日本にも連携を求めていました。

フビライは日本との交渉、日本への攻撃に高麗を利用していますが、元に対する高麗の抵抗は、日本遠征へのかなりの障害になっていました。幕府の「時間稼ぎ」が成功する重要な背景です。

高麗は、文永の役に際する食料の調達や労役、徴兵によって物質的・人的損害が甚大だったため、二度目の攻撃を思い止《とど》まってほしいとフビライに要請しています。

また、元は文永の役後に南宋を滅ぼしていますが、その戦いによる損害や、支配した中国での徴兵忌避など、兵力量のわりに軍の指揮系統の乱れや士気の低下が見られました。

実は三回目の計画もあり、すでに軍船と兵員が準備されていましたが、ベトナムでの反乱を鎮圧するために延期されます。ベトナムの反乱がなければ三回目の襲来は確実にありました。

このように、現在の歴史教育では、東アジア・東南アジア全体の枠組みの中の一局面として、蒙古襲来を捉えつつあります。

それから、「戦闘の敗北」がイコール「全面敗北」というのは浅薄《せんぱく》な理解です（近代以降の戦争にも言えることですが)。戦闘に負けても、中国・朝鮮・東南アジアでの抵抗運動は続いていました。これらのことも、日本が蒙古の襲来を撃退できた大きな理由の一つです。

また、面白い事実もあります。

もともと、モンゴルが日本に求めたのは、最初の国書で明らかなように「通交」でした。文永の役後、一二七七年、元は泉州に外国貿易のための役所を設置し、翌年、日本の貿易船四隻の来航・交易を許可しています。正確な国際情勢の把握と、それに基づく外交が展開できていたなら、元の攻撃が一回で終わる可能性もありました。

それから、元による日本の攻撃を「二回」と狭く理解することは、「日本の歴史」を説明する上で、少し問題があります。実は、モンゴルはアイヌと戦っています。アイヌによるサハリンの攻撃がなければ、モンゴルは蝦夷地に侵入していた可能性もあります。また、琉球への攻撃も数度行なわれました。教科書によっては、これらを明記するものも出てきています。

「アイヌの人びとのうちサハリンに住んでいた人びとは、モンゴルと交戦しており、モンゴルの影響は広く日本列島におよんでいった。」(『詳説日本史B』110頁)

「私たちの国・日本」という言葉が『日本国紀』の帯文に記されていますが、「私たち」から漏れている視点、人々があってはならないと思います。

33 「元寇」は侮蔑的な意味だから使われなくなったのではない

「最近、歴史教科書では、「元寇」や「蒙古襲来」という呼称は、モンゴルや中国に対する侮蔑的な言葉であるから使わないという流れになっているという。」（104頁）

誤解です。

どうやら、歴史用語に「隣国への配慮」が行なわれている、と思われているのかもしれません。一九七〇年代の教科書問題などに憤りを感じられていることからくる誤りでしょうか。

現在の教科書は、「当時の表現」にできるだけ準じよう、という姿勢で書かれています。**「元寇」が使用されなくなったのは、この言葉が「江戸時代」に用いられるようになったもので、当時の言葉ではないから**です。

当時は「蒙古襲来」と言われていたので、そのように改められました。また「蒙古」という言葉は、モンゴル側の漢語表現では「大」をつけて「大蒙古」と記述されているようですが、日本側の記録では「蒙古襲来」なので、これを教科書は使用しているのです。

ちなみに、一九七〇年代に、「任那日本府」という記述をめぐって韓国から抗議がきたことがありました。しかし、『日本書紀』にも見られる言葉ですから、今の教科書にも「任那」という言葉はちゃんと紹介されています。

現在では、「一次史料」を重視した教科書作りがされています。一次史料に基づかない、特定の主観的な考え方をできるだけ反映しない。これは歴史著述の基本的姿勢です。

34 「悪党」は、現在の意味での「悪党」ではない

以前は、「蒙古襲来時の恩賞が不十分で御家人が窮乏した」と教えられました。

しかし実は、元寇の三十年以上前から、御家人の窮乏は始まっていました。現在では、御家人の窮乏と、蒙古襲来時の恩賞やその後の軍役《ぐんえき》負担増に対する不満は別にして捉えます。

一二四〇年にすでに、御家人に対して領地の売却を禁止する命令が出ています。

一二六七年には、領地を質入れして金を借りることを禁止しています。質流れになっていた土地も、代金代償の上、取り戻させています。

また、蒙古襲来後に幕府が衰退した、とも教科書では説明しません。「御家人の窮乏」と「幕府の衰退」は別で、幕府の権限はむしろ、襲来後に強化されました。

他方、農村社会は大きく変化していきます。二毛作や牛馬耕、肥料の開発などで生産が高まり、余剰生産物の売買が始まって、商業・手工業が発達します。

昔からの中小御家人が没落していく一方で、経済情勢の転換をうまくつかんで勢力を拡大する武士が生まれてきました。特に畿内やその周辺では、余剰生産物の売買で力をつけた荘官《しょうかん》（荘園の管理者）・名主《みょうしゅ》（村落内の有力な百姓）などが台頭していきます。

そのような中には、幕府の地頭もいました。こうして荘園領主に対抗する地頭や非御家人の新興武士たちが成長し、武力に訴えて年貢の納入を拒否するなど、荘園領主に抵抗するようになっていった

のです。彼らが「悪党」と呼ばれる人々ですが、これは荘園領主たちの側からの呼称（訴訟などでの原告側の表現）です。

しかも「悪」という語は中世では、現在の「悪」とは少し意味が違います。「強い」「既存の価値観にはとらわれない」という意味が濃厚で、「はんぱねー」みたいなニュアンスも含まれています。それだけではありません。地域によっては荘園領主や幕府の守護とも連携し、協力関係を築いている者たちもいました。

彼らの特徴は、鎌倉時代後期の社会の変化に対応して生まれた、という点です。

例えば楠木正成《くすのきまさしげ》。

彼の家紋は「菊水《きくすい》」です。「水の流れ」を象徴する家紋のとおり、南河内《みなみかわち》の小河川《しょうかせん》の運輸をおさえ、余剰生産物の運搬・売買で勢力を拡大しました。また根拠地千《ち》早《はや》赤坂《あかさか》の「赤」は、水銀の産地であったことからついたともいわれています。水銀は、「朱」や「金メッキ」の原料で、よって寺院や神社にもコネクションを持っていました。のちの後醍醐天皇とのつながりがここから生まれたと考えられます。

また後醍醐天皇を隠岐島《おきのしま》から救い出す名和《なわ》長利《ながとし》の家紋は「帆掛船」です。日本海の水運によって成長した勢力であることが示唆されます。

「悪党」とはこうした、社会・経済の変化から生まれた新興経済勢力です。つまり、既存の荘園・公領体制、幕府の土地支配関係にとらわれない、そしてそこから抜け出そうとした勢力。それがのちに、後醍醐天皇の挙兵、倒幕運動に協力する勢力の一つとなるのです。

このような社会・経済史の視点をふまえていないと、

「西日本の各地に、徒党を組んで、他人の土地や財産を奪う武士たちの集団「悪党」が生まれた。」（106頁）

という理解になってしまいます。これではまるで、既存の古い勢力の側である当時の荘園領主の発言のようです。現在はこのような、一面的な説明はしません。

35 鎌倉文化は、「貴族の文化」から「武士の文化」に移ったものではない

「鎌倉の文化」の項では、鎌倉時代に「革命的」と言える変化が起こったとされていますが、

「優雅を重んじた平安の貴族文化から質実剛健な武士の文化へと変化し、多くの分野で傑作が生み出された。」（106頁）

これは誤り。平安時代の文化や、その後の武士の文化を、それぞれ「優雅を重んじる」「質実剛健」と決めつけてしまっています。

鎌倉の文化は、平安時代から続く貴族の文化と、新しく台頭してきた武士や庶民の文化が、平行・並存、交差しています。以下、教科書などに基づいて解説しますと、次の四つの側面があります。

① 武士や庶民への文化の広がり

貴族や僧侶に独占されていた文化がこの頃、武士や農民に広がりました。

京都や鎌倉へ、番役《ばんやく》（朝廷や幕府の警固）などで武士が往来するようになります。そして商業が発

達すると商人が地方にも行くようになり、都の文化が拡散していきました。難しい知識が無くても理解できる仏教、文字が読めない武士・農民にも親しめる「語りの文学」としての『平家物語』などの軍記物《ぐんきもの》、物語をビジュアル化した『平治《へいじ》物語絵巻』『蒙古襲来絵詞《えことば》』といった絵巻物などが①の文化の例です。

また、和歌なども武士に広がります。源実朝は藤原定家《ていか》に師事し、万葉調の『金槐《きんかい》和歌集』を残しています。

② 貴族文化の保守化・変質

極論を言うと、貴族にとって、平安時代は明治維新まで続いています。ですから鎌倉時代にも、貴族文化は連続しています。その質的変化が見られるだけで、貴族文化が武士文化に変化したわけではありません。

当時の貴族の日記などには「新儀非法《しんぎひほう》」という言葉（「新しいこと＝よくないこと」という意味）がよく出てきます。伝統・先例を重んじて、創造よりも保守、の段階に入りました。鎌倉時代の貴族の文化は、古き良き時代の懐古、古典や有職故実《ゆうそくこじつ》の研究などが中心になります。

また、貴族の政治的没落は、「世捨て人《よすてびと》」の文学や貴族衰退の歴史研究を生み出します。鴨長明《かものちょうめい》の『方丈記《ほうじょうき》』、兼好法師《けんこうほうし》の『徒然草《つれづれぐさ》』、慈円《じえん》の『愚管抄』などがそれです。『宇治拾遺《うじしゅうい》物語』『十訓抄《じっきんしょう》』は作者不詳ですが、『古今著聞集《ここんちょもんじゅう》』は橘成季《たちばなのなりすえ》。説話集の作者はおそらく貴族か僧侶です。こうした随筆・説話・軍記物は②の文化の例でしょう。武士の文化とは言えません。

また鎌倉時代の文学を、

「それまでの王朝ものに見られたきらびやかさが鳴りを潜め……」（106頁）
「平安時代のような貴族趣味は見られず……」（107頁）
と評されていますが、そんなことはありません。どうして百田氏は、この時期の貴族文化の代表と言ってもいい『新古今和歌集』を無視されているのでしょう。『新古今和歌集』は「新古今調」といわれ、洗練された技巧的なものなのですが……。

③武士の文化

武家は、現実的な、実際性に富む文化を生み出しました。農村を中心に生活していた武士は質素・剛健が属性。住居の武家造に見られる機能性や実用性、東大寺南大門《なんだいもん》の「金剛力士像《こんごうりきし》」にあるような写実性やたくましさは、③の例です。

④宋・元の大陸文化

日宋貿易により、すでに僧や商人が大陸と往来して様々な文化や生活様式を伝えていました。南宋滅亡後は、大陸からの禅僧や亡命者も増えています。

「彫刻や絵画は、いずれも写実的で力強さに溢れており、ひと目で「鎌倉らしさ」を感じ取ることができる。」（107頁）

百田氏は彫刻・絵画に「鎌倉らしさ」を見ているようですが、**当時の人々や知識人は、これらに「奈良時代の彫刻」と「宋の様式」を感じ取ったはず**です。運慶《うんけい》・快慶《かいけい》の彫刻、「金剛力士像」は奈良時代の彫刻技法と宋の様式を取り入れて創られました。

鎌倉時代の絵画・彫刻・建築は、奈良時代の文化のルネサンス（再生）です。源平が争った治承《じしょう》・寿永《じゅえい》の内乱で焼け落ちた南都（奈良）の復興で生まれました。この点、百田氏が『新古今和歌集』を無視されているだけでなく、鎌倉時代を代表する「建築様式」にも触れられていないのは不思議です。

奈良の復興のシンボルとして大仏の再建が図られましたが、それを担ったのが僧の重源《ちょうげん》で、宋の工匠陳和卿《ちんなけい》を起用しました。東大寺南大門に代表される建築様式「大仏様《だいぶつよう》」は宋の江南《こうなん》・福建《ふっけん》の様式を取り入れたものです。この他、「禅宗様《ぜんしゅうよう》」は中国の禅宗の影響を受けた建築様式で、禅宗の受容とともに全国に広がりました。

これらに対して、興福寺は日本の伝統的な建築様式「和様《わよう》」で再建されています（もともとは奈良時代に唐から伝わった様式を日本風にアレンジしたものですが）。

このように、鎌倉文化の建築・彫刻は、東アジアの最新文化の集大成だったとも言えます。鎌倉時代の文化＝武士の文化として語るのは、かなり無理があるのです。

36 親鸞は、仏教界の偽善と欺瞞を打ち破るために妻帯肉食を宣言したのではない

「鎌倉の文化」に続けて、「鎌倉の仏教」という項があります。

「僧は妻帯肉食をしないという建前で生きていたが、実は多くの僧が隠れて行なっていた。平安時代

末期の仏教界はすっかり堕落腐敗していたのだ。親鸞はそうした偽善と欺瞞を打ち破るために敢えて肉食妻帯を宣言したと考えられる。」(108頁)

親鸞が、当時の仏教界の「偽善と欺瞞を打ち破るために」肉食や妻帯を宣言したことを示す史料的根拠はあるのでしょうか。

親鸞の書としては『教行信証《きょうぎょうしんしょう》』が、また弟子の唯円《ゆいえん》が師の教えをまとめた『歎異抄《たんにしょう》』があります。この二つから親鸞の教えを説明すべきだと思います。

親鸞は三十一歳頃、妻帯肉食を公然と行なったとされています。その前提として、親鸞は「老若男女、一切差別無くすべての人が救われる、さらには幸せになれる」のが真の仏教である、と考えていました。

ブッダは、生命に上下は無く、平等であると教えましたが、殺生《せっしょう》なくして人は生きていけません。多くの人は殺生、肉食をしています。また、仏教は「心中」、心の中でどう思っているか、を大切にします。心が口や心を動かし、対象の存在も心が決めている。つまり口や体で為さなくても、心の中で考えていれば、それは同じ。

妻帯肉食を否定しないと幸せになれないのならば、すべての人の救済、幸せは無いことになってしまう。妻帯肉食をしても幸せになれることが、真の仏教ではないか——これを明らかにするために、親鸞は妻帯肉食を始めたと考えられます。**親鸞の目は、聖道仏教（旧仏教）に向いていたのではなく（旧来の仏教を批判するためではなく）、人々の救済のほうに向いていたの**です（↓『宗教で読み解く日本史』）。

明治時代に夏目漱石が「非常な力」「非常な強い根底のある思想」と親鸞の教えを評価したために

（「模倣と独立」）、親鸞自身が「他宗派」への強いアピールを行なったように誤解されがちですが、一次史料からは、他宗派による親鸞への批判はうかがえるものの、親鸞による批判は確認できません。

鎌倉仏教は、かつては「新仏教」と紹介されましたが、「新旧」という表現は宗派の優劣を連想させるため、教科書から消えました。現在は、「鎌倉六宗《りくしゅう》」などと表記するようになっています。

この「六宗」はよく「2＋4」に分けて考えられ、そのうち禅宗2宗をのぞく4宗（念仏系3宗と法華［日蓮《にちれん》］宗）は、「易行《いぎょう》・選択《せんじゃく》・専修《せんじゅ》」を特徴とするとされます。

① 救済に困難な修行はいらない。
② 多くの経典の中から一つを選ぶ。
③ それだけにすがる。

とはいえ、禅宗2宗がこれらの特色をふまえていないかというと、そうでもなさそうです。①は、何やら禅宗にはそぐわないイメージがありますが、②や③は、近いものを感じます。

そもそも禅宗は、坐禅《ざぜん》によって人間に内在する仏性《ぶっしょう》を自覚するもの。いわゆる坐禅は「荒行」「苦行」とは違います。「修行によって自らを救済する」（109頁）という表現も、禅宗の栄西《えいさい》（臨済宗）と道元《どうげん》（曹洞宗）の教えの違いを少し付け加えるだけで、意味するところが変わってきたと思います。

「2」と「4」の差は、「中国から平安末期・鎌倉初期に入ってきたもの」（禅自体は奈良時代に伝わっていますが）（＝2）と、「旧来の日本の仏教から生まれたもの」（＝4）の差、と理解したほうがよいかもしれません。

この「鎌倉の仏教」の説明にも、不思議な部分を感じます。

第一は、「鎌倉六宗」のうち、日蓮の紹介がまったくないこと。

第二は、「禅宗」が中国からの伝来のもの、という説明が極端に希薄なこと。

第三は、親鸞の教えのうち「悪人正機説《あくにんしょうきせつ》」にまったく触れられていないこと。妻帯肉食については不要とは言いませんが、自力《じりき》と他力《たりき》の差を二つの流れと解釈しているのですから、「絶対他力《ぜったいたりき》」（阿弥陀の本願に依らなければ極楽往生はない、という思想）の紹介も必要だったように思います。

第四に、念仏系のうち、一遍《いっぺん》の時宗《じしゅう》の話がまったくないこと。「鎌倉六宗」の開祖を生年別に順に並べますと、
法然《ほうねん》（念）→栄西（禅）→親鸞（念）→道元（禅）→日蓮（法）→一遍（念）

という流れになります。念仏系の法然・親鸞・一遍の教えに最も反映されているように、「易行」「選択」「専修」の特質が極端化していきます。民衆の中に熱狂的に広がった「一遍現象」ともいうべき踊念仏《おどりねんぶつ》への言及がないのも不思議です。

第五に、「鎌倉六宗」に対して「南都六宗《なんとりくしゅう》」の動きがまったく出てきません。かつて「新」に対する「旧」仏教として紹介されたこれらは、今は「南都仏教」と呼ばれて対比されます。特に鎌倉六宗の動きを受けて、南都仏教に改革の動きが出てきたところが教科書では取り上げられています。

南都仏教の中でも特に、華厳《けごん》宗の高弁《こうべん》（明恵《みょうえ》）、法相《ほっそう》宗の貞慶《じょうけい》、律《りつ》宗の叡尊《えいぞん》・忍性《にんしょう》の名前がまったくないのは驚きです。病人の救済、架橋工事など社会事業に力を注いだ忍性は、奈良に北山十八間《きたやまじゅうはっけん》戸《と》を、鎌倉に悲田院《ひでんいん》などの福祉施設をつくっています。

「鎌倉六宗」の祖たちの活動は、実はほぼ蒙古襲来前で、襲来後もしばらく存命だったのは一遍だけ

です（日蓮は弘安の役後一年ほどで没）。
蒙古襲来後、国家意識の高まりから、度会家行《わたらいいえゆき》によって伊勢神道《いせしんとう》が大成されました。**襲来前に「鎌倉六宗」が成立し、襲来後、十四世紀に伊勢神道が確立されている**ので、「伊勢神道が生まれたのもこの頃である。」（109頁）
というのもあまり正確ではありません。宗教史的には、蒙古襲来の前後に分けて、思想の変化を説明しているからです。

37　北条高時は最後の執権ではない

「後醍醐天皇の討幕運動」「悪党、楠木正成の挙兵」の項では、鎌倉幕府滅亡の経緯について描かれています。と、その前に。

「北条氏の最後の執権だった高時」（113頁）

これは「北条氏の最後の得宗《とくそう》だった高時」と言うべきでした。

高時は二十四歳で出家して一三二六年、執権職を北条貞顕《さだあき》に譲っています。その貞顕も最後の執権ではなく、わずか一カ月ほどで北条守時《もりとき》に譲ります。幕府の有力者であった安達氏と長崎氏の対立が背景にあったと言われています。

戦後の歴史教育の中で、ついつい「最後の執権北条高時」と言ってしまっていた先生もいたので、このように考えている五十歳以上の方はたくさんいらっしゃると思います。

「得宗」というのは、北条氏一族の長（惣領）のことです。当時、執権は北条家が独占しており、北条氏の一族の長がその地位に就きました。一族の長が次期執権を選び、幕府の政治にも大きな発言権を持つようになっていました。創業家経営の企業に似ていて、創業家の長が、社長を任命したり、役員を指名したりする感じです。幕府の要職が北条氏に私物化されていたとも言え、北条家の家来の御《み》内人《うちびと》が台頭し、昔ながらの御家人たちの不満が高まる背景ともなりました。

「後醍醐天皇による討幕のドラマが描かれた『太平記』では、時の執権の北条高時は田楽《でんがく》や闘犬に夢中で政治を顧みなかった暗愚な暴君として描かれている。」（110頁）

これは『太平記』に書かれているとおりではあるのですが、実は誤りです。

後醍醐《ごだいご》天皇の二度の倒幕計画において、高時は、一三二四年の正中《しょうちゅう》の変の時は執権でしたが、前述のように一三二六年には出家していました。後醍醐天皇が一三三一年に再度の倒幕運動を展開する時、執権の座はすでに北条守時に移っています。また、「田楽や闘犬に夢中」になったのも出家してからのことです。執権在職中のことではありません。

『太平記』の記述や、NHKの大河ドラマ『太平記』（一九九一年）で高時役を演じた片岡鶴太郎さんの「怪演」もあって暗愚なイメージですが（明治時代にも歌舞伎の演目における敵役のせいで、同じようなイメージを持たれました）、実像はかなりの相違があったようです。

高時はもともと病弱で、政務をとれないことから執権を退き出家しました。田楽や闘犬も楽しんだようですが、病弱で「亡気《ほうけ》」（＝うつけ）な日常の中で「田楽や闘犬くらいしか楽しみがなかった」というのが、歪められて伝わったようです。

幕府滅亡の時も、鎌倉から離れることなく、一族の長として名誉の死を選んだとされています。この時、多くの臣下が死をともにしました。人望がない「うつけ者」であれば、家臣もそのようなことはしないと思います。

38 倒幕運動は「楠木正成の活躍」だけでは説明できない

後醍醐天皇は二度目の倒幕計画に失敗し、一三三二年、隠岐に流されました。同じ年、楠木正成が挙兵したため幕府は対抗。翌年一月、「千早城の戦い」で正成軍を包囲しますが、兵力で勝りながらも幕府側はなかなか攻め落とせず、苦戦してしまいます。

「何という無様《ぶざま》な体たらくか。わずか五十年前、蒙古軍に挑んだ鎌倉武士団と同じ武士とはとても思えない有様である。〔……〕日本が危機にさらされた時は命懸けで戦う一方、内乱から鎌倉幕府を守るための戦いでは、まったく士気が上がらなかったのだ。」（111頁）

鎌倉武士の「体たらく」ぶりを「遊女を呼び寄せて遊びにふけった」「賽《さい》の目のことで喧嘩《けんか》になり」などと描写されていますが……。「悪党、楠木正成の挙兵」というこの項では、『太平記』に基づいた、というか、大正時代くらいに使用されていた教科書や副読本並みの、かなり古い楠木正成像に基づいた記述となっています。

実は、私自身も、楠木正成は改めて再評価してもよいと考えているのですが、「再評価」と「復古」は別です。ここでの倒幕運動の記述は、正成の活躍に偏りすぎです。しかも、未検証のフィクションを含むものが多いようです。前にも申しましたように、単に振り子の振り戻しでは、誤謬《ごびゅう》の繰り返し、再生産になってしまいます。

また、「わずか五十年前」と記されていますが、これは、この時代の五十年間を過小評価しすぎです。どういうことかと言うと。

得宗専制の中で、北条氏の家臣（御内人）と幕府の御家人との対立、また御家人内の格差が表面化してきました。荘園・公領での地頭・非御家人・荘園領主の利害関係・対立も表面化していました（そもそも蒙古と戦ったのは九州の御家人です。「同じ武士」でないのは当たり前）。

ひとくちに反幕府、と言ってもそれぞれの勢力の背景は様々。それが後醍醐天皇という存在によって統合され、倒幕への流れがつくられました。新田義貞《にったよしさだ》・足利尊氏・楠木正成・貴族……それぞれの立場、思惑はまったく別で、これが後の「建武《けんむ》の新政」での対立とその瓦解につながります。ですから、「建武の新政」に向かう内乱を、楠木正成を大きく取り上げて説明してしまうと、後の新政の失敗の原因がぼやけてしまうのです。

また、幕府軍が正成攻めのために千早城に「釘付け」にされ、「鎌倉の防備が手薄になっていた」というのもネット上ではよく見かけますが、兵力差の粗密・逆転は、そもそもが「寝返り」によるものです。関東にはそれ相応の兵力がいたのですが、それが反北条に回ったのです。新田・足利が挙兵するまでは「手薄」ではありませんでした。

「新田義貞に千早城を攻めるための高額の戦費を要求したが、義貞がこれに応じなかったため、幕府は義貞追討令を出した。怒った義貞は逆に鎌倉に攻め込んだ。」（112頁）

この説明はあまりに単純です。新田義貞による鎌倉攻めは、義貞の個人的な反感で実現したわけではありません。足利尊氏の子・千寿王《せんじゅおう》（後の義詮《よしあきら》）の挙兵と関東地方の御家人の離反への言及も必要です。「源氏の流れを汲む新田・足利」がそろってはじめて大軍の形成が可能になったと言えます。

そもそも『太平記』に即せば、後醍醐天皇の皇子の護良《もりよし》親王が登場しないのも不思議です。元弘《げんこう》の変で後醍醐天皇が失敗した後、近畿の「悪党」は、今度は護良親王を中心に活動を展開しました。実際、元弘の変に後醍醐天皇が失敗した後、「護良親王や楠木正成らは、悪党などの反幕勢力を結集して蜂起し、幕府軍と粘り強く戦った」（『詳説日本史B』121頁）と説明するのが一般的です。

後醍醐天皇が隠岐から脱出すると、今度は鎌倉方の正規兵、御家人たちが討幕に呼応しました。足利高氏《たかうじ》（のち尊氏）が六波羅探題を攻め、関東でも新田義貞が挙兵します。後醍醐天皇の倒幕運動は、段階によって変化し、いくつもの川が合流して進んでいったのです。

一方で、鎌倉の幕府軍の士気もかなり高かったようです。鎌倉攻防戦は二週間にわたりました。義貞は、三カ所から鎌倉侵入を試みますが、ことごとく撃破されています。極楽坂《ごくらくざか》・巨副呂《こぶくろ》坂・化粧《けわい》坂の「切り通し」での鎌倉方の防衛は堅固でした。そこで、海岸沿いから鎌倉に侵入します。これらのことは『太平記』にも描かれている場面です。

『太平記』を読まれて、それに基づいて話をされているはずなのに、いろいろちぐはぐで違和感のある項です。「楠木正成の活躍」についての面白いエピソードは、史実としてではなく、コラムで紹介されればよかったのではないでしょうか。

39 「建武の新政」は「恩賞が不十分だったから」失敗したのではない

鎌倉幕府が滅亡したあと、後醍醐天皇が親政《しんせい》（天皇自らが行なう政治）を始めます。このことを、一三三四年に改められた「建武」の元号から、「建武の新政」「建武の中興《ちゅうこう》」などと呼びます。

しかし「建武中興」の項（113〜115頁）では、「新政」の中身はまったくといっていいほど語られません。恩賞が不十分だったから武士が背いて新政が失敗した、みたいな言い方は、今ではちょっとありえませんよ。「二条河原《にじょうがわら》の落書」（「此比《このころ》都ニハヤル物　夜討強盗謀綸旨《じ》……」と始まる、「建武の新政」への諷刺）の紹介があるだけでもかなり違ったと思うのですが、それすらありません。

中学生が使う教科書でも、

「幕府が滅亡すると、後醍醐天皇は年号を建武と改め、天皇を中心とした新しい政治を目指した。しかし、公家を重視する政治が行なわれたため、恩賞に不満を持つ武士もいた。また政治の失敗も相次ぎ、新政に不満を持つ者が多くなった」

と、これくらいは書いてあります。そして、

①　天皇中心の政治とはどのようなものだったか。
②　公家を重視する政治とはどのようなもので、武士にどのような不満があったのか。
③　政治の失敗とはどのようなものだったか。

これらの解説こそが「建武の新政」のキモ。

①は「天皇親政」です。院政を停止して摂関政治を行なわない、ということ。

②については、形だけであった太政官《だいじょうかん》の八省《はっしょう》の長官が改めて任命され、また国司を重視し、貴族を国司に任命して復活させます。このことが、すでに地方で利権を獲得していた地頭・守護の権益を損なったのです。

③は①との関わりがあるのですが、武士の土地の「本領安堵《ほんりょうあんど》」をすべて天皇の命令（綸旨《りんじ》）で決定するとしてしまったため、綸旨を求めた武士が都に殺到し、どさくさまぎれの不正申告・不正受給も増加しました。

これらの失敗による不満を足利尊氏が吸収したがゆえに、次の新しい武家政権＝室町幕府の樹立につながります。このように見てくれば、

「〔倒幕運動の〕恩賞は実際に戦った武士に薄く、たいした働きをしなかった公家に厚かった。そのため武士の間で不満の声が高まった。」（113頁）

ではあまりに単純すぎます。**「公家と武士の対立」のように書かれていますが、公家も武家もそれぞれ一丸ではありません。**

後醍醐天皇は大覚寺統《だいかくじとう》（のちの南朝系）ですから、大覚寺統支持の公家が優遇され、貴族間でも対立が生まれました。尊氏挙兵後、新政権を担保したのは持明院統《じみょういんとう》（のちの北朝系）です。「公家と武士」の二元的理解では、後の展開が説明できません。

武士はというと、悪党たち・下級武士は革新を求めますが、旧幕府の御家人たち・上級武士は保守・現状維持を求める……。建武の新政は、それぞれの要求にその場その場で応えていった結果、応

えきれなくなる、という愚かな政治に陥ってしまいました。幕府を倒すことを優先したため、広範に人をまとめようとして多様なマニフェストを濫発《らんぱつ》してしまった感じです。

この複雑な二元構造、多層構造は、後の室町幕府初期の混乱にも見られました。革新を求める高《こうの》師直《もろなお》、現状維持・保守を求める足利直義《ただよし》（尊氏の弟）の対立……この矛盾と、その力づくでの解決が、「観応《かんのう》の擾乱《じょうらん》」となって現れた、とも言えます。

あと一つ、よくわからない記述があります。コラムなのですが。

「南北朝のどちらが正統であるかという議論は「南北朝正閏《せいじゅん》論」と呼ばれる。室町時代には南朝が正統と見做されていたが、その後は北朝が正統と見做されるようになった。」（116頁）

これはいったい、何に拠るのでしょう?

少なくとも室町幕府にとっては、北朝が正統だったはずです。南北朝の合体が実現した「明徳《めいとく》の和約」では、どちらの皇統が正統かを決定していませんが、十五世紀前半に編まれた『本朝皇胤紹運録《ほんちょうこういんじょううんろく》』では、南朝系の後村上《ごむらかみ》・長慶《ちょうけい》・後亀山《ごかめやま》は天皇ではないことが明示されています。**室町時代には北朝が正統と考えられていた**、とするのが普通でしょう。

40 室町幕府は脆弱だったが、政敵を倒すために天皇の後ろ盾が必要だったわけではない

一三三八年に足利尊氏が征夷大将軍に任命されると、弟の直義、執事の高師直らに政治を分担させ

ました。そして、鎌倉幕府以来の法秩序を重んじる直義らと、武力による所領拡大を重んじる師直らの新興勢力が対立することになります。

こうして始まったのが「観応の擾乱」で、尊氏派・直義派・南朝勢力がそれぞれ入り乱れて十余年、争うことになります。この動乱を長引かせることになったのが、「惣領制の解体」でした。

「室町幕府の権力基盤は実に脆弱《ぜいじゃく》で、政敵を倒すためには天皇の後ろ盾が必要だったのである。」（118頁）

幕府が脆弱であったとするなら、南朝勢力はもっと脆弱でした。むしろ朝廷は、武家がそれぞれの権力を拡大し、政敵を倒すために「利用」されていた、と言えます。

以前に述べたように、通史は次の話につながるネタフリを仕込んでおく必要があります。先に、武士の説明に「惣領制」の話が書かれていないのはまずい、という話をしましたが（↓30講）、「観応の擾乱」の複雑な背景は、あらかじめ惣領制に触れておけば、もっとわかりやすかったはずです。

蒙古襲来後の「五十年」を通じて、武家社会では、本家の嫡子《ちゃくし》が全部の所領を相続、庶子《しょし》は嫡子に従属して、「分割相続」から「単独相続」に移行しつつありました（分割相続による貧困化を食い止めるための自然な移行だったと思います）。

言わばこの過渡期に「観応の擾乱」が起こります。こうした変化は各地の武士団の内部に分裂や対立を引き起こし、一方が北朝に立てば一方は南朝につく、という形で動乱を拡大させました。『太平記』に見られる尊氏と直義の兄弟対立、嫡子・義詮と庶子・直冬《ただふゆ》の対立などは、これを象徴して描かれているのです。

「分割相続」から「単独相続」へ、という移行が、鎌倉時代から室町時代へ至る中世の特徴です。それまで「血縁的結合」を主としていた地方武士団が、「地縁的結合」を重視する集団へと変質していきました。

地方の武士が力を伸ばすと、幕府はこれらを動員するため守護の権限を拡大させます。こうして「守護大名」に成長するわけで、これがさらなる「次のネタフリ」となるのです。

ところが、守護が守護大名へと成長する話がまったく出てきません。有力守護大名が政務を分担して幕府が安定する（将軍を補佐する管領《かんれい》、武士を統率する侍所《さむらいどころ》などの幕府機構が整備される）のにその話がない、そして、強大化しすぎた守護が抑制・整理されることで（明徳の乱・応永《おうえい》の乱）足利義満《よしみつ》が大きな力をふるうのに、その話がない……。

室町時代の大切な話が、戦いや後継のもめごと、荒唐無稽な「皇位簒奪《さんだつ》」や「暗殺説」に押しのけられてしまっているのが残念です。

41　足利義満の皇位簒奪計画は否定されている

一九九〇年に、今谷明氏が、中公新書から『室町の王権　足利義満の王権簒奪計画』という本を出しました。八〇年代から論文などで、義満が次男・義嗣《よしつぐ》を皇太子に立て、天皇の父として権勢を握ろう（上皇となろう）としたが、急死によって計画が頓挫した、という話は私も聞いていて、興味を持って読んだことがあります。というか正直、当時とびついたクチです。

現在では、皇位簒奪を示すと考えられていた史料の批判的・実証的研究が進み、多くの点で根拠とされているところの誤りが指摘され、ほぼ否定されているのではないでしょうか（石原比伊呂『室町時代の将軍家と天皇家』)。

ただ、この仮説と批判的研究によって、この時代の幕府と朝廷の関係がより深く理解されるようになったことは確かです。

百田氏はこの説を「皇位簒奪であり、皇統を破壊する企みであった」(120頁)と言い切っています。氏がどの段階でこの説を知られたかは知りませんが、もう一歩踏み込んで調べていただければ、否定されているのは高校生でもわかるはずです。コラムで紹介するだけにしておけばよかったのに、と思います。

「研究者の中には、〔義満が〕暗殺(毒殺)されたと見る者も少なくない。」(121頁)

こちらのほうは荒唐無稽なお話です。中世史の研究者で現在、「少なくない」数のどなたが「義満が毒殺された」と提唱されているのでしょう。また百田氏が「私もその説をとりたい」とされる根拠は何なのでしょう。義嗣を皇太子にした直後の義満の急死が「タイミングが良すぎる」から、でしょうか。しかし、その「タイミング」も、そもそも「皇位簒奪計画」がなければ存在しなくなります。

義満については、もっと説明しなくてはならないことが他にたくさんあります。

□ 明徳の乱、応永の乱で有力守護大名を退けていったこと。

□ 京都における朝廷の権限を順次奪っていったこと。

これらによって、市中の裁判・警察権を検非違使《けびいし》から侍所に移管し、それを背景に商人から税をとるようになります。

□ 諸国に段銭《たんせん》(臨時に徴収する税)を課す権限を得たこと。

□ 鎌倉時代には朝廷にあった外交権を幕府に移管したこと。

蒙古襲来の時に、フビライの国書を「外交の権限を持っていた朝廷」（98頁）に回送した話がせっかくネタフリになっていたのに、なぜこの話をしないのでしょう。

それから、言うまでもなく北山《きたやま》文化が抜け落ちています（「室町の文化」という項がありますが、そこに出ているのはすべて東山《ひがしやま》文化の話です→45講）。また、寺院の寺格を整備した五山《ござん》・十刹《じっさつ》の制にも触れられていません。

以下は、細かいことが気になるぼくのクセですが……。

「義嗣は遠くは清和《せいわ》天皇に連なる血筋であるから、「万世一系」は保たれるという理屈は成り立つ。しかしそれには何十代も遡らなければならず、実質的には万世一系というには無理がある。」（120頁）

数えてみればわかりますが、**清和天皇までなら十数代（正確には十七代）遡ればいきつく**はずです。何十代も前の話ではありません（先にも女性天皇をすべて「父親が天皇」と誤記されていましたが、百田氏は皇統についてあまり詳しくないのかもしれません）。

もう一つ。

「足利家には長男以外は出家して僧になるというしきたりがあったため、義持の弟たちは皆、僧侶だった。」（124頁）

皇位簒奪の話の中で出てきた義嗣は義持の弟で、幼名を鶴若丸《つるわかまる》と言い、確かに三千院《さんぜんいん》に入りましたが、元服前に義満に連れ出されているので「僧侶」ではないと思います（叙任されているので出家していない）。

足利尊氏の弟・直義も出家していません。

尊氏の子・義詮の弟に基氏《もとうじ》がいますが出家しておらず、初代鎌倉公方《かまくらくぼう》になります。六代義教《よしのり》の子は七代義勝《よしかつ》で、その弟は八代義政《よしまさ》ですが、出家していません。後継争いに発展せぬよう、出家させる場合はありますが、**正室の子はあまり出家させられていないようです。**他家に預けられる、というケースもありました。**特に足利家だけのことではなく、皇族・貴族にもよく見られた**ことです。

42 「倭」に「侮蔑的な意味」はなかった

「足利義満の野望と死」に続いて、「倭寇《わこう》と勘合《かんごう》貿易」という項があります。

「今日の日本の歴史教科書では「元寇」という言葉は相手国に対する侮蔑的な意味を含むため使用しない傾向にある。それなら我が国を貶める「倭寇」という言葉の使用もおかしいということになるが、後者は今も普通に使われている。」（122頁）

繰り返しになりますが、**教科書が「元寇」という言葉を改めたのは、当時の言葉ではないから**です（→33講）。江戸時代に使用された言葉ですから、当時の表現を使おうということで「蒙古襲来」に改められました。

「私は歴史用語を現代の感覚で言い換えたり、使用禁止にしたりするのは間違いだと考えている。」（122頁）

まったくおっしゃる通りで、現在侮蔑的に使う、あるいはそう思い込んでいる人がいるからといって、歴史用語を言い換えてはいけません。

当時の用語を江戸時代の「感覚で言い換えたり、使用禁止にしたりするのは間違い」なので「元寇」は使用しなくなりました。逆に**「倭寇」を改めないのは、当時の言葉だから**です。ちなみに「倭寇」が侮蔑的だ、と言われるようになったのは、二十世紀に入ってから（朝鮮出兵や日中戦争の日本の攻撃が、「倭寇」と揶揄されるようになってから）です。

そもそも**「倭」という語に侮蔑的意味はありません**。「ひくい」「みじかい」などを意味する「矮」と同じように考えている方もいますが、最古の部首別漢字字典『説文解字《せつもんかいじ》』の「従順な」「ゆだねる」「うねった」などの字義を見ればわかるように、漢の時代にそのような意味は記されていません。第一章でも、

「「倭」という文字には「小さい」「従順な」という意味があるが、決していい意味を表わす文字ではない。」（17〜18頁）

とし、日本人が「やがて漢字を習得すると」いい意味でないことがわかってきたから「和」に改めた、と述べられていました。誤解の上にどんどん次の話を重ねられているようです。

魏の使者に「わたし」「わし」の意味で「わ」と言った言葉が「倭人」になった（18頁）、というのも厳密には間違い。「倭人」の語が見える歴史書としては、『魏志』「倭人伝」（二〇〇年代）よりも『漢書』（八二年頃）のほうが古い出典ですので。

模試に出てきた倭寇の話

日本史ではよく、豊臣秀吉の海賊禁止令によって倭寇が消えた、と説明してしまいますが、これはちょっと誤解があると私は思います。

模試で以前、「前期倭寇」と「後期倭寇」に関する正誤を判断させる、次のような正誤問題が出題されていました。

X 前期倭寇は、中国人を主体とするものであった。
Y 後期倭寇は、豊臣秀吉の海賊取締令によって衰退した。

① X 正 Y 正　② X 正 Y 誤
③ X 誤 Y 正　④ X 誤 Y 誤

「倭寇」は一般的に、前期と後期に分けて説明します（過渡期としての中期を設定する研究者もいます）。Xは正誤問題ではよく出題されるところ。前期倭寇は、日本人が主体で、後期倭寇は中国人が主体です。ですから、「誤」ということになるんですよね。

ふと、Yの問題文を読んで思ったことなのですが……。

おそらく作成者は、これを「正」とする問題文を作られたのだと思います。実際、高校生が使用している教科書にも、ほぼこれと同じような文脈で記されています。

　では、秀吉の発令した「海賊取締令」はどのようなものだったのか？

　そして、それが後期倭寇に対してどのような「効果」があったのか？

　海賊取締令は、刀狩令と同じ一五八八年に出され、「海の刀狩り」とも呼ばれます。三ヶ条からなり、ざっくり言うと、海賊に三つの選択をせまるものでした。

　豊臣体制の大名になるか？

　どこかの大名の家来になるか？

　武装放棄して百姓となるか？

　日本の九州沿岸などの海賊衆に対して、「もう海賊行為しちゃだめだよ」「この三つのうちどれかを選びなさい」という法令です。だとすると、中国人が主体であった後期倭寇と、関係無くない？　ということになっちゃいますよね。海賊取締令によって後期倭寇は衰退した、という因果関係はほんとにあるの？

「海賊行為」には、実は「私貿易に従事する」ことも含まれていました。加えて海賊たちは、海上輸送利用者から独自に（勝手に）、警固料や輸送料を徴収し、従わない者を武力によって脅す行為もしており、それも「海賊行為」とされていました。

　この法令は、私貿易や海上輸送警固を、豊臣政権の枠組みに入れて、「公の行為」にするのが目的なんです。ですから、ほんとは「海賊取締令によって後期倭寇が衰退した」というのは、間にもう一つ説明が必要なんですよね。

「海賊」たちの行動は、海のネットワークです。私貿易の相手がいて、初めて成り立つもの。

しかし、海賊取締令によって、「日本側」の交易相手（ネットワーク拠点）を喪失することになるのですから、後期倭寇の活動に制限がかかってしまいました。

ただし。世界史的な観点から見ると、一五八八年に海賊取締令が出される前から、後期倭寇の衰退は実は始まっているんです。

後期倭寇と明帝国の「戦い」は、一五四〇～五〇年代にもっとも激しく展開されました。明将の胡宗憲《こそうけん》が倭寇の親玉、王直《おうちょく》（日本に鉄砲を伝えた船は王直のものと言われています）を捕え、さらに明将の戚継光《せきけいこう》が倭寇討伐に成功し、倭寇は組織的な抵抗がもはやできない状態に陥りました。この時点で、後期倭寇は衰退した、と考えてもよいと思うんですよね。

変な話ですが、明が貿易を制限する「海禁」をしたから密貿易が行なわれ、海賊行為を助長した、とも思うんです。一五六〇年代に海禁が緩和され、商人たちの交易・出港が認められるようになると、密貿易の意味がなくなり、倭寇の活動は終息していくことになりました（一九二〇年代のアメリカではありませんが、禁酒令なんか出すからマフィアの活動が盛んになったことに似ていないとも言えないですよね）。

日本史の教科書には、「海賊取締令によって、後期倭寇が衰退した」的なニュアンスの表現が多いのですが、「取締令だけで」後期倭寇が衰退したのではないことは知っていただきたいところです。

43　「籤引き」は将軍権力の弱さを示すものではない

六代将軍足利義教について、「毀誉褒貶《きよほうへん》の足利義教」と題する項で紹介されています。その義教が将軍に決まる経緯なのですが……。

義満の子・義持（四代）の後、義量《よしかず》（五代）がわずか十七歳で夭折してしまったため、義持は将軍不在のまま、再び代理で政務を務めることになります。三年後、その義持も病を得るのですが、義持はなぜか、なかなか次の将軍を指名しようとしませんでした。

「義持《よしもち》が危篤になっても後継者を指名しない状況に、困った群臣たちは評議を開き、石清水《いわしみず》八幡宮で籤引《くじび》きをして、義持の四人の弟の中から次の将軍を決めることとした。〔……〕籤引きの結果、次の将軍は五男の義教（当時は義宣《よしのぶ》）に決まった。〔……〕誰を選んだとしても、有力な守護大名の許可を得なければ認められない状況があったためといわれる。つまり将軍の力がそれだけ弱かったという証左である。」（124頁）

「籤引き」で決めた、というと、現在のイメージを重ねてしまい、ついつい、「くじで決めるなんてテキトーすぎるやろ」と考えてしまいますが……候補四人に「はい、えらんで」とくじを引かせて、「当たり」と書いてあるのが当選、みたいなもんじゃないですからね。「籤」は本人たちが選ぶのではなく、神前にて神職が引く、という厳粛なやり方をします。

後継者を決められない時、あるいは政策を決定したりする時、「籤」に委ねる、というのは、武家や公家、皇族の家内ではよくありました。「公開」で行なうのが珍しいだけで、人知れずこっそり籤で決められたことは、昔はわりとあったと思います。でなければ「籤引き」が儀式として残ったりはしません。

義持の時代、将軍の力は果たして弱かったと言えるのでしょうか。**むしろ将軍権力は義教までは強かった、つまり義満から連続していた、**と考えるべきではないでしょうか。でなければ、義教が専制的な権力を行使しえた背景が説明できません（といっても、「歴史まんが」にあるみたいに、義教本人が「神に選ばれた将軍」だと思って力をふるい、守護大名も畏《おそ》れ入っていた、なんて言ったりは、現在ではしませんが）。

義持は、発病から十日ほどで死去してしまいます。急死といってよいと思います。

群臣（斯波・細川・畠山氏）は何とか将軍に後継者を決めてもらおうと懇願しています。醍醐寺の僧満済（義満・義持の信頼が厚かった）を仲立ちとして将軍の意向を求めますが、義持は「評議」で決めるように言い、指名はしません。この状況は、「将軍の力が無い」というより、「誰か突出した有力守護がおらず、決められない」状態を示していると考えられます。

義持は、誰か特定の有力者が将軍を擁立する、という状況を避けようとしていたように思います。義持は「自分の死後に籤引きせよ」と伝えますが、これに対して群臣たちは「籤を引くまで、将軍がいないことになります。生きているうちにお願いします」と再三願い出ています（『満済准后日記《まんさいじゅごうにっき》』）。将軍不在の政治的空白を群臣が恐れていることがわかります。

それに対して「では、生きているうちに籤を引いて、私が死んでから開け」と義持は言い遺しました。主導権はどう見ても義持にあります。

これは「将軍」という職が、その任命を恣意的に決められない「公」の「機関」としての存在に移行していく、その過渡期を示す状況と考えられるのではないでしょうか。

ヒゲと象と足利義持

第四代将軍・足利義持というと、「それ誰？」と思う人もいるかもしれません。

室町幕府の将軍といえば、尊氏・義満・義政・義昭が小学校の教科書では取り上げられます。義持を取り上げる教科書は、中学でも少ないと思います。

第三代の義満があまりにインパクトが強いため、すっかり影に隠れてしまったような印象ですが、研究者の中には、室町幕府の安定期は義持の時代であったと評する方もいます。在任期間二十八年というのは、室町幕府の将軍では一番長いんですよね。もっとこの人の時代を評価してもよい気がします。

義持は九歳で父・義満から征夷大将軍の位を譲られ、その後も父が朝廷に圧力をかけ続けたために、どんどん出世していきました。十六歳になるまでの七年間に、参議、権中納言、権大納言などの官職をかけのぼります。位のアップもすさまじく、九歳で従四位、十六歳で従一位……父が太政大臣をしていなければ、最年少太政大臣になっていたでしょう。

それまで、元服した子が従四位からスタートすることは、藤原摂関家以外ありませんでした。義持も当初は正五位になるところだったのですが、朝廷の使者「お子様の官位が決まりました」
義　満「ほう。で、何位？」
使　者「正五位でございます」
義　満「え？　ごめん、聞こえなかったわ。何位？」
使　者「あ、あの、正五位で……」
義　満「うん？　ちょ、ごめん、聞こえなかったわ。何位？」
使　者「えーとその……ちょっと戻ってきます」

という感じで、義満が詮議をやりなおさせたのです。義満は、足利家を藤原摂関家と同格にしたことになります。これすなわち、足利家の貴族化の第一歩でした。

しかし義満はこの後、義持の異母弟・義嗣を偏愛し、義嗣をどんどん出世させて、天皇の皇子と同じ扱いを宮中でさせ、当然、義持は父を嫌うようになります。と言っても、義満は、兄のほうの義持を征夷大将軍として武家の世界の統括者とし、弟の義嗣を太政大臣くらいにして貴族の世界の統括者とし、父である自らはその上に、あたかも天皇のように君臨しようと野望を抱いた……と考えるのは、やはり想像力過多でしょうね。

義満が急死すると、義持は父親のやってきたことを覆すかのような政策を連続させ、「父の否定」が、義持の初期政治そのものとなります。

まず、父に贈られる予定だった太上天皇の称号を辞退して朝廷との距離をとろうとします。

日明貿易も停止しました。

また猿楽よりも田楽を好み、父が重用していた世阿弥も退けています。

さて、義持の肖像画を見ると、たいていの人は、「え？　もみあげ、すごっ」とツッコミを入れます。実はこのヒゲこそ、義持のスタンスをよく表しているのです。

武将は、戦時はヒゲをはやし、平時はヒゲを剃ります。兜をかぶって緒を結ぶ際、ヒゲがあると締りがよくなり、兜が脱げにくくなるからです。つまり、ヒゲを剃らずに伸び放題にするのは戦時の嗜《たしな》みですから、「いつでも戦いますよ」という武威を示すことになります。朝廷とも距離を置きつつ、いつでも戦うぞ、文句は言わせない、という意志表示です。公武合体を図った父・義満に対して、義持は公武分離を目指したと言えます。

さて、日明貿易を停止したと述べましたが、実は、貿易の利そのものは義持も否定していません。明の「臣下」となることを嫌った、というか要するに、父の政治を否定したかったのが理由で、商人たちの私的な貿易までは禁止しませんでした。

足利義持蔵（神護寺蔵）

実際、若狭国（現在の福井県）の小浜《おばま》というところに、外国船が来航した時、将軍への献上品を持ってきたのですが、喜んで受け取っています。その献上品のリストを見ると、

クジャク　オウム　インド象……

などもあり、えらいもん運んできたな、という感じです。

象を献上された将軍、というと徳川吉宗もいますが、最初に象をもらったのは足利義持でした。詳細な記録が残ってい

ないのですが、どうもイスラーム商人の乗った南蛮船だったようで、父への抵抗ということを考えると、

「親父が中国と貿易したんだから、おれはイスラーム商人（ヨーロッパ商人？）と貿易したるっ」

くらいの狙いがあったかもしれません（珍説ですが）。

象の来日は一四〇八年。一四一一年まで飼育され、朝鮮から大蔵経を贈られた返礼に、朝鮮王にプレゼントされています。朝鮮に象が届けられたのはこれが初めてで、たいそう珍しがられました。『李朝太宗実録』には、太宗がこの象を気に入り、可愛がったことが記されています。太宗は、最初は宮中で象を飼っていたようですが、一日に五斗も豆を食うし、見物に来た貴族を踏みつぶした、なんてこともあり、専用の飼育場を別に作った、と記録されています。どうやら、かなり、もてあますことになったようです。さては義持も扱いに困って、厄介払いしたのかもしれません。

……大ゾウ経のお礼にゾウを贈ったら、太宗がタイソウ喜んだ、という話です。

44　応仁の乱は、息子を将軍にしたい母の我儘で始まったのではない

「籤引き」で選ばれた六代足利義教でしたが、有力守護を圧迫する政治を行なったことから、播磨・

美作を所領に持つ守護・赤松満祐に暗殺されてしまいました（嘉吉《かきつ》の変）。この赤松氏追討での活躍により、以後、山名氏が台頭するようになります。

そして義教の死後、息子の七代義勝も幼くして将軍の位に就いたものの在位八カ月、わずか十歳で死去。弟の義政が八歳で八代将軍に選ばれます。この義政についての記述が、「守護大名の台頭から応仁の乱へ」「室町の文化」「応仁の乱」と続きます。

「幕府は財政難と全国各地で何度も起こった一揆などに悩まされており、幼くして将軍の座に就いた義政は政治を疎むようになった。義政は妻の日野富子《ひのとみこ》や有力守護大名の細川勝元《ほそかわかつもと》・山名宗全《やまなそうぜん》らに政治を任せ、自らは東山殿《ひがしやまどの》（慈照寺《じしょうじ》、現在の銀閣寺）と呼ばれる別宅に住み、趣味の世界に生きるようになる。こうした「将軍不在」の間に政治は大きく乱れ、後の応仁の乱を引き起こす原因となる。」

（126頁）

これも一九六〇～七〇年代の学校教育でよく言われた話です。ネット上の説明（Wikipedia「足利義政」の項）も、この域をいまだに出ていません。

「幕府の財政難と土一揆《どいっき》に苦しみ政治を疎んだ。幕政を正室の日野富子や細川勝元・山名宗全らの有力守護大名に委ねて、自らは東山文化を築くなど、もっぱら数寄の道を探究した文化人であった」

百田氏の説明も、まるでこの記述をなぞるようで、しかも誤っています。

① **慈照寺は、現在でも慈照寺。**

「銀閣寺」は「慈照寺」の通称です。かつての名称が慈照寺で現在が銀閣寺、ではありません（ちなみに、もともと別荘だった東山殿は、一四九〇年一月に死去した義政を弔うために慈照寺となり、相国寺の末寺になりました。寺院となるのは応仁の乱［一四六七～一四七八年］後です）。

②　義政が東山殿に移ったのは、細川・山名の死後。

百田氏は、応仁の乱前の話と、乱中・後の話を完全に混同してしまっていて、「応仁の乱」の時代をあまり理解されていないようです。細川・山名と日野富子に政治を任せて東山殿にこもり、趣味の世界にひたっていた将軍不在が応仁の乱の原因……これでは事実関係も時系列もむちゃくちゃです。

義政は、一四八三年に東山の山荘に移っていますが、細川勝元も山名宗全も一四七三年に死去していますので、細川・山名に政治を任せて東山殿という別宅に住むことはできません。しかも完成は義政の死後です。

③　日野富子は応仁の乱の前に幕政を任されていない。

義政が将軍職を子の義尚《よしひさ》に譲った後、日野富子の兄・勝光《かつみつ》が将軍代行のような形で政治を進めていました。**日野富子の幕政関与はこの兄の死後、応仁の乱が始まって九年後**のことです。一四七六年、「御台《みだい》一天《いってん》御計《おはからい》」（将軍の妻が天下のことを取り決めている）と称されており（『大乗院寺社雑事記』）、幕政に参与していることがうかがえるのはこの時から。そして**実権を握るのは、応仁の乱後**です。

「義政の妻、日野富子は自分が産んだ子（義尚）を将軍にしようと考え、有力守護大名の山名宗全に義尚の後ろ盾になってもらうよう依頼する。」（129頁）

実は、**日野富子が山名宗全に義尚の後援を依頼した話はもう否定されています**。『応仁記《おうにんき》』（十五世紀末～十六世紀半ば頃執筆）に基づく応仁の乱の説明は、もはや前時代的なもの。新しい研究成果をふまえず「応仁の乱」を語るのは無謀とさえ言えるのです。

「守護大名の台頭から応仁の乱へ」の項は、タイトルにも関わらず「守護大名の台頭」のメカニズムやプロセスがまったく欠落しています。

中世、特に室町時代の章に入ってから、歴史記述の「流れ」がブツブツに切れている印象があるのは、やはり「ネタフリ」がされていない、あるいはしているのに受け継がれずオチになっていないのが問題なのだと思います。

「惣領制」に触れないから「観応の擾乱」の意義が説明できない。義満が守護大名の抑制をした話がないから、守護大名の台頭の話に続かない。鎌倉時代に朝廷にあった外交権が義満の時に幕府へ移った話がないから、日明貿易の時に義満が「日本国王」と名乗っている意味がわかりにくい。足利義教が「万人恐怖」と呼ばれたなど苛烈なエピソードばかりで話が埋められ、義教が暗殺される「嘉吉《かきつ》の変」とその後の展開がないから、なぜ山名氏が台頭して、細川氏の地位が低下したか、応仁の乱につながる「守護の台頭」と対立の理由が見えない。「籤引き」の奇異さにとらわれて、背景にある将軍職の「公的機関化」が見えてこない……。

室町時代に入って、かなり誤解と誤りが増えてきました。

この時代、「分割相続」から「単独相続」へ移行し、嫡子の立場が庶子に比べて絶対的優位となったため、その地位をめぐる争いが頻発していきます。

守護大名の相続も、それまでは家長が決定できたのですが、守護大名の家督《かとく》がそのまま幕府の要職となるため（守護大名の公的機関化）、将軍がその家の相続に介入するようになりました。将軍や家臣団の意向を無視して守護大名の家督を決められなくなりつつあったのです（現在の企業でも、最初は創業家が社長を恣意的に決められても、法人化して株式が上場されると、役員会議の決定を経なくては社長には選ばれません。それとよく似ています）。

「応仁の乱」は、新体制への「移行の歪み」が生み出した争乱でした。「息子を将軍にしたいという母の我儘《わがまま》な思い」（130頁）や「人間的な感情」（同）とは大きく離れたところで動いていたのです。

45 「室町の文化」に「北山文化」がない

足利義政について、

「「わび・さび」という新たな美意識を有する東山文化と呼ばれる世界を築いた。」（126頁）

と書かれ、また続く「室町の文化」の項でも、

「室町文化の特色としてまず挙げられるのは、前述の「わび・さび」である。」（同）

とされています。

しかし、「**わび**」「**さび**」が、**美意識を示す言葉として確立されたのは江戸時代**です。教科書では、「侘《わ》び茶」という言葉が村田珠光《むらたじゅこう》の「茶の湯」の説明で出てきますが、実はこれも江戸時代に珠光の「茶の湯」を言い表したものです。千利休《せんのりきゅう》も「わび・さび」という言葉を文献に残していません。

現在の教科書は、室町時代の文化を「わび・さび」で説明することを極力避けるようになりました。一九六〇年代の教科書との大きな違いです（一部、東山文化を伝統的な「幽玄《ゆうげん》」と「侘」が基調にあ

る、と書いている教科書がありますが、当時の人々はこの時代の美意識を、江戸時代の「わび・さび」のようには理解していません）。

百田氏が言われている「わび・さび」はあくまでも、江戸時代に確立された美意識です。しかも、「まず挙げられるのは……」の後には、つい「次に挙げられるのは……」と話が続くと思ってしまいますが、「わび・さび」しか出てきません。「室町時代を象徴する文化」が江戸時代以降の美意識だけで説明されているのは問題でしょう。

「室町の文化」は、二種三段階に分けられます。

二　種＝武家・公家文化／庶民の文化

三段階＝南北朝時代の文化／北山文化／東山文化

授業では、生徒たちに、

「文化は三つの余裕が無いと生まれないよ。一つはカネの余裕、一つは時間の余裕、もう一つは心の余裕」

「笑いと同じで、緊張からの緩和で生まれるよ」

と話したりしています（後者は桂枝雀師匠のお説拝借ですが……）

室町時代には、産業がいっそう発達しました。文化の発達はこれと不可分ではありえません。幕府が京都に置かれたこと、東アジアとの交流が活発になったこと、武家文化と公家文化の融合、大陸文化と伝統文化の融合。これらが「室町の文化」の特徴です。

どうも、百田氏は、日本の文化への大陸からの影響を過小に捉えられているようで、意図的か無意識か、いずれの文化についてもその視点が欠落している場合が多いようです。

「南北朝の文化」では、時代の転換点に高まった緊張から、歴史書や軍記物が生まれました。二種のうちの「武家・公家の文化」として、貴族の側からの『増鏡《ますかがみ》』、『神皇正統記《じんのうしょうとうき》』。武家の側からの『梅松論《ばいしょうろん》』などが歴史書として著されました。

緊張の後の緩和として、軍記物の『太平記』が広く読まれ、庶民にも受け入れられました。連歌《れんが》は武家・公家の中から流行し、後に庶民に広がります。茶の異同を飲み分けて競う「闘茶《とうちゃ》」も人気になりました。これらは新興武士「悪党」が流行らせたのですが、新奇を好んだ南北朝時代の流行「バサラ」の気質と深く関わりがあります。

「北山文化」は禅の文化でした。

臨済宗は、足利尊氏が僧・夢窓疎石《むそうそせき》に帰依して以降、幕府の保護で広く深く浸透しました。義満は、南宋の官寺の制度を取り入れ、五山・十刹の制を完成させます。

禅僧が中国から学び、持ち帰った文物は、禅の精神を反映したもので、中国の水墨画や建築・庭園様式を伝えました。五山の僧、如拙《じょせつ》・明兆《みんちょう》・周文《しゅうぶん》によって日本の水墨画の基礎が確立します。宋学の研究、漢詩文の創作も深まり、義堂周信《ぎどうしゅうしん》・絶海中津《ぜっかいちゅうしん》らが五山文学を大成しました。

「北山文化」＝義満の時代、と捉えがちですが、この禅文化は、四代義持の時代に隆盛を迎えます。

戦乱が無くなり（精神的余裕）、経済的に豊かな有閑《ゆうかん》階層（武家・公家）が、文化の担い手となっていく。「北山文化」の説明を「室町の文化」の話から欠落させることは、「能・狂言」を欠落させることでもあります。観阿弥《かんあみ》も世阿弥《ぜあみ》も登場せず、よって『風姿花伝《ふうしかでん》』もなければ、後の東山文化に通じる「幽玄」の概念も出てこないことになってしまいます。

「わずかな動きで世界を表現する能や狂言が発達したのもこの頃である。」（128頁）

「わび・さび」を賞賛する文脈でこう書かれても、これでは、「能」が東山文化の頃のものと誤解されてしまいます。

四代義持が「田楽」を好んだために、「能」はやや下火になり、世阿弥は六代義教によって追放されているのですから、やはり義満の時代の「北山文化」の中で「能」に触れなくてはならなかったと思います。

さて、「北山文化」が義満・義持の時代とすれば、「東山文化」は義政の時代。

「義政の文化面での功績は大きい」「彼が収集した絵画・茶器・花器・文具などは後に「東山御物《ぎょもつ》」と呼ばれ、現在その多くが国宝になっている」（126頁）と書かれています。

実はこのことは、義政の「文化面の業績」とはちょっと言えない側面があるんです。義政は、政治を捨てて、本当に「趣味の世界」に生きていたのでしょうか？

これには「日明貿易」が深く関係しています。

日本からの輸出品として、銅・硫黄などの鉱産資源の他に、刀剣などの武器、扇・屏風など工芸品があります。義政は、寺院や公家の屋敷に「御成《おなり》」と称してよく訪問しており、その「御礼」として、扇・屏風・絵画・美術工芸品が献上されていました。これが「東山御物」で、義政は日明貿易の輸出品に転用して利益を上げていたのです。

東山殿も、京都の商人たちからの税、民衆の夫役《ぶえき》によって建築しています。足利義満が朝廷から奪った幕府の徴税権が、応仁の乱後も健在なことを示すよい例です。

義政が「政治を疎むようになった」「政治を任せて」「趣味の世界に生きるようになる」（126頁）とい

うのが誤った「足利義政」像であることがわかります。
そして何より重要なのは「庶民の文化」ですが、これは次講で。

46　室町時代から教育はある程度始まっていた

室町時代には、民衆の地位の向上により、武家や公家だけでなく、庶民が参加して楽しむ文化も生まれました。その背景は、鎌倉時代から続く産業の発展です。

鎌倉時代については「商業の発達」（97頁）の項で商業・産業の説明があるのに、室町時代の産業の発展の話がありません。そして応仁の乱によって都から逃れた貴族・文化人が、文化を拡散した話も出てきません。

産業の発達と文化の関係は、安土桃山時代の都市の発達のネタフリになるだけでなく、信長や秀吉の経済政策にもつながります。文化の普及では、都の貴族や文化人が地方に行くことになるのですが、たとえば教科書では、薩摩《さつま》の島津《しまづ》氏に臨済宗の桂庵玄樹《けいあんげんじゅ》が招かれ、儒学を講義する話が出てきます。こうい以来、島津氏は京都の貴族とのパイプができ、これが薩摩と京都のコネクションとなります。こういうネタフリが後の幕末の説明に生きてくるわけです。

「江戸時代独特の文化の一つに寺子屋がある。〔……〕その歴史は古く、桃山時代にはすでに都市部に寺子屋があった。当時来日したキリスト教の宣教師が「日本人は女子供まで字が読める」と驚いたのも、寺子屋のお陰である。」（185頁）

と「江戸時代」の章に書かれています。しかし、江戸時代の寺子屋が識字率を高めた、というのは一九八〇年代頃に言われていたこと。桃山時代の段階で、宣教師が驚くくらいの識字率があったとするならば、それより前から「教育」が普及していそうなことは、すぐに推測できるはずです。

実は、平安時代末や鎌倉時代には、農民でも読み書きのできる人が相当の数いて、地頭などの不正を書状にして訴えています。室町時代の一揆などでも農民の文字が残されています。現在では、教育は中世から広まっていた、という説明をします。

武士の子弟を寺院に預けて教育するのも室町時代から始まっています（たとえば戦国時代の武将は幼少期、禅寺などに預けられている場合があります）。

宣教師が驚いた話ならば、やはり室町時代の、日本最古と言われる「足利学校《あしかががっこう》」に触れてほしかったところです。フランシスコ・ザビエルは、日本には十一の大学があり、足利学校は最大のものだ、と書簡で紹介しています。

室町時代の教育としては、教科書に『庭訓往来《ていきんおうらい》』というものがありました。面白いのは、読み書きのテキストとして『御成敗式目』も使用されていたことです。

産業が発達すると当然、商人たちにも「読み書き」が必要となります。『節用集《せつようしゅう》』という辞書をつくった奈良の商人もいました。村落指導者には読み書きが求められたので、農村でも文字が広がっていきました。だからこそ、絵入りの「御伽草子《おときぞうし》」などが庶民のあいだで読まれていたのです。

江戸時代の寺子屋教育で急に読み書きができるようになったのではありません。そればかりを強調すると、室町時代からすでに「読み書き」が民衆の間にある程度広がっていたことと矛盾してしまいます。とはいえ、

「武士の子弟は、藩《はん》に作られた藩校で学んだ。ここでは寺子屋よりもレベルの高い教育が施されていた。」（186頁）

文化というのは、その中にいるからこそ見える部分と、逆に見えない部分があります。いったん外から出て眺めると……。

江戸時代の藩での教育は、中世ヨーロッパの神学教育と同じようなもので、近代的な教育とはほど遠いものです。寺子屋での学習も「読み書き」が中心で、ヨーロッパで行なわれていた、十一〜十二世紀の教会やその併設の学校での教育とたいして変わりません。

「江戸時代の庶民が世界一高い識字率を誇り、世界でも類を見ないほど高い教養を持ったのも自明である。」（同）

とありますが、「教養」に関しては明治の近代教育を待たなくてはなりません。また識字率の高さについても、明治時代以前は調査がなく、正確なところはわかりません。

そこで、明治初期の調査（一八七七年）から類推してみましょう。

滋賀県の場合、「六歳以上で自己の姓名を記し得る者」として、男子八九％、女子三九％、全体では六四％です。しかし、地域差はかなりあり、北関東では五〇％ですが、青森県や鹿児島県は二〇％以下なんです。

鹿児島の場合　全体一八％、男子三三％、女子四％

青森県の場合　全体二〇％、男子三八％、女子三％

しかも「自分の姓名が書けたらよし」ですから、実際の識字率はもっと低いと想像できます。

長野県の常盤《ときわ》村の調査では、男子八八二人が対象とされています。

①　自己の姓名・村名の記名　六四％
②　出納《すいとう》帳簿の記名　二三％
③　書簡・証書の自署　七％
④　公用文読み取り　三％

ちなみに欧米での識字率は③・④の調査が中心です。

江戸時代の教育水準の高さ、は訪日外国人の「感想」と、寺子屋のイメージで語られすぎてきました。識字率は低くはない、という程度で、教育水準も世界有数、とは言えません。

47　「応仁の乱」によって、大和朝廷から脈々と続いてきた社会制度は崩れていない

義政の時代に「応仁の乱」が起こりました。その影響について。
「従来の身分制度が崩れた。東西陣営とも、戦いに勝つために、家格に囚われず、勢力を持つ者たちを守護職に就けたからだ。」（131頁）
これは具体的にどの守護大名を言うのでしょう？　越前《えちぜん》の朝倉《あさくら》氏でしょうか。
「家格」をどういうものと考えて言われているのかはわかりませんが、朝倉氏は南北朝時代から斯波《しば》

氏の有力家臣でした（日下部《くさかべ》氏の流れを汲む）。守護代でないことは確かですが、甲斐《かい》氏と並ぶ重臣です。「家格」も実力も朝倉氏は十分に備えていました。

また朝倉氏が守護に就くのは応仁の乱がほぼ終息してから後です。「戦いに勝つために」東軍は彼を守護に任じたのではありません。ネット上の説明（Wikipedia「応仁の乱」の項）にも同じような説明が見られますが。

「また、東西両軍は味方を得るために、それまでの家格を無視した叙任を行った。西軍は一介の国《こく》人《じん》であった越智家栄《おちいえひで》を大和《やまと》守護に任命し、東軍は西軍の有力武将だったが守護代でもなかった朝倉孝景《たかかげ》を越前守護につけた。」

大和の国人（在地領主、有力名主層）・越智家栄は「一介の国人」とは言えません。筒井《つつい》氏と並ぶ有力な国人でしたので、西軍が越智氏を選択したのはおかしなことではありません。また、大和国は興福寺が守護でしたので、越智家栄は「守護」に「任命」はされていないはずです。[注]

そもそも「従来の身分制度が崩れた」というのが誤りなのです。

中世社会の身分制度は、「貴種」―「司《つかさ》・侍」―「百姓」―「下人《げにん》」―「非人」と言われています（黒田俊雄「中世の身分制と卑賤観念」『日本中世の国家と宗教』）。

応仁の乱の最中・以後も、この身分制度の枠組みは崩れていません。あくまでも「司・侍」の中での争いでした（将軍家は逆に「貴種」化していきます）。

「応仁の乱」で守護大名が京都で争っている間に、守護代や有力国人が力を伸ばし、領国支配の実権がしだいに彼らに移っていきました。家臣が主人を倒すようなイメージがありますが、実際は主人に取って代わるのではなく、別の親族を立てたり、それに相当する別の守護の血縁などを擁立したりする場合がほとんどです。たとえば、大内氏《おおうち》を倒したように思われている陶晴賢《すえはるかた》も、実際は大内義長《よしなが》（大友氏）を立てています。

「それまで有力武将はすべて源氏や平氏の流れを汲む者、つまり天皇の血統に連なる者が尊ばれたわけだが、応仁の乱以降は血統とは無縁の実力者が現れるようになった。」（同）

これはイメージにすぎません。**「有力武将はすべて源氏や平氏の流れを汲む」というのは明らかな誤りで、**どんな根拠があるのかわかりません。

関東管領《かんとうかんれい》の上杉氏《うえすぎ》は、鎌倉幕府の皇族将軍宗尊親王とともに京都から鎌倉に下った藤原重房《しげふさ》を祖としています。九州の大友氏も、藤原秀郷《ひでさと》あるいは藤原利仁《としひと》を祖としています。菊池氏《きくち》も藤原氏が祖。藤原流の有力守護・国人はわりと多いと思います。細川・畠山《はたけやま》・斯波・赤松《あかまつ》・一色《いっしき》・京極《きょうごく》は源氏……むしろ平氏がいない。珍しいところでは、周防《すおう》大内氏は、多々良《たたら》氏、つまり百済聖明王《せいめいおう》を祖としています。

「戦国時代を象徴する「下剋上《げこくじょう》」の思想もこの時代に生まれた。」（131頁）

これも誤り。後醍醐天皇の「建武の新政」を風刺した「二条河原の落書」の中にすでに「下克上スル成出者《なりづもの》」と出てきています。「二条河原の落書」を「建武の新政」の時に出しておけば、このような誤りを犯すこともなかったはずです。

「下剋上」は時代の節目、特に体制に変化があったり混乱したりした時にはよく見られた現象です。院政期の近臣の台頭、平氏政権、悪党の出現、南北朝の争乱などなど……。

「大和朝廷誕生から脈々と続いていた伝統的な社会制度や通念は、応仁の乱によって一気に崩壊し、新しい概念が生まれた。」（同）

応仁の乱が変えたのは、有力守護が在京して幕府の政治に参加するという、それまでの室町幕府の体制です。大和朝廷から脈々と続いてきた体制ではありません。

新嘗祭や大嘗祭などの宮廷行事は、江戸時代まで中断されることになりましたが……。

〔注〕（第二刷での追記） 本書第一刷を読まれた日本中世史がご専門の呉座勇一先生からご指摘を受けたことですが、越智家栄は西軍から「大和国守護」ではなく「和泉守護」に任命されています。『大乗院寺社雑事記』において興福寺の僧尋尊が「於国民輩者過分所存也（国民の輩に於いては過分の所存なり）」（文明二年〔一四七〇〕八月五日）とし、「一介の国人にすぎぬ者が守護になってしまうとは」と非難していることからも、この任命が当時の身分秩序を逸脱した行為であったことは確かで、こちらのほうを示して当時の風潮を説明するのが適切であった、ということを付け加えたいと思います。

「戦国時代」の章

「戦国」という用語は、当時の貴族・大名たちも使用していました。一条兼良の『樵談《しょうだん》治要《ちよう》』、近衛尚通《ひさみち》の日記にあり、武田信玄のまとめた分国法「甲州法度之次第《はっとのしだい》」にも「天下戦国の上は諸事をなげうち武具の用意肝要たるべし」と記されています。

大名たちは領地内の紛争を収めて支配を確立していただけでなく、他の大名との紛争解決に武力を用いていたことは容易に想像できます。

ただ、当時を「戦国時代」と呼ぶようになるのは明治以降で、江戸時代には当時を回顧して「戦国の世」あるいは年号を用いて「元亀・天正の頃」としている場合が多いようです。

教科書的には「応仁の乱」以降を「戦国時代」と呼びますが、注意してほしいのは、これはあくまでも室町時代の中のある特定の期間の呼称であり、時代区分上の用語ではないということです。

このことは同時に、あくまでも旧体制の枠組み内で新しい勢力が台頭し、新旧交代が見られた時代であることも示しています。かつてのように、戦国時代が世の中を大きく変えた、という見方はずいぶんとトーンダウンしてきました。そのため、織田信長にせよ豊臣秀吉にせよ、その業績などの説明の仕方も変化しているのです。

48　北条早雲は関東一円を支配していない

章の冒頭に、

「この時代は、古い価値観や身分制度が大きく崩れ、たとえ身分が下の者であっても、実力次第でのし上がれるという、日本史上に類を見ない「戦国」の時代となった。」（134頁）

とあるのですが、**こうした見方はやはり、戦国時代についての古いイメージ**です。

戦国時代の実相は、北条早雲・斎藤道三《さいとうどうさん》・織田信長・明智光秀《あけちみつひで》などの逸話・物語・小説によって、ずいぶんと歪められてきました。

軍記物『太平記』に描かれる南北朝の争乱の時代はどうでしょうか。「バサラ」などの風潮には古い価値観が大きく崩れている様が見られますし、近畿一円の「悪党」などは新興武士とも言えます。この時代も、「貴種」身分の分裂、「司・侍」身分の対立などがあり、やはり日本史上類を見ない時代だったと思います。

専門家でも特定のファンでもない、多くの方々の「南北朝時代」と「戦国時代」の理解・認知の差は、「人気作家による作品の量」の差のようにも見えます。

「大和朝廷の成立以来、連綿と続いていた旧来の権威」（136頁）でいう「成立以来」とはどの時点からを指すのかわかりませんが、氏姓《しせい》制度から律令制度へ、そしてそれが崩壊していく流れは、この時期も急進的ではなく漸進的です。しかしそうした中で「旧来の権威」は、生き延びるため巧みに、それぞれの政権や社会に適合するように、むしろ変質していきました。

「足利氏の将軍は名ばかりのものとなり、権力争いの道具にすぎなくなっていた。」（135頁）

とあるように、権威はたしかに「道具」ですが、道具である限り有用でなければ使われません。互いに利用・補完し合っていた側面があります。

従来の戦国時代のイメージは、「古い権威」が打ち壊され、「下剋上」で身分間の壁が破壊されたかのように描かれてきましたが、実際にはむしろ「古い権威」の枠内で、新しい勢力への交替が進んでいく時代でした。北条早雲はその例です。

「〔早雲は〕無名の素浪人から大名になった下剋上の典型的な存在といわれていたが、近年の研究では、室町幕府の政所《まんどころ》（訴訟を司る職）の執事《しつじ》であった伊勢《いせ》氏の出であったらしいともいわれている。」（136頁）

まず、**室町幕府の「政所」は、将軍家の家政・財政を扱う部署です**。結果として土地の貸借に関する訴訟も扱いますが、「訴訟を司る」役目ではありません。とはいえ伊勢氏は応仁の乱とその以後で、陰に日なたに重要な役割を果たしました。今川氏との関係や、北条早雲の関東進出も実は足利将軍家と深い関係があります。

駿河《するが》国の守護・今川義忠《よしただ》は、東軍に与《くみ》していました。上京して足利義政に面会したのですが、将軍とのコネを深めるために、将軍の側近であった伊勢一族にツテを求めます。あるいは義政から「伊勢の娘と婚儀を挙げよ」と命じられたかもしれません。そのとき、伊勢盛定《もりさだ》の娘と義忠が結婚しているんです。まあ、政略結婚ですね。

その盛定の子が伊勢盛時《もりとき》。これが後の北条早雲です。父の後を継いで将軍家の側近となり、九代義尚に仕えました。

その後、今川家で相続争いが起こったときに、解決・調停を命じられて駿河国に向かい、今川義忠の妻となっていた妹（あるいは姉）との間に生まれた子である竜王丸《りゅうおうまる》を後継者にします。自分の甥を今川家の跡取りにした、とも見えますが、今川―伊勢―将軍のラインを維持したい将軍家の意向でもあったと思います。で、今川家は幕府から派遣されたこの能吏を家臣とします（現在でたとえれば、本社から支店に派遣された本社社長室の秘書みたいなもので、支店の経営も手伝っていた、みたいな感じかもしれません）。

そこで事件が起こりました。

伊豆《いず》国の混乱（堀越《ほりこし》公方の内紛・足利家の身内の問題）の解決を幕府から命じられ、今川氏から兵を借りて伊豆に侵入します。かつては小説やドラマなどで「戦国時代の幕開け」と言われた「北条早雲の伊豆入り」は、幕府中央と深い関係がある出来事でした。

「ただ、早雲が関東一円を支配する大名となった過程は下剋上そのもので、その意味では、やはり北条早雲こそ戦国大名の嚆矢《こうし》といえる。」（136頁）

ネット上の説明（Wikipedia「北条早雲」の項）でも、

「北条早雲は戦国大名の嚆矢であり……」

と百田氏と同じ表現がされているものの、そもそも**伊勢盛時＝「早雲」の代ではまだ、関東一円を**

支配していません。伊豆と相模《さがみ》です。「大名となった過程は下剋上そのもの」と言われていますが、この過程は「下剋上」ではないと思います。武蔵《むさし》国へ進出するのは子の氏綱からで、氏康・氏政と代を継ぎながら関東一円を支配しました。

「戦国大名北条早雲」は小説や物語、昔の「まんが日本の歴史」がつくり出したイメージなのです。

49 「戦国大名」は戦乱を収めるために出現した

「戦国時代」というと、戦国大名が勢力の拡大のために戦いを続けていた「戦乱の世」というイメージがあります。実は戦国大名は、この点、逆説的な存在でもありました。

「彼らは互いに近隣の大名との領地争いに明け暮れていて……」（137頁）

「各地の戦乱は一向に収まらなかった。」（同）

まず、鎌倉時代から室町時代にかけての武士たちは、基本的に「細かいことは全部自分でする」という感じでした。領地のもめ事も、大きなことは幕府が裁定しますが、細かい話は当事者同士の喧嘩《けんか》で解決しちゃうのが慣例。

室町時代になると、「全部いったん、上に報告しろ！　自分で解決するな！」というように変わっていきます。守護の仕事が増えますが、そのうちの一つに「刈田狼藉《かったろうぜき》をする者の逮捕」があります。

ある土地があります。その土地はAさんのもの。でも耕しているのはBさん。BさんがCさんに借金していると、その収穫物の権利はCさんにもある。で、Bさんの主人がDさんだとすると、Dさんにも権利が出てくる……。

日本の場合、土地とその支配者の関係はかなり複雑です。で、みんなが「これはおれのもんだ」と主張しはじめて喧嘩になる。そこで所有の権利を明確にし、所有権を主張しようとして、その土地の農作物を一方的に刈り取る行為が横行しました。それが「刈田狼藉」です。

鎌倉時代は、基本的にこれを自力（喧嘩）で解決したわけですが、室町時代に守護に、刈田狼藉する者を逮捕する権限が与えられました。これは、土地の所有権の裁定を守護が掌握したことに他なりません。「おまえらで決めるな、おれが決める」というわけです。

もう一つ守護が獲得したのが、「使節遵行《しせつじゅんぎょう》」です。幕府が決定したことを、その通りに実行させる、という権限で、南北朝の争乱で混乱した土地所有権の問題を守護に現場で解決させせました。

自力解決としての刈田狼藉を認めない、使節遵行を徹底する……戦国大名の「分国法」に「喧嘩両成敗《りょうせいばい》」の項目が見られる理由はこれでわかりましたよね？

「自力（喧嘩）で解決するな！　もめ事起こしたやつはすべておれに報告せよ。幕府が決めたように、幕府が言うたようにせよ！」

と命じていたのが「守護」でしたが、それが今度は応仁の乱後、

「おれが決めたように、おれが言うたようにせよ！」

と領地内に睨みをきかすようになったのが「戦国大名」です。

面白いもので、**戦国大名は、自分の領地内の戦国時代を終わらせることで初めて、領地外に対して戦国大名としての資格を得ていた**ようなものなんです。つまり、戦国大名は、自分の領内では自力解決をさせませんでしたが、隣国との問題は、自力で解決しようとしました。本来なら幕府が裁定する

はずですが、その力がなくなってしまっていたのです。

織田信長が京都を目指し、将軍足利義昭を奉じて室町幕府を再建したのも、やはり「古い権威」の枠内での新しい勢力の交代と言えます。かつて幕府は使節遵行権を各守護大名に委託して支配しましたが、今度は織田信長一人に使節遵行権を与えたようなものです。

秀吉の場合は、朝廷からその権限を与えられました。秀吉が出した「惣無事令《そうぶじれい》」は、日本全国を「領地内」と見なして戦国大名たちに「喧嘩両成敗」を宣言し、「おれが決める」と宣言したことになるわけです。

権威が使節遵行権を「複数に」委託して支配したのが室町幕府。

権威が使節遵行権を「一人に」委託して支配したのが織豊政権。

とも言えます。

50　信長の軍事・経済政策は、過大に評価されている

織田信長ほど、信長「で」何かを語られる人はいないのではないでしょうか。

信長をアナロジーとして何かを語る。専門外の経済学者や経営者や小説家がいろんな説を流通させ、ピンキリの情報が出回っています。

また、信長研究も、まさに振り子のようで、概説化するにもなかなか慎重な姿勢が求められます。であるならば、通史としてはなおさら、一次史料に基づいて説明していく姿勢を徹底させるべきだと

思います。

「〔信長は〕当時、商人たちの組合のような存在であった「座」を廃止し、経済活性化を図ったのだ。それまで商人たちは、商売をするのに「みかじめ料」のようなものを寺社やその土地の実力者、座などに支払っていたが、信長はそれらをなくした。これは現代風にいえば、「規制緩和」と「減税」である。おそらく信長は商人たちから「税金」のようなものを徴収していたと思われる。」（140頁）

よく見られる説明ですが、商人たちから税（百田氏の言葉を借りるなら「みかじめ料」）を徴収したのでは、徴収するのが単に寺社や荘園領主から信長に代わるだけで、経済の活性化にはつながりません。

一五七七年に出された信長の「楽市令《らくいちれい》」は十三ヵ条あります。教科書では以下の三ヵ条を用いて「楽市楽座《らくざ》」を説明します。

一　当所中楽市として仰せつけらるるの上は、諸座・諸役・諸公事《くじ》等、ことごとく免許の事。

一　普請免除の事。

一　分国中徳政これを行うといえども、当所中免除の事。

この「楽市令」は、信長が安土《あづち》城下に出したものです。これをもって信長の全征服地の経済政策であるかのように言ってはいけません。

いやいや、岐阜《ぎふ》にも出してるよ、というツッコミも入るかもしれないですが、実は楽市令は二種類あり、岐阜の場合は、以前（斎藤氏の時代）から楽市だったので、それを「安堵」（そのまま引き継ぐ）しているんです。つまり、**信長以外にも、戦国大名は楽市令を結構出していて、信長に特徴的な政策とはあまり言えない**のです。

それから「座を廃止し」と述べられていますが、**「座」は廃止されていません**。座から税金をとるのを免除していただけです。それどころか、信長は「座」以外にも「諸役・諸公事」（税や労役を課すこと）を認めているんですよね。信長は旧勢力を利用するために、自分に従うか従わないかを相手に迫っていたようです。従うならば認めていました。

また、小学校の教科書では、「馬の売買は安土で行なわなければならない」という項目も紹介されています。近江では各地に家畜の売買の市が立っていたのですが、それを安土に限定しました。

どうも、**信長（だけではなく他の大名も）は、「規制緩和」をした、と言うより、新しい「商業統制」をしていた、**と言うべきではないでしょうか。

信長が征服地に広く実施したのは「関所の廃止」と「指出検地《さしだし》」です。でも、これは信長だけの政策ではなく、戦国大名の多くが行なっています。ではなぜ、信長は「金持ち」だったのか？

まず、もともと「金持ちのボン」でした。

信長の織田家は、実は斯波氏の守護代をつとめた本家織田家じゃないんです。傍流の大和織田家のさらにその家老の一つの家。父・信秀《のぶひで》が、どうやら海運で儲けて力をつけていて（尾張《おわり》の沿岸の湊《みなと》を押さえていて）、伊勢・鎌倉などの商人とのつながりがあったようです。

信長が若い頃に、斎藤道三と面会した際、信長が大量の鉄砲を持っていることに、道三が驚く話があります。ほぼ同じ時期、信秀が堺に大量の鉄砲を発注していて、それが帳簿に残っているので、これはおそらく実話でしょう。

信秀には伊勢神宮に七百貫、京都御所へ四千貫もの大金を寄付している記録もあって、信長はその経済力を引き継いでいます。

戦国大名が領地を拡大する場合、二通りの支配があります。一つは、自分の領内で実施していたことをそのまま転用する。もう一つは前のまま。

信長は、両方併用していた感じで、既存の経済システムも利用しています。

たとえば、商人や都市に「矢銭《やせん》」という戦費負担を要求しています。協力金を出さないと攻撃を仕掛けることもありました。

「判銭《はんせん》」というのもありました。寺院や都市に「ここで戦うべからず」という制札《せいさつ》を掲げるかわりに銭を出させる。たとえば、一五六八年に足利義昭を奉じて上洛するとき、石山本願寺《いしやまほんがんじ》に五千貫、堺に二万貫要求しています。

「撰銭令《えりぜにれい》（良銭と悪銭の交換レートを定める）などの貨幣改革を行ない、貨幣価値を安定させ、経済を発展させた。」（140頁）

とありますが、こちらのほうは失敗しています。**信長の撰銭はうまくいきませんでした。**

「経済力を手に入れた信長は兵隊を金で雇うようになる。つまり戦いの専門家（傭兵）を持つことができたのだ。」（同）

これは少し誤解されていると思います。

まず、武田氏や今川氏も「傭兵」の集団を持っていましたから、**傭兵は信長に特徴的なことではありません。**信長軍団の「軍役《ぐんえき》」（兵士をつれて戦うこと）については、あの明智光秀が詳細な記録を残していますが、収入に見合った軍役を家臣に課す、ということが細かく規定されていたことがわかります。この点、関東の北条氏や今川氏とあまり変わりません。

『信長公記《しんちょうこうき》』に面白い話が紹介されています。

ある家来が、安土の城下で火事を出してしまいました。調べてみると、一人で生活していて、慣れない炊事で火を出したようです。信長は激怒しました。というのも信長は、家臣たちに家族とともに安土の城下に集住するように命じていたからです。

さらに調べると、他にも百人以上が同じ状況にあったので、命令を徹底するため、その者たちの実家を焼き払わせた、と記されています。

信長は、安土に集住させるにあたって、知行地《ちぎょうち》で得ていた収入を「扶持《ふち》」という形で与えていました。まず、土地の収穫を銭で換算します。そして家臣の知行地の収入（年貢額）を銭で換算した「貫高《かんだか》」で把握し、それを家臣に保障して貫高に見合った軍役を課していました。家族を養えるだけの高い給料を出しているのに、何しているんだ！　という信長の怒りです。だから、これは「傭兵」というより、織田家の「正社員」のようなものでした。

下級武士は、上級武士（寄親《よりおや》）に預けて（寄子《よりこ》として）面倒を見させて組織化しました。親子関係を擬した主従関係をつくって団結させていたのです。長槍の部隊、鉄砲の部隊などもこれに基づいて分業させました。信長が、秀吉の結婚式に祝儀を持って来たり、秀吉が後の加藤清正や福島正則を子どもの時から面倒みたりしていた逸話も、こういった「寄親―寄子制」の枠組みの中で理解できると思います。

実は、こういう制度は、たいていの戦国大名が採用しています。

ただ、信長のように家来を農地から切り離して主君のもとに集住させず、知行地に住ませていた、という点で、他の大名の兵士たちは機動性に欠けていました。農業生産が高い濃尾平野、父の代からの伊勢湾の水運による利益が信長の背景にあったことが、これを可能にしたと思います。

織田信長は現在、従来ほどは過大に評価されなくなりました。

「日本史上に現れた突然変異」（143頁）
「戦国時代という未曾有の混乱した時代だからこそ生まれた傑物」（同）
「戦国時代を収束させるために出現した人物」（同）

というのはやはり、一九六〇～七〇年代の戦国時代と信長のイメージを引きずったままの表現。あくまでも、既存の枠組みの中で、他の大名よりはすぐれた制度の運用ができた人物、というところでしょう。

ちなみに、他の戦国大名や兵が「仏罰」を恐れて僧兵と戦うのを避けた、というのもイメージにすぎません。たとえば信長の評価として、「比叡山を焼き討ちするのは、当時の常識から考えてありえない」と説明する場合がありますが（司馬遼太郎の『国盗り物語』など）、鎌倉時代から武士たちは寺院なども あまり抵抗無く焼き討ちをしています。応仁の乱などでは、足軽が寺院にも火を放って、さらには家財道具・仏具なんかを盗み出しています。

信長は、すぐれた戦国武将の一人であることは確かです。しかし、現在の教科書は、史料に基づいた、等身大の「信長像」を描こうとしています。

51 秀吉は征夷大将軍になるために足利義昭の養子になろうと画策していない

織田信長に続くのは、「羽柴秀吉による天下統一」という項です。

「天正一四年（一五八六）、正親町《おおぎまち》天皇から豊臣の姓を賜り、公家として最高職の太政大臣に就く。秀吉はその前年に五摂家筆頭の近衛前久《このえさきひさ》の猶子《ゆうし》（形式的な養子）となり、公家となって藤原姓を名乗っていた。」（145頁）

近衛家は、この段階では「五摂家の筆頭」ではありません。後に近衛家に皇族が養子に入ってから特別な家と見られるようになります（近衛・鷹司《たかつかさ》・一条の三家に皇族が養子に入っています）。江戸時代前半でも近衛家は二千八百石で、九条家は三千石です。秀吉の時代には近衛家（に限らずどの家も）が五摂家の筆頭とは言いにくいと思います。

さて、秀吉が「関白」の位を得た過程には、実は複雑な背景がありました。一五八五年、秀吉が正二位内大臣に就任します。この時、

関　白　＝　二条昭実《あきざね》
左大臣　＝　近衛信輔《のぶすけ》（近衛前久の嫡男）
右大臣　＝　今出川（菊亭《きくてい》）晴季《はるすえ》
内大臣　＝　羽柴《はしば》秀吉

で、さらに菊亭晴季に代わり、秀吉が右大臣に就任することに内定したのですが……。秀吉は「信長公が右大臣で亡くなられた。縁起が悪いから左大臣に就任したい」と言い出します。これでは近衛信輔は左大臣を辞めなくてはならなくなります。二条昭実の後は、近衛信輔が次期関白に内定していて、あと一年ほどすれば関白になるはずだったんですが、今、左大臣を辞めてしまうのは官位がなくなることを意味します。官位無く関白になった先例が、近衛家にはない（他の摂家も、官位を持たずに関白に就任することをたぶん認めない）。

信輔は、二条昭実に「関白を辞める時期を早くしてほしい」と要求します。そうすれば、スムーズに進む――ところが二条昭実が拒否します。「譲れ」「譲らない」の争いが起こってしまいました。

そこで秀吉が「解決」に乗り出します。近衛前久の猶子に秀吉が入り、関白を二条昭実から秀吉に譲らせ、いったん関白の位を秀吉が預かるという形にして、二条・近衛の対立を緩衝しました（信輔は左大臣から将来関白に就けるし、二条昭実も信輔の要求で近衛に関白を譲るのは避けられてどちらの顔も立つ）。

見返りに近衛家には千石、ほかの摂家にも五百石を加増し、さらには左大臣・右大臣の地位はそのままにし、二条昭実・近衛信輔・菊亭晴季には従一位が与えられるようにはからいました。「三方一両損《さんぼういちりょうぞん》」ならぬ「三方まるくおさめる」形で、関白の地位をうまく手に入れたのでした。

「実は豊臣秀吉も征夷大将軍の座に就こうとして、足利義昭の養子になろうと画策したが、義昭の拒絶にあって叶わなかった。」（168頁）

これは俗説で、現在は否定されています。江戸時代の読本『絵本太閤記《たいこうき》』に書かれている歴史小説の一場面にすぎません。『多聞院日記《たもんいんにっき》』には、天正十二年（一八五四）十月に征夷大将軍任官を天皇から勧められたが断ったことが記録されていますし、堀新「豊臣秀吉は征夷大将軍になりたかったのか」（『偽りの秀吉像を打ち壊す』）などでも虚構が明らかにされています。

あと一つ。ルイス・フロイスの話として、

「〔秀吉は〕二百名以上の女を宮殿の奥深くに囲っていたが……」（146頁）

とありますが、これは百田氏も指摘されているように「少々誇張」があるというか、メチャクチャ誇張があります。ちなみにフロイスの『日本史』では「側室は三百名ほど」と記されていますが、秀吉の側室は十六名です（『伊達世臣家譜《だてせいしんかふ》』）。

百田氏は、フロイスの記述を高く評価されていますが、彼の『日本史』は誇張や偏った表現も目立つため、他の史料と突き合わせて紹介していく必要があるのです。

52　宣教師は、一様に日本人と日本の文化の優秀さに感嘆してはいない

日本人として、外国の方からほめられて悪い気はしません。

しかし、歴史の著述としては、史料から事実をありのままに明らかにしようと努める、その評価を他者に委ねる、著述者の推測はできるだけ避ける、これらが肝要だと思います。

宣教師ヴァリニャーノの発言として、

「日本人の好戦性、大軍勢、城郭、狡猾さと、ヨーロッパ各国の軍事費を比較して、日本を征服する

ことは不可能である」（148頁）

という言葉を紹介されています。イタリア本国への書簡と書かれていますが……一五七九年十二月の書簡（イエズス会への報告）の翻訳にしては、「好戦性」や「大軍勢」、「城郭」というような軍事に関する情報に偏っています。こんな内容のものは、この書簡には見当たらないはずです。実際、『武器・十字架と戦国日本』（高橋裕史）で引用されているヴァリニャーノの「報告」を見ると、べつに日本の軍事費や軍事力とヨーロッパのそれを比較して日本征服は不可能などとは書かれていません。つまり、軍事的にすぐれているから征服が無理、などという話ではなく、

「日本人を養い、日本国内に数多くの要塞、戦闘要員を大勢抱えるには、ポルトガルとスペインの両国王は、この上なく巨額の出費を余儀なくされよう。（中略）ヨーロッパから遠く隔たっている地で、大勢の日本人と巨額の経費を維持するには、両国王の所有する全収入と人々では不十分であろう。」

と、主に経済負担の理由から、日本を征服するメリットがないことを報告しているのです。また、

「戦国時代の後半に日本にやってきた宣教師たちは、一様に日本人と日本の文化の優秀さに感嘆している。」（149頁）

とあり、その後に「ルイス・フロイス」の「本国のイエズス会」に書き送った「日本人に言及したところ」を「いくつか」紹介されていますが、これは完全な間違いです。筆者はルイス・フロイスではなく、フランシスコ・ザビエル。本国のイエズス会ではなくインドのゴアに送った書簡です（↓そ

の後、第五刷で修正)。

それから「日本にやってきた宣教師たちは、一様に日本人と日本の文化の優秀さに感嘆している」というのも誤っています。**宣教師による日本人評は多様で、また極端に偏っているものも多い**のです。

ロレンソ・メシアの書簡（一五七九年十二月）

「日本のキリスト教徒は本性がたいへん悪い。信仰の面でも強固なものではない」
「日本人はすべてに裏があり、真意を明らかにしない」
「うそつきで、誠意が無い、恩知らずで、感謝がない。平気で人を裏切る」

フランシスコ・カブラルの書簡（一五九六年十二月）

「日本人ほど傲慢で貪欲で無節操、欺瞞に満ちた民族は無い」
「従順さを要求される共同生活に耐えられない者は人の上に立とうとする」

カブラルはヴァリニャーノの日本人評価を否定して、「日本人の司教」をつくることに反対する書簡を送っています。この書簡の中で、「出世とあくなき野望の典型はミツヒデだ」とも明言しています。

ザビエルも、ヴァリニャーノも、カブラルも、どうも人物なり日本人なりを偏って誇張して評価しています。布教の可能性を高めるため支援を求めたり、逆に布教したくない場合は、組織に手を引かせようとしたりしていることもわかります。そうした見方やイエズス会の組織人としての立場、戦国大名の弾圧や保護などの状況によって、日本人への評価は変わっています。極端さや誇張を差し引いて、虚心に双方の説明を読めば、当時の日本人が特に優れていたわけでもなく、特に愚かでもなく、善も悪も、道徳も不道徳も、普通に持ち合わせていた平凡な人々であったことがわかると思います。

宣教師や訪問外国人、外国人政治家の日本の高評価発言だけに飛びついて（選んで）、それがすべてであるような錯覚に陥ってはいけません。当時の政治状況、別の史料からの突き合わせ、批判的解釈、などを経たものだけをもとに著述していく姿勢が大切です。

53 検地・刀狩・人掃令は「兵農分離」を目指した政策である

「検地と刀狩」という項。

「天下統一を果たした豊臣秀吉は全国で検地を行なった。」（151頁）

受験生を教える歴史教師として、読者、特に受験生が誤解してはいけないので申し上げます。**秀吉は、天下を統一（一五九〇年）してから検地を始めたのではありません。**実際は一五八二年から、支配地域ごとに、後に「太閤《たいこう》検地」と呼ばれる手法で検地を開始しています。

「これにより全国の石高が判明し、日本の国力が正確に把握された。」（同）

結果として当時の米の生産量を把握できましたが、秀吉は、国力を把握するために検地を始めたのではありません。**太閤検地の目的は確実に「集税」を行なうため**です。

「実は信長も検地を行なっていたが、秀吉はこれを徹底させ、そのため「太閤検地」と呼ばれる。」（152頁）

これも非常に誤解を招きます。

前から申しているように、通史には「ネタフリ」と「オチ」が必須。戦国時代や信長の話の中で、「貫高制」（米の収穫量を通貨に換算して表す）と「指出検地」（支配者の大名が検分するのではなく、家臣に土地の面積・作人などを自己申告させる）をしっかり説明できていれば、秀吉の検地すなわち「太閤検地」の意味が腑に落ちたはずだったのです。

信長の検地を徹底したのが「太閤検地」ではありません。貫高制（金銭）から石高制（収量）へ、「自己申告」から「調査・徴税」へ、さらに単位の統一、測量器具の統一といった諸方針の大転換が「太閤検地」です。百田氏も言及している、納税者を土地所有者から耕作者に変更したことも重要ですが、全体の意義の一部です。

「現代のリベラル学者や進歩的文化人たちからは、「搾取システムの政策」と酷評されることもある太閤検地だが、実は画期的な政策であった。」（152頁）

どうも百田氏は、こういう表現がお好きです。「研究者の中には……」「～と言う学者もいるが……」などなど。そんなこと言うてる学者おるかな？……誰やろ？……と思うことがたくさんあります。「リベラルな学者」「進歩的文化人」のどなたが、太閤検地を「搾取システム」と「酷評」されているのでしょう。

太閤検地の目的が集税の徹底であることは、検地を徹底するように伝えた以下の書簡を読めば明白だと思います。

「検地実施について申し渡された事がらの趣旨を、国人や百姓たちに納得ゆくようによくよく申し聞かせるべきである。もしも、これに反対する気持の者がいれば、それが城主であれば、その者を城へ追い込み、奉行らが相談のうえで、一人も残さず、なで切りにしてしまえ。また、百姓以下の者で従わぬ場合は、一郷でも二郷でもすべてなで切りにせよ。このことは日本全土六十余州に厳しく申しつけ、出羽《でわ》・奥州《おうしゅう》といった辺境であってもいいかげんにしてはならない。たとえその土地が耕作者のいない土地になってもかまわないから、この旨を受けて十分に実施せよ。山の奥まで、また海は櫓《ろ》や櫂《かい》で漕《こ》いでゆけるかぎりのところまで、念入りに行うことが大切である。もしも、担当者がなまけるようなことがあれば、関白秀吉公自身がお出かけになってでも命令されるであろう。」（『浅野家譜』天正十八年八月十二日／『史料による日本史（三訂版）』の訳より）

教科書に「太閤検地は搾取システムである」とは一行も書いてありませんし、私もそんな表現はしませんが、とはいえ確かに、これを読めば「太閤検地」が「搾取システム」だと指摘されても「違う」とは言いにくい面を持っていたことがわかります。

「歴史家の多くは、織田信長のもとで一向一揆を何度も鎮圧した秀吉が、武装農民は危険な存在と考えて、「刀狩」を実施したとの主張をするが、私はそれには少し疑問を感じている。〔……〕少なくとも一揆を防ぐためだけに行なわれたのではなかったと思う。」（152頁）

おそらく戦後の歴史教育で、刀狩の目的を「一揆の防止」とだけしか説明しない教師（中高の歴史の先生を含めて）は、いないと思います。ですから、「歴史家の多くは……」とおっしゃっていますが、兵農分離のことを知らずに刀狩を説明している歴史家はいません。**刀狩、太閤検地、そして百田氏が取り上げられてない「人掃令《ひとばらいれい》」**（あるいは「身分統制令」。一五九二年頃、全国一斉の家数・人数調査を行なった）**によって、「兵農分離」を目指したもの**だ、と考えられています。

教科書にもはっきり書いています。

「こうして、検地・刀狩・人掃令などによって、兵・町人・百姓の職業にもとづく身分が定められ、いわゆる兵農分離が完成した。」（『詳説日本史B』164頁）

私も学生時代、中学受験塾で教えていましたが、その時（三十五年前）から、刀狩の目的は「一揆の防止」と「兵農分離」と説明していますし、テストにも出題してきました。

歴史家や専門家たちはそんなことを言っていないのに、「言っている」としてそれを否定する……これではマッチポンプです。少なくとも、小・中学校の教科書でよいので、現在どのようなことが書かれているのか、よく読まれたほうがよかったと思います。「教科書に書かれていない日本史」を標榜するにはまず、「教科書に書かれている日本史」を確認する必要があるはずですから。

54 スペインは、日本の武力を恐れて侵攻しなかったわけではない

「キリスト教の伝来」「キリスト教宣教師の追放」の項でスペインとポルトガルについて書かれていますが、一五八〇年にスペインはポルトガルを併合し、両国は合同することになりました。フェリペ二世の時です。スペインが「太陽の沈まぬ国」と呼ばれるのは、この時以降。

ところが、「最盛期」とは、そこから後は衰えていく、という意味でもあります。

一五八一年、ネーデルラント北部諸州が、スペインの支配から独立する運動を展開し始めました。ここからスペインは対外政策に力を入れられなくなっていきます。イギリスがオランダ独立を支援し始め、スペインはイギリスとも対立を深めました。

一五八八年といえば、日本では秀吉が刀狩令を出した年ですが、この年、スペインはイギリスとの戦いで無敵艦隊を撃破されてしまいました。一五九〇年代には財政破綻に陥りはじめます。新税を導入し、貴族たちへの課税も行なわれて、王政に対する不満が高まっていました。サン＝フェリペ号事件（土佐に漂着したスペイン船サン＝フェリペ号の乗組員が、布教によって征服活動を行なうと宣言し、以後の宣教師弾圧につながったとされた事件↓56講）が起こった一五九六年の段階では、ペストの流行も始まり、現在でいう「デフォルト（債務不履行）」に近い状態に陥りました。スペインはアジアに軍を派遣する余裕などはありません。十六世紀前半、ラテンアメリカに進出し、アステカ王国・インカ帝国を滅ぼして植民地を拡大していた当時とは、状況がまったく異なっています。

「日本がそういう〔アステカやインカのような〕運命を辿らなかったのは、ひとえに武力を有していたからだ。」（154頁）

アステカ王国も、インカ帝国も、武力を有していなかったわけではありません。スペインのコルテスは最終的に、アステカ王国征服にあたり、五万の兵力を投入しなければなりませんでした。日本に「軍事力」があったから植民地にならなかった、というのは大きな誤解で、当時の外交・国際環境を無視しています。

そもそも、東アジアと東南アジア・ラテンアメリカでは、スペインは政策を使い分けていました。ラテンアメリカ・東南アジアは「原料供給地」として植民地化し、中国・日本は「市場（マーケット）」としていました。**人口が多くて「経済力」も高く、住民に購買力がある日本を植民地にはしようとしていなかったの**です。

55　秀吉が死ななくても、朝鮮出兵は失敗していた

朝鮮出兵に関する百田氏の見解の一部には、私も賛同します。

「露梁《ろりょう》海戦で朝鮮軍が使ったとされる亀甲船《きっこうせん》に関しては、完全なフィクションであり、復元図なども後世の作り物である。」（157頁）

現在復元されているような「亀甲船」およびそれを縦横無尽に活用して李舜臣《りしゅんしん》が日本の水軍を苦しめた、というのはおそらく虚構です。

復元図は十八世紀のもので、李舜臣の英雄伝がかなり広がっていた時代のもの。同じく十八世紀、日本でも戦国時代の英雄伝説がかなりもてはやされ、様々な虚構が作られた経緯と似ています。ただ**正確には、「完全なフィクション」ではなく「誇張」です**。十四世紀以降、倭寇ならびに日本の水軍の戦い方に、朝鮮はずいぶんと苦しめられてきました。接舷して戦闘員を敵船に乗り込ませる「斬り込み」という白兵戦術です。蒙古襲来の時に、松浦党《まつら》（平安時代から肥前松浦で力をもっていた武士集団）が元・高麗軍をこの方法でかなり苦しめました。

また、日本の船底はV字型で、船足が速いだけでなく、安定度が高く、たくさんの人間が乗れます。朝鮮のそれはU字型で喫水《きっすい》が低く、あまりたくさんの人が乗れないものでした。斬り込みで船上を「陸上戦」にしてしまう日本式はかなりの戦果を挙げ、朝鮮出兵に関しても、日本側が制海権を維持できた背景にはこの戦術がありました。

斬り込み乗船を阻止するために、板などで船を囲い、格子や穴、隙間から槍をたくさん突き出して接舷させない工夫を朝鮮側がしていたことは確かです（十四世紀の記述・李舜臣およびその甥の記したものにも出てきます）。この工夫が「誇張」されて、「亀甲船」なるものが十八世紀にイメージされました。

朝鮮側は、日本の水軍を恐れて、以後、水軍との直接対決を回避するようになります。

「〔李舜臣が〕戦果を挙げたといえるのは、開戦初期に護衛のない輸送船団を襲った時だけで、日本軍が護衛船をつけるようになってからは、ほとんど手出しができなかった。」（同）

これも少し誤解があります。正確には「護衛船」がついていない時を狙って輸送船を襲撃しました。この戦法は李舜臣だけが採用していたわけではありません。

注目すべきは、なぜ、日本の輸送船に護衛船がついていない時があったのか、という点です。理由の一つは、補給に無理が生じていたこと。もう一つは、護衛に回す水軍の手配が行き届かない時があったことです。実はここに、日本軍側の問題点がありました。

日本の遠征軍は、総大将が一応設定されていましたが、基本的に諸侯の連合軍です。各軍の戦闘能力は高く、局所的な戦闘ではほとんど無敵でした。しかし、朝鮮出兵は実は「軍役」であり、各将の自己負担だったのです。

参加大名の地元では、税の徴収や夫役の負担で農民たちがかなり疲弊していて、領地の内治にすぐれていた加藤清正《きよまさ》も苦労しています。

戦争は、経済・政治・外交も含めた総力戦です。表面的な戦闘の勝利で全体を判断するのは誤りです。釜山浦《ふざんほ》（現在の釜山《プサン》）への補給はたしかに万全で、備蓄もゆとりがあったことがわかりますが、問題はそこから前線への補給でした。ネット上ではよく、補給や制海権が十分であった、と説明されていますが、一部誤りで不正確です。十分だったのは肥前名護屋《なごや》から釜山浦までのこと。幹から枝へ、枝から小枝へ、小枝から葉へいくまでにその補給は滞り、末端には届かず、前線はかなり悲惨な状況になります。冬の備えの手薄さ（朝鮮半島の冬の寒さを大名たちは甘く見ていました）、食糧不足に、兵たちは苦労していました。平壌《へいじょう》からの撤退の際、兵は雪を口にふくんで飢えをしのぎ、凍結した大河を草履履きでいくつも渡らなくてはならず、凍傷で足の指を失い、栄養不足から鳥目になる者もたくさん出ました。

文禄《ぶんろく》の役では、「わずか二十一日で首都の漢城《かんじょう》を陥落させた」（156頁）ものの、「明が参戦したことや、慣れない異国での長期戦ということもあって、戦線は膠着状態になった」わけで、「日本軍の中にも厭戦気分が蔓延」したのは百田氏も書かれているとおりです。

にもかかわらず、慶長《けいちょう》の役では、「緒戦の漆川《しっせん》梁《りょう》海戦で朝鮮水軍をほぼ全滅させた日本軍は、その後も数に優る明・朝鮮の連合軍を各所で打ち破った」（同）とし、「もしそのまま攻め込んでいたら、明を窮地に追い込んだ可能性は高い」とおっしゃっています。むしろ、文禄の役と同じことになった可能性のほうが高いのではないでしょうか。緒戦には勝利するが持続できない、という背景を無視した推測です。

蔚山城《うるさんじょう》（加藤清正が現在の韓国に築いた城）籠城の時にも興味深い記録があります。飢餓状態の城内に「米商人」が現れ、五升金十枚、という途方もない金額で売りつけた、というのです。さらには「水商人」なる者も現れ、一杯銀十五匁という高額で売りに来ています。本当に補給が十全ならば、こんな逸話は残りません。

「秀吉が病死したことによって、本国で豊臣政権を支えていた大名たちの間で対立が起こり、もはや対外戦争を続行する状況ではなくなった。」（157頁）

「秀吉が死なず、日本軍が撤退していなければ、東アジアの歴史は大いに違ったものになっていたかもしれない。」（159頁）

あたかも、秀吉が死ななければ勝っていたかのような、誤解を与えかねない記述です。文禄の役ですでに、大名たちの対立は表面化していました。慶長の役の時に対立が初めて起こったのではありません。

第一次世界大戦について、ヒトラーも戦後「ドイツは本当なら勝っていた、敗れたのはユダヤ人の陰謀である」と主張しましたが、敗戦の理由を別に設けて「本当は勝っていた」と言い立てる手法は

「陰謀論」でよく見かけます。

「中朝（明）に勝算はなく」と引用されている『明史』は、清の時代の編纂で、前王朝の「愚行」を強調し、現政権の正統性を説く側面があることに留意する必要があります。苦戦や兵の苦労、大名たちの領地の疲弊などを示した日本側の一次史料を一つも引用せずに朝鮮出兵の全体を総括するのは一面的です。

56 朝鮮出兵は、秀吉の対東アジア政策の一つとして位置づけられている

一九六〇年代の教科書では、秀吉の対外政策として「唐入《からい》り」、つまり明を征服するための「道案内」を朝鮮に要求したところ、拒絶されたので「朝鮮征伐」の軍を起こした、と捉えられていました。が、現在ではこのような説明はほとんどしません。

サン＝フェリペ号事件（↓55講）についても、「スペイン国王はキリスト教の宣教師を世界中に派遣し、その土地の民をキリスト教徒にして国を裏切らせてから、その国を武力征服する」（154頁）という意味のことを水先案内人が告げたから、と紹介されていますが、これは俗説です。背景には、イエズス会とフランシスコ会の対立があった、と現在の教科書では説明しています。

「当時のスペインやポルトガルが宣教師に先兵のような役割をさせ、中南米や東南アジアの国々を植民地にしてきたことは事実である。」（154頁）

ネット上ではよく見かける説明ですが、事実ではありません。もしそのような例があるならば、具

体的に挙げてほしいところです。

これは、中南米やフィリピンに適用された、「エンコミエンダ制」に関する誤解から生まれているものだと思います。この制度は、征服者や入植者に征服地域の住民を使役する権利を一定期間与えて、貢納を受け取ることを認めたもので、代わりに住民を保護し、彼らをキリスト教に改宗させることを義務付けたものです。原住民は、この制度でスペイン王国の臣民とされましたから、奴隷ではありません。**つまり、「征服」が先で「布教」が後**です。

ドミニコ会は、この方式に疑問を持ち、ラス・カサスのように惨状を訴えて廃止を求める宣教師も見られ、やがてこの制度は衰退することになりました。

さて、奇妙な引用があります。

「陛下を日本の君主とすることは望ましいことですが、日本は住民が多く、城郭も堅固で、軍隊の力による侵入は困難です。よって布教をもって、日本人が陛下に悦んで臣事するように仕向けるしかありません。」（155頁）

これを「フィリピン臨時総督のドン・ロドリゴやフランシスコ会のルイス・ソテロらが、スペイン国王に送った上書に」ある記述、と百田氏は言われるのですが、前に紹介された「ヴァリニャーノの書簡」と表現がかぶりますし（→52講）、ドン・ロドリゴが書いたのか、ルイス・ソテロが書いたのか曖昧です。そこで、考えられることが一つ。

二人がそろって日本に滞在していた時期が実はありました。ソテロは、徳川家康の外交顧問として駿府城にいたことがあるのです。その時、ロドリゴの船が千葉で遭難し、救助されているのですが、家康が船を用意してスペインに帰国させる段取りをしました。ロドリゴはその際ソテロに、スペイン国王へ送る手紙と、家康に見せる日本語で書かれた二通の手紙を用意させています。そしてロドリゴは、スペイン王に送る手紙と家康に見せる写しの内容を違えて書くように、ソテロに命じています。

この時の文書のことではないかな、と思うのですが、これだと一六〇九年の話です。関《せき》ヶ《が》原《はら》の戦いの後で、政権が家康に移っている時期。しかもこの時は、スペインには海外遠征をする力はもはやありませんでした。

朝鮮出兵に話を戻します。


「韓国の歴史書や日本の一部の歴史教科書には、李舜臣はこの海戦以外にもたびたび日本軍を打ち破ったと書かれているが……」（157頁）

「日本の一部の歴史教科書」とありますが、具体的にどの教科書のことでしょうか。李舜臣の名前はもちろん出てきますが、実は、**朝鮮出兵の具体的な海戦の名前が紹介されている教科書は皆無**です。

私も仕事がら、歴史の検定教科書は小・中・高、ほとんど所持していますが、「明の援軍や朝鮮の李舜臣の活躍で……」などとあるものは確かに見かけることがあります。しかし、李舜臣単独で出てくるものは皆無ですし、「漆川梁の海戦」「露梁海戦」などは一つも紹介されていません。日本軍の進路を示した地図が紹介されているものもありますが、「碧蹄館《へきていかん》」という地名があるくらいで、「碧蹄館の戦い」という戦闘の名前すら出てきません。

中・高の入試問題作成のために、複数の小・中の教科書をかれこれ二十年以上見てきましたが、シェア一〇％を超える教科書には、朝鮮出兵の具体的な海戦が書かれているものはありません。それ以前に、朝鮮出兵は、豊臣秀吉の対東アジア外交政策の一つとして捉えられていて、詳細に説明してはいないのです。

「16世紀後半の東アジアの国際関係は、中国を中心とする伝統的な国際秩序が明の国力の衰退により変化しつつあった。全国を統一した秀吉は、この情勢の中で、日本を東アジアの中心とする新しい国際秩序をつくることを志し、ゴアのポルトガル政庁、マニラのスペイン政庁、高山国《こうざん》（台湾）などに服属と入貢を求めた。」（『詳説日本史B』164〜165頁）

さらにこの一環として、

「秀吉は対馬の宗氏を通して、朝鮮に対し入貢と明へ出兵するための先導を求めた。」（同）

というように、**秀吉が明の朝貢体制を打破し、明に代わって日本が東アジアの中心になろうとした、**という枠組みで説明します。よって今では、「秀吉が明を征服しようとした動機は不明である」「日本史の大きな謎の一つである」（158頁）という見方は、やや時代遅れとなっています。

57 戦国時代は、「男女の生々しいドラマ」では説明できない

歴史物語や小説では、秀吉の「正室」北政所《きたのまんどころ》（かつての教育では「ねね」、現在は「おね」と呼称）と「側室」淀殿（茶々）の話は、「女の戦い」としてドラマチックに描かれるところです。しか

し現在の男女夫婦の価値観から、中世の、しかも武家の女性の話を捉えたり類推したりしてはいけません。私も授業でよく、そうしたことを強調しています。

「戦国の世にはこうした男と女の生々しいドラマもまた渦巻いていた。」(162頁)

とありますが、実際のところ、どうだったのでしょう。福田千鶴『淀殿』、桑田忠親『豊臣秀吉研究』『淀君』、小和田哲男『北政所と淀殿』などが、面白い視点を示してくれています。

現在では、**「北政所」と「淀殿」はおおむね対立関係にはなく、協調的に豊臣家の存続を図ろうとしていた**ことがわかっています。気が強く、わがままな「淀殿」のイメージは、一次史料では確認できませんし、「北政所」が関ヶ原の戦いで、小早川秀秋《こばやかわひであき》、福島正則《ふくしままさのり》や加藤清正に徳川家康の味方につくように示唆したことは、みな小説やドラマの演出です。

上記著作の、福田氏と小和田氏の説明の相違点は、「正室二人説」の時間的差異です。淀殿が最初から正室であった、とするか、側室であったのが秀頼を産んで以後、正室となったとするか、の違い。

太田牛一《おおたぎゅういち》は、織豊政権期の一次史料を多く残している人物の一人ですが、その『太閤さま軍記のうち』では、淀殿を「北政所」と表記しています。

また脇田晴子氏は、「日本中世史・女性史より」で、『新猿楽記』(平安中期の作)に見える「都合のよい三人の妻像」を示しています。

① 正妻　子を産む母　―「産む性」
② 次妻　家政能力　―「副家長としての性」
③ 三妻　若さと美貌　―「遊ぶ性」

室町時代の武家では、「正妻」は「産む性」としての役割が条件となっている、というのです。

これを豊臣秀吉の「妻たち」に比定していくと、家政を担当していたのは「おね」であり、むしろ彼女の立場は「次妻」で、秀頼を産んだ「淀殿」こそが「正妻」に該当する、というわけです。淀殿は、あるいは③の立場であったが、子を産んだことで①に格上げされた。子どものいないおねは、②と①を兼務していたが、秀頼が産まれたために①ではなくなったものの、子どもがいなかった間、長く豊臣家の正室としての役割を果たし、朝廷にも認められていた存在（官位を得ていた）だったこともあり、秀吉は、武家の伝統をある意味無視し、むしろおねを「正妻」として扱っていた（「二人正室」体制、というのは奇異なことではなく、秀吉の甥の秀次《ひでつぐ》にも「正室」は二人いました）。

「秀吉の死後、女同士の間にも熾烈な戦いがあった。ねね（その頃は北政所と呼ばれていた）は豊臣家の多くの家臣から慕われ、豊臣政権において大きな政治力を持っていたが、茶々との関係は良くなかったといわれている。」（162頁）

というのは、あくまでもドラマや小説（司馬遼太郎『関ヶ原』など）の「設定」です。

「秀頼の本当の父親は豊臣家の家臣、大野治長《おおのはるなが》という説もあれば（当時から茶々との密通の噂があった）、石田三成《いしだみつなり》や無名の陰陽師という説もあるが、実際のところは不明である。」（161頁）

これらを「説」として紹介するのは誤りです。

幕末にまとめられた『武功夜話《ぶこうやわ》』などに記された、まさしく「噂話」のレベルにすぎません（江戸時代の「この手の話」は、豊臣家および石田三成らを貶めるものが多い）。**こうした考え方は一九九〇年代にはすでに否定されています。**

そもそも秀吉が「大大名」となってからの正室と側室に子どもがいなかっただけで、「当時の人々」は、武家の家内の事情、「それまでの秀吉」など知りません。墨俣《すのまた》攻め（秀吉が信長の臣下として美濃《みの》攻めをしていた時の戦い）の頃におねとの間に子ができたものの、中絶をしている（あるいは流産か）ことや、長浜《ながはま》城主時代、側室に子が生まれていることも、その子の墓や書状の発見で明らかになっています。そうしたことを当時の「世間一般の人」たちが知らなかっただけで、今なお同じ視点で「〈秀吉は〉それまでどんな女性も妊娠させることができなかった」（161頁）と、淀殿に疑惑の目を向けるのはどうかと思います。

「関ヶ原の戦いにおいて、豊臣恩顧の武将の多くが西軍につかなかったのは、ねねが茶々を嫌っていたからともいう。ねねは豊臣家の滅亡後、徳川家に厚遇された。」（162頁）

これも小説やドラマの定番。

徳川家からの「厚遇」に関しては従来、家康によるものとされていましたが、現在では、二代将軍秀忠《ひでただ》だったのではないかと考えられています（子どもの頃、秀忠は人質としておねのもとで養育されています）。

また、小説やドラマでは、一五九八年に秀吉が没してからおねが落飾《らくしょく》（出家）したとよく描いていますが、実際は一六〇二年の段階でもまだ「北政所」と呼称されており、高台院《こうだいいん》という院号が勅《ちょく》賜《し》されたのは一六〇三年であったことがわかっています。関ヶ原の戦い（一六〇〇年）の後のことです（おねが秀吉の菩提を弔う高台寺を開山したのは一六〇六年）。

さて、関ヶ原の戦いは、豊臣五奉行の一人・石田三成が毛利輝元を盟主に立てた西軍と、徳川家康および彼に従う福島正則、黒田長政《くろだながまさ》ら諸大名の東軍との争い。そこで「豊臣恩顧の武将の多くが西軍につかなかった」のは北政所の指図だった、というのも、作家が創り出したフィクションです。

たとえば、小早川秀秋の「裏切り」。

秀秋が決戦の直前に北政所を訪れ、「東軍に味方しなさい」と示唆を受ける場面がよくありますが、事実に反します。根拠が史料に何も無いだけでなく、訪問より以前に、秀秋が早々に東軍に味方をすることを表明した史料が存在しています（家老・稲葉正成の家譜）。

むしろ西軍のほうが、小早川秀秋の「東軍からの」寝返りを画策し、合戦当日まで工作していたことがわかっています。

それに対し東軍の黒田長政と浅野幸長《あさのよしなが》の二人が小早川秀秋を書状で説得しているのですが、その中に「自分たちは政所さまのために家康に味方している」という内容が記されています。これが「小早川秀秋は北政所に説得された」という後の「設定」を生んだ可能性があります。

それどころか現在の研究では、秀頼と淀殿はそもそも石田三成ら「西軍」を支持していたのか？という疑問も呈されています。

徳川家康は、会津《あいづ》上杉攻めの三日前、大坂城西の丸に秀頼の訪問を受け、黄金二万両と米二万石を下賜されています。つまり会津上杉攻めは、あくまでも豊臣家公式の戦い。とすると、「石田三成のクーデター」が起こったので、家康が軍を引き返してその「反乱軍」を討伐した、というのが関ヶ原の戦いの実相だったのではないか。

戦い翌年の年始には、家康は秀頼に家臣として挨拶に向かっていますし、翌二月には軍功をねぎらうために、家康・秀忠の二人が秀頼の饗応《きょうおう》を受けています。

関ヶ原の戦い、およびそこでの淀殿、北政所のあり方は、従来の理解から大きく転換し始めているのです。

「江戸時代」の章

歴史教育の中で、三十年前の説明と大きく変わった時代はどこ？　と問われれば、私はためらいなく「江戸時代」を挙げます。

まず「士農工商《しのうこうしょう》」という言葉が教科書から消えました。これはインドのカースト制度のような身分の序列を示したものではありません。武士が上で二番目は農民。農民を二番目にしているのは、税を搾取されているが身分は二番目にしておいて、まだ自分たちより下の身分がいるよ、と思わせて不満をそらせるため――なんて習った方いませんか？　これ、もう今では誤りであることがわかっています。

「鎖国《さこく》」も外国との交流を閉じたというより、四つの窓口を設けた幕府の統制的な外交政策としての側面を強調するようになりました。そもそも「鎖国」という言葉を教科書から無くそうという動きもみられます。

また、かつて「悪政」扱いされていた五代綱吉《つなよし》や田沼意次《たぬまおきつぐ》の政治が再評価されるようになりました。享保《きょうほう》・寛政・天保の「三大改革」という表現も教科書から消えつつあります。

細かい話をするならば、参勤交代《さんきんこうたい》によって大名の経済力を弱めようとした、という話もウソですし、外様《とざま》大名が反乱を起こして西から攻めてきたとき川を渡りにくくするためという軍事的な理由で大井川《おおいがわ》に橋をかけなかった、なんてのも間違いです。

「文明開化」も明治になってからではなく、すでに幕末から始まっていたのであり、時代区分も「近代」の章は明治維新からではなくてペリーの来航から、という考え方に変わって教科書は編集されています。

明治新政府が基本的に、前政権＝江戸幕府は「悪政」、新政府は「善政」、という図式にしたのは当然です。江戸時代は「夜」で明治時代は「夜明け」でなくてはならなかった。

しかし現在では、「日本の夜明けは近いぜよ！」と坂本龍馬《さかもとりょうま》が叫んだ時には、すでに夜は明けていた——という理解をしているわけです。

58 「徳川の平和」にも凶悪犯罪や疫病の発生はあった

「唯物史観《ゆいぶつしかん》の歴史家の中には、江戸時代を「前近代的な文化の遅れた時代」であるかのように捉える者がいるが、決してそうではない。」（164頁）

まず、「唯物史観の歴史家」とはどういう意味なのでしょう。唯物史観に立つと、江戸時代は文化の遅れた時代になるのでしょうか？

江戸時代は、経済が発展していたがゆえに、文化が栄えるようになった――これを否定したら、その見方はそもそも唯物史観じゃありません。唯物史観の歴史家の誰が、江戸時代を前近代的な文化の遅れた時代だ、と捉えているのでしょう。私には、まったく心当たりがありません。

江戸時代は現在、「パックス・トクガワーナ」（徳川の平和）とも呼ばれますが、当時の世界でも有名でした。しかし、

「社会制度が急速に整い……」（同）

人口の八割を越える農村社会は、室町時代の「惣」をほぼそのまま受け継いでおり、幕府は農村の自治をうまく活用しました。江戸時代に入って急速に変化したわけではありません。

「世界に先駆けて貨幣経済が発達し……」（同）

日本史の中で、ようやく貨幣経済が発達してきたとは言えますが、どういう根拠でそれが「世界に先駆けていた」と言えるのでしょう。

「日本の歴史上、最も平和で治安の良かった時代であったともいえる。同時代のヨーロッパ諸国と比べても、民度も知的レベルもともに高く、街は清潔で、疫病の発生もほとんどなかった。」（同）

「民度」とは何でしょうか。犯罪が少ない、お行儀がよい、ということでしょうか。「知的レベル」も曖昧な表現です。後に説明される「識字率の高さ」でしょうか。識字率と寺子屋については以前に指摘したので、ここでは繰り返しません（↓46講）。

海保青陵《かいほせいりょう》（江戸後期の経世家《けいせいか》。封建制度の改良を説いた）の『東贐《あずまのはなむけ》』には、数多の江戸の犯罪事情が紹介されています。たとえば「あらかせぎ」という犯罪。数人の無法者が通行人に付き当たり、言いがかりをつけて懐のモノや櫛などを奪う。その後、盗んだものを仲間に次々に渡して犯罪の追及を免れる……。

『街談文々集要《がいだんぶんぶんしゅうよう》』に出てくる犯罪はなかなかにひどい。槍の稽古をしているうちに、生きている人を突き刺したくなったと称して通りがかりの十三人を突きまくり、うち六人が死亡……完全に「通り魔犯罪」です。

加賀《かが》の前田家に残る『断獄典例《だんごくてんれい》』という判例集を見ると……先妻との間に生まれた子を、後妻が火箸を押しつけて殺した話、養育費が支払われる条件で子どもを引き取り、カネだけ受け取り続けて子どもを捨てた夫婦の話など、子どもの命をなんとも考えていない「児童虐待」事件もあります。

このように、**通り魔、強盗、放火、大量殺人、そしてスリの横行なども珍しくありませんでした。**原文に当たりにくい方で、もっと知りたい、という方は是非、氏家幹人『古文書に見る江戸犯罪考』をお読みください。

悲惨で不道徳な犯罪が多発するなかで、幼い自分の娘を殺した父親が、江戸からの追放という軽い刑罰を受けた例があります（『御仕置例類集《おしおきるいれいしゅう》』）。また「大岡裁《おおおかさば》き」の中にも、主《あるじ》の妻から主の殺害を強要された女中が、殺人未遂だったにも関わらず獄門になり、不倫を手引きしただけの女中が死刑になる、という例（「白子屋《しらこや》お熊《くま》事件」）がありました。

儒学では「親子」「主従」の秩序に重きがおかれました。親が子を殺害する場合と、子が親を殺す場合の刑罰に差がつけられ、主人を害する行為は、殺人教唆だろうが未遂だろうがおかまいなく死刑、不倫も死刑……**この状況は、「近代的」とはとても言えません。**ある意味、文化面では「前近代的」だった、と指摘する人がいたとしても仕方がないと思います（私は現在の価値観で当時の人々の習慣・言動を判断してはいけないと考えていますが）。

「街は清潔で……」というのも一面的です。下水や排泄物のリサイクル・再利用がゆきとどいていた、とは言えますが。

排泄物を肥料とするため、近隣の農家では野菜と排泄物を交換していました。しかし、排泄物を運ぶ樽でそのまま野菜を運んで往復していたので、寄生虫が発生したり、食中毒の原因になったりしました。江戸に眼病が多かったのは、輸送中の汚物が道に落ちて乾燥し、空中を飛散していたからだ、と指摘する研究者もいます。

疫病の発生は、たくさん記録されています。

麻疹《はしか》の大流行は有名で、五代将軍綱吉も罹患《りかん》したようです。天然痘《てんねんとう》や「ころり」と呼ばれた疫病も流行しています。そもそも**江戸中期以降、薬の行商がさかんに行なわれていることからも、病気の蔓延《まんえん》は明らか**ですし、一八四九年にはモーニッケによって長崎に種痘所《しゅとうじょ》が設立され、それが分苗《ぶんびょう》されて一八五八年までの間に、各地で大量に種痘所が設置されています。

歴史に関する本で、まさか江戸時代に「疫病の発生がほとんどなかった」などという記述に遭遇するとは、思いもよりませんでした。

59 幕藩体制は日本独特の封建体制ではない

江戸幕府の支配体制について。
「幕府の直轄領《ちょっかつりょう》（天領《てんりょう》）以外の全国の土地は、それぞれの藩主が支配し、法律も藩ごとに違っていた。」（165頁）
実は、**現在では幕府の直轄地を「天領」とは呼びません**。かなり以前より教科書から消えています。私の学生時代は「天領」と言いましたが、これは**江戸時代には使用されていない言葉**で、明治維新後に、幕府の直轄地を政府が接収してからの名称のようです。現在では「幕領《ばくりょう》」という言葉を使用していますが、私もつい授業中に「天領」と言ってしまう時があり、反省しています。
同じような例が、かつての「踏絵《ふみえ》」。今は「絵踏《えふみ》」と言います。「踏絵」とは、「絵踏」に使用する「板」のこと。「絵踏（行為）をするのに踏絵（物体）を使う」、という用法になるわけですね。

百田氏も「藩」は江戸時代に使用されていた言葉ではない、とされているので、「天領」も同様に、「幕領」とされたほうがよかったと思います。

「この「幕藩体制《ばくはん》」と呼ばれる制度は、日本独特の封建制である。」（165頁）

重要地を直轄とし、その他を領地として諸侯に与える、という、**中央集権と地方分権を併用した統治は、世界ではよく見られる方法**です。たとえば、インドのグプタ朝もこの方式を採用していて、世界史の教科書でも「中央部の王国直轄領、従来の支配者がグプタ朝の臣下として統治する地域、および領主が貢納する周辺の属領から構成」（『詳説世界史B』59頁）などとその統治方法を説明しています。また前漢にも、六代景帝《けいてい》の呉楚七国の乱までは、「郡県《ぐんけん》制と封建制」を併用した「郡国《ぐんこく》制」がありました。

大名の分類について。

「徳川家の血筋を引く「親藩《しんぱん》」、関ヶ原の戦い以前から徳川家に忠誠を誓っていた「譜代《ふだい》」、関ヶ原の戦い以後に服従した「外様《とざま》」の三つである。」（166頁）

これもかなり古い見方。

「外様」である黒田・浅野・加藤・福島・細川などは、関ヶ原の戦い以前から徳川家に「忠誠」を誓っていたと言えなくはありません。もっと単純に、**徳川家の家臣だったか、豊臣家の家臣だったか、で「譜代」と「外様」は分類できます**。

そういうこともあって、現在では「関ヶ原の戦い」を基準にした分類をしない場合もあります。教科書の記述も、そのニュアンスが伝わるように、

「親藩は三家（尾張《おわり》・紀伊《きい》・水戸《みと》の3藩）など徳川氏一門の大名、譜代は古くから徳川氏の家臣であった大名、外様は関ヶ原の戦い前後に徳川氏に従った大名をいう。」（『詳説日本史B』171頁）

という表記に変わりました。

「外様の多くは石高は多くても僻地《へきち》に追いやられていた」（166頁）とありますが、外様の中にも差がつけられていて、関ヶ原の戦いの前から東軍（徳川側）に与《くみ》していた外様大名は、「本領安堵型」（関ヶ原の戦い以前の領地を安堵）か「転封《てんぽう》加増《かぞう》型」（関ヶ原の戦いの後、豊かな領地へ転封）に分けられます。「追いやられた」例はむしろ少ないと言えます。

また、藤堂《とうどう》・池田《いけだ》などは、外様であっても要地（播磨《はりま》・伊賀《いが》）に配されています（島津は、西軍に与しながらも本領安堵型の外様と言えますが、例外的だと思います）。

「外様は軍役などの負担も重く財政的にも苦しめられた。」（166頁）

「軍役」はすべての大名に統一的に負担させるもので、しかも戦時の動員ですから「財政的に苦しめられ」るようなものではありません。おそらく「普請役《ふしんやく》」などの誤り、勘違いでしょうか。「普請」は城の修築、河川の工事などを負担するもので、これは諸大名の経済的な負荷となっていたと言えます。薩摩藩が濃尾《のうび》平野の三川《さんせん》合流地域（揖斐《いび》川・木曽《きそ》川・長良《ながら》川）の治水工事を行なった「宝暦《ほうれき》の治水」などが有名です。

「幕府を開くことができるのは征夷大将軍だけだったが、室町幕府以降、征夷大将軍は源氏の血を引いている武士でなければならないという不文律ができていた。」（167頁）

この考え方は、現在ではなくなっています。

「幕府」の概念も、統治者としての「征夷大将軍」も、「源氏による後継」という考え方も、徳川家による幕府の世襲を正統化するために作られたもので、**「源氏でないと征夷大将軍になれない」という考え方は、それ以前に存在していません。**鎌倉時代の摂家《せっけ》将軍・皇族将軍の例もあり、実際、四代家綱《いえつな》の死後、皇族からの将軍擁立の話があったともいわれています（福田千鶴『酒井忠清《さかいただきよ》』では、この時の酒井忠清による皇族擁立説は否定されていますが）。

また豊臣秀吉が将軍になるために、足利義昭の養子になろうとした話は俗説です（↓51講）。

60 「参勤交代」は、諸藩が力を蓄えられないようにするためのものではない

参勤交代（大名を定期的に江戸へ参勤させる制度）についてですが。

「参勤交代の費用と妻子が暮らす江戸屋敷の維持費用は藩の財政を圧迫したが、江戸幕府の狙いはまさにそこにあった。諸藩が力を蓄えられないように（幕府に歯向かうことのないように）するためのものだったのだ。」（169頁）

これは戦後、特に一九六〇年代以降の歴史教育でずっと教えられてきました。が、早い時期から否定されている誤りなのに、おそらく学校や塾の先生が（現在でも）、自分たちが過去に習ったことをそのまま教えてしまい、訂正されることなく再生産される、という典型的な例です。

もともと参勤交代に、大名の経済力を弱めるという幕府の意図はありませんでした。それどころか、

参勤交代にカネをかけてはいけない、と明記して、むしろ戒めています。一六三五年に、武断的であるとされている徳川家光《いえみつ》が出した武家諸法度《ぶけしょはっと》（寛永令《かんえいれい》）では、

「一　大名小名、在江戸交替、相定ル所也。
毎歳夏四月中参勤致スベシ。
従者ノ員数近来甚ダ多シ、且ハ国郡ノ費、且ハ人民ノ労也。
向後其ノ相応ヲ以テ之ヲ減少スベシ。」（傍点引用者）

として、傍点部にあるように、国の財政も傾くし、人々も苦しむことになるから分相応の行列を調《ととの》えるようにわざわざ命じています。

大名の疲弊は、幕府にとっても困ることでした。負担になっていたにも関わらず、大名が行列に費用をかけたのは、日本橋あたりで江戸に入るときに、藩の「見栄《みえ》」と「威厳」の保持のために、華美を競ったからです。綱吉から吉宗《よしむね》の時代にかけても顕著で、荻生徂徠《おぎゅうそらい》などもその風潮をなげく文章を残しています。幕府が参勤交代によって意図的に大名の経済力を抑えようとしていた、というのは現在では否定されているのです。

同じようなことは「大井川に橋がかけられなかった」理由にも言えます。これも、「西国の大名が反乱を起こして江戸に攻めてくるのを防ぐため」と軍事的な理由が挙げられてきましたが、誤りです。

むしろ、幕府は何度も橋をかけようとしながら断念しています。橋梁建設技術の未熟もありましたが、地元の人々の「反対」がたいへん強かったことが背景にあります。川を渡す人足《にんそく》たちの仕事が奪

われる、両岸の宿などの利益がなくなる、などの理由です（松村博『大井川に橋がなかった理由』）。

参勤交代にせよ、大井川にかけられなかった橋にせよ、幕府は幕府なりの「政治」をしていました。

民主的な政府が、時に地元の意向を無視して行政を優先するのとは反対に、専制的な幕府が地元の住民の意見をふまえていた、というのはなんとも言いようがない歴史の皮肉です。

61 「鎖国」せず海外進出をしていれば、「徳川の平和」などなかった

江戸時代の「鎖国」について、「一国平和主義」という術語が用いられ、「二百年以上も続いたのは地理的条件に恵まれていたからに他ならない。」（171頁）とされています。

むろん、「地理的条件」は重要ですが、**逆に「開国」を求められた条件もまた「地理的条件」にあった**ことは確かです。つまり、時代によって「地理的条件」の意味が変わってくるからです。どういう意味かと言いますと――。

当時の世界情勢によって、日本の地理的条件が持つ意味は変化していきました。秀吉の刀狩令が出された一五八八年は、前にも説明したように、スペインの無敵艦隊がイギリスに敗れた年です。以来、「スペイン・ポルトガルによる大航海時代」は終わりに近づき、かわってオランダ・イギリスが台頭していきます。イギリスは一六〇〇年に、オランダはその二年後にそれぞれ東インド会社を設立し、対外貿易を進めるようになりました。

リーフデ号が日本に漂着したのが一六〇〇年で、オランダ人のヤン・ヨーステンとイギリス人のウィリアム・アダムズがこれを契機に徳川家康の外交顧問になります。イギリス・オランダに有利な（ポルトガル・スペインに不利な）情勢のもとでのポルトガルに対する糸割符《いとわっぷ》制度の導入などは、国際経済の動向にマッチしていました。また、後にスペイン船の来航を禁止（一六二四年）しえたのは、スペインの国力の衰えという国際環境の変化があったからです。

この間、オランダはインドネシアのバタヴィア（現在のジャカルタ）を根拠地としてポルトガル商人を排除します（このことも、後の一六三九年にポルトガル船来航禁止が可能になる背景でした）。やがて東南アジアの交易をめぐりイギリスと対立するようになり、アンボイナ事件を契機に（一六二三年）、イギリスはインド経営に、オランダは東南アジア貿易に力を注ぐように（あたかも役割分担をするように）なります。

オランダは、東南アジアを植民地として「原料供給地」に、日本・中国を「市場」にした経済ネットワークを組みます。「鎖国」はオランダから見れば、日本との「独占貿易」です。実際、日本の伊万里焼《いまりやき》を東インド会社が独占的に購入して、中国の「景徳鎮焼《けいとくちんやき》」のコピー商品としてヨーロッパに流通させました。

百田氏にならって「起こりえなかったことを論ずる」タブーを破って一歩踏みだすなら（172～173頁のコラム）、江戸幕府が日本人の海外進出を認めたり、積極的に勧めていたりしたならば、オランダの経済ネットワークへの挑戦となり、「大東亜《だいとうあ》文化圏」のようなものが生まれるどころか、オランダやイギリスとの貿易戦争が展開され、二百年以上続いた「徳川の平和」などありえなかった、という可能性もあったでしょう。

鎖国については、「四つの口」（長崎・薩摩・対馬・蝦夷）による貿易が確立されていたとして「鎖国」ではなかった、という考え方もあり、その評価は振り子のように変化してきました。現在の教科書は、かつてのように「鎖国によって近代化が遅れた」という視点ではなく、「鎖国をしていたからこそ近代化が可能であった」という考え方に立っています。

十九世紀半ば、イギリスやオランダは自由貿易帝国主義、の段階にありました。世界を自らにとって都合のよい地域に分類し、「原料供給地」として植民地支配するか、「商品売買できる市場」とするか。その国・地域によって手法を変えるのです。

鎖国とは究極の「保護貿易」です。一例を挙げると、日本は、「鎖国前」は生糸の輸入国でしたが、「開国後」には生糸の輸出国になっています。安価な労働力を背景とした品質のよい商品が日本にはあり、欧米は「貿易相手」としての価値を日本に見い出したのです。

「貨幣経済が発達し」「豊かになった庶民による文化が花開いた」（164頁）のは鎖国による保護貿易期間があったからで、それゆえに、開国してからも世界に通用する（国際競争力の高い生糸、茶などの）輸出商品を生産できたのです。

国際環境にうまく適合し、国際経済のネットワークの中に組み込まれたならば、軍事力による海外進出を図らなくても、独立を維持して繁栄できることを江戸時代は証明しています。また、同じように幕末・開国期の国際環境・国際経済ネットワークも、（偶然ながら）日本の近代化に有利に働きました。その話はまた後ほど。

62 「御三家」は、家康が徳川家を存続させるためにつくったものではない

徳川家に関して、細かいことですが。

「家康は系譜を書き換え、自分の祖父は源氏の流れを汲んでいるとして、氏を源《みなもと》と自称し、征夷大将軍の地位を得た。」（167頁）

「源」は、「氏」ではなく「姓《せい》」です。

姓とは、古来の氏族の称号です。「四姓」＝「源平藤橘《げんぺいとうきつ》」（源・平・藤原・橘《たちばな》）がその例。**徳川家康は、姓を「源」とした**ことになります。

昔、中学受験の学習塾で講師をしていたときに、「歴史上の人物に「の」付きの人と「の」が付かない人がいますが、何が違うんですか？」と言われたことがあります。

藤原道長　ふじわら「の」みちなが
平　清盛　たいら「の」きよもり
源　頼朝　みなもと「の」よりとも

北条泰時　ほうじょう　やすとき
足利尊氏　あしかが　たかうじ
織田信長　おだ　のぶなが

と呼びますよね。どこが違うのか?

実は、「北条」「足利」「織田」が「氏」なんです。

北条氏の姓は「平」です。平の北条泰時。

足利氏の姓は「源」です。源の足利尊氏。

織田氏の姓は「平」です。平の織田信長。

豊臣秀吉は、「豊臣」という姓を朝廷に新しく作ってもらいました。だから厳密には、とよとみ「の」ひでよし、と言うべきかもしれませんね。

でも「姓」だけだと、たくさんいすぎて、どこの源さん? となっちゃうので、「足利」という所に住んでいるから、源の足利尊氏です、と言うわけですね。地名由来やらその他、その家由来の何かから新たに「氏」ができた、と言われています。現在は姓も氏も「名字」として同じように扱われていますが、これは明治以後のこと。

「武家政権源平交替論」が江戸時代に言われました。

平→源→平(北条)→源(足利)→平(織田)→豊臣→源(徳川)

話としては面白いですが、これは遠回しに徳川政権を正当化する理屈として利用されたものです。

「政治は老中と呼ばれる者たちが執り行なった。老中は現代風にいえば首相にあたり……」(169頁)

ものすごくスケールの大きな話をしますと、長い日本の歴史から見れば、日本はある意味、「象徴天皇制」の歴史が長いように思います。

天武天皇、持統天皇、聖武天皇、孝謙天皇(称徳天皇)は、皇帝的にふるまったような気がしますが、以後の他の方々はどうでしょうか。政治の大権を天皇は太政大臣・左右大臣・摂関・征夷大将軍に委ねてきました。大日本帝国は、欧米の帝政を模倣していて、「日本的」ではなかったような気がしてなりません。その意味で、私は保守・伝統派です。

徳川慶喜の時に「大政奉還」で征夷大将軍から政権が天皇に返されるわけですから、それまで天皇に代わって政治をしていたのは幕府であり将軍です。現代風に言うなら（おかしいとは思いますが、あえて百田氏に乗っかって言うなら）、征夷大将軍は首相のようなものだった、と考えられます。老中は形式的には官僚、首相補佐官のようなものですし、実際、複数任用制でした（譜代は大名であっても、あくまでも徳川家の家臣）。

「将軍は世襲だったが、本家の血筋が絶えた時のために、家康の男系男子の子孫からなる御三家（尾張徳川家、水戸徳川家、紀伊徳川家）および、家康の血を引く子供の受け皿（養子）にする大名をこしらえた。家康の脳裏に、三代で絶えた鎌倉の源氏将軍のことがあったのかどうかはわからないが、徳川家の将来までも見据えた用意周到なシステムであった。」（169〜170頁）

「御三家」については、学校の先生を含め多くの方がこのように誤解されているようです。

まず、**水戸家が「徳川家」になったのは一六三六年、家康の死後どころか三代家光の時**です。駿河家断絶にともなって徳川を名乗ることを許されました。ですから、**家康は御三家を知りません。**

もともと御三家と呼ばれたのは、尾張徳川・紀伊徳川・駿河徳川で、官位は大納言《だいなごん》。他の親藩より「上」であったことはわかります。

館林《たてばやし》徳川家、甲府《こうふ》徳川家などもあったのですが、館林から五代綱吉が、甲府から六代家宣《いえのぶ》が将軍となったことにともない両家がなくなってから、水戸を紀伊・尾張に含めて「御三家」というような

「感じ」になります。水戸は中納言ですから、官位的には尾張・紀伊より「下」で、後にできた「御《ご》三卿《さんきょう》」（田安徳川家・一橋《ひとつばし》徳川家・清水徳川家）と同格。ましてや時代劇に出てくる「天下の副将軍」でもなんでもありません。

ところが幕末、不思議なことが起こります。開国後の混乱の中で、諸物価高騰し、江戸の庶民が開国に反対して、幕府への不満が高まります。そのとき、幕府に逆らった水戸の徳川斉昭《なりあき》公に人気が出て、その子で一橋家の慶喜《よしのぶ》（江戸の庶民とも交流があった）が将軍になればよいのに、という「慶喜待望」の空気が生まれました。そんな中から、水戸家は特別な家柄という考え方や、「世直し水戸黄門」の講談なども生まれたといいます。

家康が「御三家」を作ってはいませんし、後継者を残すためのシステムを意図的に残した、ということがわかる一次史料も存在しないんです。

『日本国紀』に書かれていない歴史

『日本国紀』には書かれておらず、教科書には書かれている日本史を挙げてみましょう。

江戸時代ではまず、「禁教政策」。「鎖国」の目的の二つの大きな柱の一つ、キリスト教の禁止です。鎖国は「一国平和主義」（もちろん当時にはない概念）を目指したのではなく、キリスト教の禁止と幕府による貿易独占にありました。

寺請《てらうけ》制度、宗門《しゅうもん》、そして寺檀《じだん》制度に触れなければ、現在の日本の文化や慣習の話、さらには明治の廃仏毀釈《はいぶつきしゃく》などの話につながらないように思います。世界遺産に指定された「潜伏キリシタン」なども、これでは素通り。

あれだけたくさん宣教師の話を紹介されて、サン＝フェリペ号事件にも触れているのに、元和《げんな》の大殉教《だいじゅんきょう》など、キリシタンの弾圧や「絵踏」の話が出てこないのはなぜだったんでしょう。

初期の外交の説明も、たくさん抜けているところです。

糸割符制度（特定の商人に輸入生糸を一括購入・販売させる）はポルトガルによる生糸独占の打破を目的としたもので、江戸幕府の初期外交の姿勢をよく示した例なのですが……。

朝鮮出兵後の朝鮮との国交回復の話も出てきません。

「徳川の平和」は、内戦の平定だけではなく、東アジア諸国との平和外交によって実現したものです。

朝鮮との貿易を再開させた己酉約条《きゆうやくじょう》、そして朝鮮通信使の話も出てきません。これがネタフリになっているからこそ、新井白石の朝鮮通信使接待の簡素化、「易地聘礼《えきちへいれい》」（国書の交換を江戸ではなく対馬にしてしまうこと）、さらに後の明治になって中国（清）と対等条約を結ぶ日清修好条規や、江華島《こうかとう》事件を契機に締結された日本に有利な対外不平等条約の日朝修好条規の話が活きてきます。

このように、東アジアにおける日本の国際的地位が高まってゆく動きは、段階的に語らなくては内実が見えてこないのです。

蝦夷と琉球《りゅうきゅう》についてもかなり希薄です。

現在の教科書は、「日本の歴史」という視点をたいへん重視した書き方をするようになりました。二つのポイントがあります。

一つは、「中央だけでなく地方の歴史もしっかりと捉える」こと。あたりまえですよね。「日本の歴史」なのですから。上方や江戸の文化だけを紹介するのではなく、その時の東国、西国の地方の文化を紹介する。

もう一つは、「蝦夷の歴史」も「琉球の歴史」も「日本の歴史」である、という視点です。北海道の続縄文文化、沖縄の貝塚文化の話などから教科書は始まる一方、中世の蝦夷・琉球の話もかなり細かく描くようになっています。江戸時代で言えば、アイヌの「シャクシャインの戦い」（一六六九年、松前藩の収奪に対し、シベチャリ〔現在の北海道日高地方〕のシャクシャインが呼びかけた民族蜂起）、琉球王国の「慶賀使《けいがし》・謝恩使《しゃおんし》」（幕府の将軍の代替り・琉球王の代替りごとに琉球が江戸に派遣した使節）の話も紹介してほしかったところです。

『日本国紀』の帯文は「私たちは何者なのか」と問いかけていますが、現在の教科書のほうが、より多くの人々を「私たち」の中に含んでいると思います。それからもう一つ。

「江戸時代においては政治の表舞台にまったく登場しなかった「天皇」だが……」（230頁）

現在の教科書は、江戸時代の天皇の存在を評価し、幕末にむけてのネタフリをちゃんとしています。むしろ『日本国紀』にこそ、各時代の天皇の評価が、現在の教科書よりも低くなっているところが散見されます（→78講）。

63 江戸時代の身分制度は、あまりフレキシブルではない

『日本国紀』での百田氏の記述には、ものすごく「落差」があります。ある部分は戦後の歴史教育そのまま。ある部分は一九八〇年代、そしてある部分は最新の、と新旧のパッチワークのよう。

江戸時代の研究は二〇〇〇年代以降、かなりの成果が出てきており、一九六〇年代の学校教育とは大きく乖離《かいり》しています。

なかでも身分制度の話は、たいへん「新しい」もの。現在、「士農工商」は教科書から消えつつあります。

教科書からの「消え方」は、

①　小・中・高、一斉に消える場合

②　高→中→小、と上から下へ消えていく場合

③　小→中→高、と下から上へ消えていく場合

の三通りです。

①は、誤っていたことが明白となった場合です。

②③は、新しい研究でわかったことを、子どもの発達段階・理解度から考えて、まず小学校から変えていくか、高校から変えていくか、ということになります。

③の場合は、「小学校で習ったことと違う」「中学校で習ったことと違う」などとなっていきます。人名の表記などは②のケースが多いですね。「ルーズベルト」は高校では「ローズヴェルト」と表

記されています。「リンカーン」も「リンカン」になっています。「聖徳太子」は、小学校では「聖徳太子」ですが、高校では「厩戸王《うまやどおう》」です。まずは高校から変えて、だんだん下におりていく。「鎖国」「士農工商」「慶安《けいあん》の御触書《おふれがき》」なども、ある段階で消えてしまいました。

「士農工商」はすでに小学校と中学の教科書から消え、高校で消えつつあります。ただ、正確には「教え方」が変わっているんですよね。古代インドのヴァルナ（カースト制）のように、「士」「農」「工」「商」と上からの階級を示すものではない、という説明になりました。百田氏の指摘通り、「士」と「農工商」の身分差があるだけです。ただ、ここからが実は振り子。

「このように江戸の身分制度はきわめてフレキシブルであり、部分的にはある意味、近代的な感覚を備えたものだった。」（175頁）

という教え方にいったんは振れましたが、現在はまた、少し戻すようになっています。やっぱり、**江戸時代二百六十余年には、なかなかに厳しい身分の差がありました。**

元禄文化の近松門左衛門《ちかまつもんざえもん》の「心中物《しんじゅうもの》」があれほど売れたのは、人々が日々の生活の中で感じる封建的身分制度のあれこれから共感したためでしょう。化政文化で、巨大なハリボテが小人の大名行列を上から見下ろす浮世絵（歌川国芳《うたがわくによし》『朝比奈小人嶋遊《あさひなこびとしまあそび》』）や、権力を揶揄《やゆ》し皮肉る狂歌《きょうか》や川柳《せんりゅう》が庶民のうさばらしになるのは、やっぱり庶民には超えられない身分制度や封建制度があったからです。身分の売買や苗字《みょうじ》・帯刀《たいとう》の買収は、江戸時代後期・幕末の一部に見られた現象です。

徳川吉宗の「享保の改革」は、十八世紀の政治ですが、穢多《えた》・非人などに関する封建身分の再編強化が進んだ時代でした。『公事方御定書《くじかたおさだめがき》』に「斬り捨て御免」が成文化されたのも、これが背景なのです。

「実際には町人を斬《き》り殺して処罰を免れる例は少なく……」(175頁)

これは、私も授業では言及します。ただ、江戸の町奉行所《まちぶぎょうしょ》の記録上、ということで、**地方の大名領では別でした**。後のほうでも指摘しますが、**「江戸」などの大都市の生活・出来事だけで日本全体を網羅できるわけではありません。**

冒頭で「通史」のポイントの一つとして、

「一部」で「全体」を語らない。

「全体」のために「一部」を疎かにしない。

を挙げました。江戸時代の説明は、いろんな条件を付帯して慎重にしないといけません。

64 「五代綱吉」像は誇張と虚構で誤解されている

徳川綱吉は、時代劇ドラマなどでずいぶんと誇張されてしまい、誤解されています。

天災・疫病などが起こると「仁政《じんせい》」を敷く、というのは古来からあり、たとえば奈良時代の光明《こうみょう》皇后による社会福祉も、当時の天然痘の流行と絡めて解説する場合もあります。

大きく取り上げられないだけで、「殺生」を禁ずるお触れ、というのは歴史上、度々出されていたようです。江戸時代、人口が増え、都市に人口が集中し、中世とは比較にならないくらいの大都市が形成されるようになると、「世論」が生まれました。

一連の「仁政」に関するお触れをまとめて「生類憐みの令」とくくってしまいますが、庶民に揶揄されたり、具体的な「迷惑」が発生してそれを皮肉ったりすることが中世に比べて表面化したのは、元禄文化の発達と町人の成長が背景にあったからです。

綱吉の「失政」イメージを増幅した史料として、二つ挙げられます。

一つは、新井白石《あらいはくせき》による前政権批判の日記類です。白石は、綱吉時代の政治をかなり嫌っていて、次の六代家宣の治世を持ち上げます（後の八代将軍となる吉宗《よしむね》などは、そういう新井白石の姿勢を批判しました）。

「生類憐みの令」がかなり庶民を苦しめた、それを家宣さまが廃止された、家宣さま素晴らしい！という感じに記されていて、これをもとに戦前の研究者たちは綱吉の政治をまとめてしまったので、戦前の教科書から戦後一九八〇年代まで、「綱吉の政治」＝「悪政」というイメージが定着しました。

もう一つが『三王外記《さんのうがいき》』。

綱吉・家宣・家継《いえつぐ》の治世を記した「歴史書」、というように扱われていた時期もあったのですが、これ、実は当時の「ゴシップ集」なんです。誇張・虚構をとりまとめた話がたくさん出ていて、現在ではここに記された記事だけで当時を語る近世史家はいません。

綱吉の母・桂昌院《けいしょういん》が隆光《りゅうこう》という僧から、「綱吉公は戌年生まれだからイヌを大切にすれば後継者が生まれます」と言われ、綱吉に「イヌを大切にしなさい！」と告げたために、生類憐みの令が出された、という話を聞いたことありませんか？

これ、『三王外記』だけにしか見られない話なんです。肝心の隆光も、そんなことをいっさい記録に残していません。それどころか、綱吉はイヌ好きじゃなかったことがわかりつつあります。

大奥の女性たちの間で「狆《ちん》」というイヌが愛好されてブームになっていたことがあり、どうやらそれと混同されて庶民の間に広がったようです（芸術家でもあった綱吉は、たくさんの絵画を残しています。しかし、イヌを描いた絵が一枚もないんですよね）。

コラムで紹介されている「鶴字法度《つるのじはっと》」「能狂い」に関しても、『三王外記』と同じような誇張があります。

「綱吉の馬鹿げた法律は「生類憐みの令」だけではない。「鶴字法度」というものもある。綱吉は長女である鶴姫《つるひめ》を溺愛するあまり、鶴姫が十一歳の時、庶民が「鶴」の字を使うことを禁止したのだ。〔……〕ここまでくると、完全なバカ殿である」（178頁）

「綱吉は自ら舞うだけでなく、側近や大名にも強制した。貞享《じょうきょう》三年（一六八六）に江戸城において能の大きな催しが行なわれたが、錚々《そうそう》たる大名が綱吉の命を受け、慌てて稽古に励んで能を舞ったという。まるで落語の世界である。」（同）

現代の価値観や感覚で、当時の人々の言動を評価してはいけない、と申しました。

綱吉の長女・鶴姫は、紀伊の徳川綱教と結婚します（一六八三年）。ところがその後、綱吉の長男・徳松が病死してしまいました（一六八五年）。このため、鶴姫の夫・綱教が次期将軍候補となり、鶴姫が次期「御台所」となるわけです。

当時、「避諱《ひき》」という考え方がありました。高貴な人の名前の一字を避けて使わない、という慣習です。格上げされた鶴姫にも「避諱」が適用されることになり、「鶴」という文字を避けることになったのです。娘を溺愛するあまり、「鶴の字を使うな！」と命じたならば、生まれた時、あるいは婚姻が決まった時からでもよかったはずですが、法度が出されたのは一六八八年です。

ちなみに、伊達政宗の名前の一字「宗」が「避諱」とされ、仙台藩で「宗」という字が避けられた、という話もあります。また、後に幕府が朝鮮に送った手紙の中に、朝鮮国王の「諱《いみな》」(高貴な人の実名)が使用されていた、という抗議を受けた時に、新井白石が「そっちだって家光公の諱の一字「光」を使っているぞ」と言い返していたりします(→『宗教で読み解く日本史』)。

鶴の字の避諱も、貞享三年の能会も事実ですが、「落語の世界」ならぬ「江戸のゴシップ記事」に記された誇張の世界があったことも忘れてはいけません。

65 荻原重秀は、ケインズを二百年以上も先取りしていた、とはやっぱり言えない

元禄の頃の経済についてなのですが。

「戦国時代から江戸時代初期までの日本は、世界有数の金銀銅の産出国だった。〔……〕しかし江戸初期に鉱山産出量のピークが過ぎ、収入が減った中期以降は財政が苦しくなった。」(180頁)

「鉱山産出量のピークが過ぎ」とありますが、これは不正確です。**ピークを過ぎたのは金と銀**。十七世紀後半になると、**かわって銅の産出量は増加しています**。これを背景として、拡大する貨幣の需要に応じられるようになり、銅は長崎貿易の最大輸出品になりました。教科書にも明示されていて、大学入試の正誤問題でも狙われるポイントです。

「そこで幕府は元禄《げんろく》八年(一六九五)、貨幣の金銀含有量を減らす改鋳《かいちゅう》を行なった。」(同)

貨幣の改鋳は金と銀の「産出量のピークが過ぎ」「収入が減った」ことを背景とはしていますが、

最大の理由は「明暦《めいれき》の大火」（一六五七年）後の江戸城及び市街地の再建費用、寺社造営費用が大きな支出となったことです。

さて、百田氏は勘定奉行の「荻原重秀《おぎわらしげひで》」の再評価を提唱されています。実は私も、荻原重秀の再評価派なのですが……。

「だが、この元禄の改鋳は見方を変えれば、江戸時代の日本が世界に先駆けて近代的な管理通貨制度を採用した画期的な出来事だったといえる（ただし完全ではない）。この時、改鋳前の一両と改鋳後の一両の貨幣としての価値は変わらず、むしろ市中に多くの貨幣が出回ったため、インフレにはなったものの景気はよくなった。これは現代の経済用語でいえば、「金融緩和政策」である。」（180頁）

「貨幣改鋳による金融緩和政策で、元禄期に好景気をもたらしたのは、勘定奉行の荻原重秀である。」（184頁）

さらに、重秀の言葉として、「貨幣は国家が造る所、瓦礫《がれき》を以てこれに代えるといえども、まさに行うべし」を紹介されています。これ、実は誤解なんです。

十年ほど前に、経済学者や金融アナリストの方などが、これを荻原重秀の言葉と信じて飛びつき、現代的に解釈して、「政府に信用がある限りその政府が発行する通貨は保証される。したがって通貨が金や銀である必要はない（瓦礫でも代用できる）」という、現代に通じる「国定信用貨幣論」を先取りしていた、と主張しました。そのためか、ネット上の説明（Wikipedia「荻原重秀」の項など）にもそう書かれています。

しかしこの言葉、荻原重秀の言葉かどうかあやしいのです。

これは例のゴシップ書『三王外記』に記されたもので、金銀含有率を下げて質の悪い貨幣を改鋳させた荻原重秀を皮肉った、というか揶揄したというか……『三王外記』の作者が重秀のつもりになってこう言った、と記したものです。貨幣の質を下げた下げた、とうるさいんじゃ！　貨幣なんて瓦礫でもええわ！　と萩原重秀は愚かにも言いました、という話なんです。

重秀がケインズを先取っていたという説は、少し前の一時よく言われたのですが（村井淳志『勘定奉行荻原重秀の生涯』など）、現在では重秀の言葉ではないと考えられており、**貨幣改鋳については、おおむね「出目《でめ》」（質を下げてできた金の差益）稼ぎが目的で、結果的に物価高をもたらした**、と理解されています。「教科書に書かれない」のは、ちゃんと理由があってのことです。

それから「目的」と「効果」を誤解してはいけません。

たとえば「参勤交代の結果、交通が発達した」とは言えても、「交通を発達させる目的で参勤交代を始めた」としたら、誤りですよね。

荻原重秀は財政難にあたり、「出目」を稼ぐために貨幣改鋳を実施しました。目的は「金融緩和」でも「ゆるやかなインフレを発生させて景気をよくする」でもありませんでした。検地、佐渡《さど》金山の再生、東大寺大仏殿再建、代官の官僚化、などの重秀の実績は高く評価できますが、経済政策については「ケインズより二百四十年も早く」（185頁）マクロ経済を先取りしていたとは言えません。

財閥解体と間接統治

「豪商の出現」（189～190頁）の項で、三井高利《みついたかとし》が紹介されています。そして唐突に、戦後の「財閥解体」へ話が飛ぶのですが……。

「三井一族は明治維新後、世界有数の大財閥となった。しかし大東亜戦争後、進駐軍によって解体され、二百七十三年の歴史に幕が下ろされた。三井一族は全財産の九割を財産税で没収された上、資産の大部分を占める株式を一方的に処分された。」

これは何と言ってよいか……非常に誤解を招く表現です。財閥は、進駐軍によって直接解体されたのではありません。

まず財閥解体についてGHQは、**命令を下して解散させたのではなく、「日本の手による解体」を促しました**。これはGHQ全体の政策に見られる統治形式で、いわゆる「間接統治」というものです。

財閥解体は他の改革に比べ少し特徴的な展開を見せます。政府は消極的な姿勢を示しますが、三井財閥側は、GHQの対日方針第四章B項を受けて自らの解体論を出しました。また「安田」もこれと同様の三つの方針を示します。

①安田一族の役員辞任
②安田の解散
③株式の公開

つまり、まずGHQが指示を出し、財閥側の動きがあって、政府が後。アメリカは日本の自主的な解体に期待しつつ、うまくいかない場合は積極的に関与することを表明します。

政府は「安田三項」を叩き台にして四財閥と協議を進め、財閥解体案をマッカーサーに提案します。「農地改革」の時は、かなり積極的にGHQは介入し、やり直しを命じますが、「財閥解体」については、ほぼ政府提案のまま実行に移されました。

第一次指定、第二次指定と進み、第三次指定の段階で、三井物産・三菱商事は傘下の企業の指定を外そうとして、GHQに対してロビー活動を行ないましたが、かえって反発を受け、この二社はさらに厳しい整理措置を要求されてしまうことになります。後に、

「占領政策は狡猾《こうかつ》で、表向きはGHQの指令・勧告によって日本政府が政治を行なう間接統治の形式をとったが、重要な事項に関する権限はほとんど与えなかった。」(410頁)

と説明していますが、農地改革などではむしろ、表面的に済ませようとしてやり直しを命じられたり、財閥解体でもロビー活動を行なったりして、政府や財閥関係者は進展をくいとめようとしています。GHQだけが狡猾であった、とは一方的には言えません。

「農地改革」と「財閥解体」が「立ち直れないほどの大きなダメージを蒙った」(410頁)日本を立て直し、後の経済成長の礎となった政策であることは明確です。

「日本人を打ちのめしたのは、敗戦ではなく、その後になされた占領だった」(408頁)のではなく、「打ちのめされた日本人が、もう一度立ち上がる準備ができたのが占領だった」と、少なくとも「経済」に関しては明確に言えると思います(……この話はまた、『近代～現代篇』で改めて)。

66 江戸時代の治安のよさはイメージにすぎない

前に江戸の犯罪事情を紹介しました（↓58講）。

江戸の人々は「内済《ないさい》」といって、現在でいうところの「示談《じだん》」で多くの犯罪を、共同体の中で解決しています。特に、裁判になることをすごく恐れていました。長屋の一人が奉行所にしょっぴかれようものなら、大家《おおや》はもちろん、隣近所の者まで取り調べを受け、事件によっては「連座《れんざ》」を免れません（高橋敏『江戸の訴訟』）。

「与力《よりき》の付け届け三千両」という言葉があります。

江戸の町奉行所の与力や同心《どうしん》は、時代劇に出てくるような貧乏な者はおらず、茶屋や料亭での豪遊など、収入以上の「羽振りのよさ」でした。理由は簡単で、有力な寺社、大名・旗本が、自分たちの身内や藩士が犯した（犯すであろう）罪をもみ消してもらえるように「付け届け」を行なっていたからです。「役人の子はにぎにぎ（賄賂《わいろ》）をよくおぼえ」という川柳も残されています。

さて、「街道の整備」という項に続き、コラムには「犬のお伊勢参り」の話が紹介されています。

「驚くのは、江戸時代の治安の良さだ。強盗や山賊はほとんどおらず、京都から江戸まで女性が一人旅できた。同時代のヨーロッパでは考えられないことである。」（191頁）

「まず驚き知るのは、当時の日本の津々浦々の治安がいかに良かったか、市井の人々がいかに暢気《のんき》な優しさを備えていたかである。」（192頁）

むろん、イヌの一人（匹）旅というのは十八世紀後半以後の話。それ以前は日本でもイヌが食用にされていましたから、イヌがウロウロしていたら確実に捕まって食われていました。

実は**十八世紀後半からは、日本の治安は特に悪化していきます。**

老中松平定信《さだのぶ》の寛政の改革の時、「鬼平《おにへい》」で有名な長谷川平蔵《はせがわへいぞう》（実在の人物です）の進言で「人足寄場《にんそくよせば》」が設置され、失業による浮浪者、犯罪者の更生を図る施設ができました。また、長谷川は「火付け盗賊改め」という役職にあり、凶悪犯罪専門の組織を率いています。凶悪犯罪が増えていた証拠ですよね。

十九世紀の初めには、江戸周辺の治安はさらに悪化しました。

これは産業の発達、農村社会の変化と深い関係があります。豪農・地主が力をつける一方、土地を失う百姓も多く発生して荒廃地域が増えていきます。無宿人・博徒らによる治安の悪化はひどく、幕府は「関東取締出役《とりしまりでやく》」（八州《はっしゅう》見回り役）を設けて、領主の区別なく逮捕ができる制度をつくりました。

一方で、有力な寺社では、とにかく集客して修繕費や経営費を得るために、境内で縁日や御開帳《ごかいちょう》、富突《とみつ》き（富籤《とみくじ》）などを催しました。湯治《とうじ》や物見遊山《ものみゆさん》など、庶民の旅も広がっていきます。各地に名所が生まれ、民衆の旅が一般化すると、錦絵《にしきえ》の風景画が流行し、葛飾北斎《かつしかほくさい》や歌川広重《うたがわひろしげ》らの絵が描かれる背景となりました。

寺社がスポンサーとなって旅や名所の絵を絵師に描かせ、宣伝に利用する、という現代と変わらない「広告戦略」も生まれました。

日本最初の（ひょっとすると世界初の）「ツアー・ガイド」も生まれています。「御師《おし》」です。特定の寺院に属して、その寺社への参詣を促し、江戸時代には、なんと参拝案内だけでなく、宿泊の手配から宴会の世話までするようになりました。

お伊勢参りは、彼らのプロデュースによって一大ブームを引き起こし、様々な宣伝企画が行なわれました。司馬遼太郎は「犬の伊勢参り」を、御師による「企画」であってフィクションにすぎないと断言しています。しかし、私は完全には否定しません。現代でも、若者が自転車に乗って一人旅、みたいな企画をテレビ番組がやりますよね。それと同じで、「犬もお参りするよ！」「犬の参拝を見た！」などの見聞を集めて「案内」し、それに枝葉がついてできたお話ではないでしょうか。企画CM的なものもあったでしょうし、本当にイヌが参詣した場合もあったでしょう。が、この話は、ヒトとイヌの長い歴史を通じて、特別な愛玩動物となったイヌが、人間社会の中でヒトとどう交流し、どんな関係を築いたかを示した例であって（仁科邦男『犬の伊勢参り』）、**「犬のお伊勢参り」をもって治安の良さの証拠にはなりません。珍しい話だからこそ記録にも残り、話題となったのです。**

「こっちおいでとカネを盗《と》り」と、イヌの首につけられていた路銀《ろぎん》を盗む話も同時に残っています。治安は悪い、そんな中でも活力をもって生き抜く、したたかな庶民の姿。そういう善悪・道徳不道徳の坩堝《るつぼ》が、江戸時代の庶民の姿で、彼らの歴史です。プラス・マイナスをありのままに描く、というのが庶民の通史でないといけないと思います。

67　江戸の外食産業の発達にはワケがある

「江戸の食文化」の項。

「江戸文化で特筆すべきことの一つは、世界に類を見ない外食産業の繁栄である。」（195頁）

具体的には、

「江戸には各地から様々な食材が集まったため、それらを材料にして、高級料理屋から安い居酒屋や屋台まで、市中に多くの飲食店ができた。」（同）

「文化《ぶんか》年間（一八〇〇年代初頭）の頃には、江戸の料理屋は七千を超えていた。この数は同時代のパリやロンドンを断然圧倒し、世界一であった。」（同）

とされています。

まず、**「世界に類を見ない」は例によって言い過ぎ**です。

国際的な都市であった唐の長安《ちょうあん》の繁栄は『西遊記《さいゆうき》』にも描かれています。元代に原形ができた明代の小説ですから、唐の時代の都市の描写ではなく元代・明代の都市の様子をもとに描かれていると推察できます。同様に『水滸伝《すいこでん》』などを読んでも、居酒屋や外食産業が栄えていたことはよくわかります。百歩譲って小説だから架空だとしても、宋代の開封《かいほう》、南宋の諸都市では外食産業が発展し、河川の港町には店舗が並んでいました。

江戸時代の料理店の数はわりと正確に把握されています。というのも、火を扱うことがあり、火事の原因となることから、かなり町奉行所は料理屋を正確に調べていました。

文化年間の初頭、一八〇四年の記録では六千百六十五軒。一八一一年には居酒屋二千百八十六、茶屋百八十八、茶漬一膳飯屋《ちゃづけいちぜんめしや》四百七十二、料理茶屋四百六十六、うどん・そば屋七百十八、鰻《うなぎ》屋二百三十七、すし屋二百十七、団子屋・イートインの菓子屋二千九百十二軒があったとわかっています（『類集撰要』四十四「食類商売」）。

「同時代のパリやロンドンを断然圧倒し、世界一」は根拠や出典が不明です。

たとえばロンドンは産業革命に入ってから、女性も子どもも労働者となり、家庭での食事の習慣が急速に減りました。フィッシュ・アンド・チップスなどのように、自分で調味料を用いて味付けして食べるファストフードが生まれています。当時の絵や後にできた写真などには露店としての「貝売り」「いちご売り」のほか、屋台で魚を食べさせる店、ジンジャービア売りなども見られました。

江戸・上方の外食産業の発展は、世界というか、日本の中でも特殊な状況でした。

江戸は、実は人口の三分の二が男性で、圧倒的に「男余り」社会でした。女性は手に職を持つ人が多く、男性初婚、女性離婚歴アリ、という夫婦が多かったのです。

それから日本の都市は武家地・町人地など身分によって住む地域が分けられ、町人の人口密集度がかなり歪《いびつ》でした。江戸の食生活に大きな変化をもたらしたのが、百田氏もコラム（196〜197頁）で紹介されている「火事の多発」です。

明暦の大火（一六五七年）後、かなりの期間、各家庭自炊が不可能になりました。外食店の第一号（といっていいか難しいところですが）は浅草《あさくさ》の奈良茶飯《ならちゃめし》（茶を入れた炊き込みご飯）と言われています。再建のため大量に大工をはじめとする労働者が流入し、彼らの食事は外食に依存せざるをえなくなっていたのです。

外食産業発展のきっかけは、「江戸には各地から様々な食材が集まったため」ではなく、**明暦の大火の再建に男性労働者がたくさん集まったため**です。幕府は、火災の発生にかなりの注意を払うようになり、元禄二年（一六八九年）ですから徳川綱吉の時代、例の鶴字法度が出された翌年、火を使って調理することを禁止・制限するお触れを出します。江戸で風呂屋が栄えたのは、各家庭での火の使用を極端に制限し、家に風呂を設けることを禁止していたからです。

また綱吉は生類憐みの令を出しましたが、殺生による「血の穢《けが》れ」を避けることから、なんと江戸城内で魚を捌《さば》くことも禁止しました。このため、城外で魚をさばくことになって魚屋の仕事が活性化します。

さて、綱吉の元禄年間、といえば、荻原重秀が貨幣の改鋳を行ない、インフレが発生していた時期。これが庶民の家計を直撃します。家庭燃料の「薪《まき》」が高騰し、食材も単品購入では独身男性の自炊には食費がかかりすぎます。こうして大量に調理し、しかも目の前の江戸湾でとれる魚を用いて、安価に手軽に提供できる寿司屋・煮売りが生まれます。

また、火事対策として、幕府は江戸の各地に「火除《ひよ》け地」を設けました。そこでは恒久的店舗の建設は禁止されていましたが、移動式の屋台での出店は可でした。

街中で火が使用しにくい、建設業を中心とする男性労働者が多い、安価で大量の食材が目の前の江戸湾でとれる、屋台を出せる立地がある……。

こうして江戸の外食産業は発展したのです。どうです？　話がすべてつながったでしょう？　通史はネタフリとオチが肝心。歴史は様々なベクトルで方向がきまる因果の連続です。


「嵐の中を船で紀州から江戸までみかんを運んで大儲けしたエピソードで有名な紀伊国屋文左衛門《きのくにやぶんざえもん》も元禄時代を代表する豪商だが……」（189頁）

彼が「みかん」を運んだ話はフィクションです（文左衛門の在世中も死後も史料には見られない話で、幕末に為永春水が小説『黄金水大尽盃《おうごんすいだいじんさかずき》』で書いた中のエピソード）。実際は、火災で材木の値段が高騰した際に、**江戸に材木を運んで儲けた**んですよ。

ここで「みかん」じゃなくて「材木」だよ、とネタフリしておけば、後でオチがついたのです。せっかく色々な話をされているのに、つなげなくてはもったいない。

68　江戸時代の農民は土地の「所有者」ではない

「「五公五民」の嘘と「百姓一揆」の真実」という項で、江戸時代の農民の暮らしを紹介されています。

「日本にはヨーロッパや中国で見られたような農奴《のうど》は存在せず、また世界でも非常に珍しいことだが、古くから農民が土地を所有していた。諸外国では土地は封建領主のものであった。」（199頁）

おそらく「農奴」という語句に「奴」の文字が入っているため、意味を誤解されているのかもしれません。実は、**日本の江戸時代の農民は、権利・義務の面から見ればヨーロッパの農奴とあまり変わりません。**

そもそも世界の税体系は、洋の東西を問わず「二本立て」で、人にかかる税と土地にかかる税がありました。「賦役《ふえき》」と「貢納《こうのう》」です。

ヨーロッパでは、封建領主の持つ荘園は「直営地」と「保有地」に分けられます。「直営地」は領主の土地。農民はそこで労働して農作物を生産し、できた農産物はすべて領主に納めました。つまりは、「働く」ということが税で、これが「賦役」です。ここから転じて封建領主は、領地内で農民を自由に使役できる、という特権が一般化します。

「保有地」は農民に貸与された土地。農民はそこに住みそこを耕し、生産物の一部を地代として納めました。これが「貢納」です。

近代になるにつれて、賦役は物納に代わり、貢納に組み込まれていくことになります。こうした土地との関係の中で、結果的に賦役と貢納の二つの義務を負い、その土地からの自由な移動が認められていない状態の農民を、「農奴」と表現します。

江戸時代の農民は年貢を課せられただけでなく、助郷役《すけごうやく》など農業ではない労役も賦課されていました。旅行なども制限を受けて、移動の自由はありません。形式的には農奴とよく似ています。ヨーロッパでは西欧の場合、直営地は後にすべて保有地になりましたから、賦役から解放された分、中世後期には江戸の農民よりも独立性は高くなります。

日本の農民の歴史を、ちょっと雑ですができるだけ短く説明しちゃいますと――。

もともと日本の土地と農民は、「公地公民」(大化の改新で宣言され、律令制の基本とされた、すべての土地と人民を天皇の所有とする制度)でした。農民は人数に応じて「口分田《くぶんでん》」を与えられ、そこを耕作しますが、その土地は死ねば返還しなくてはなりませんでした。これを「班田収授《はんでんしゅうじゅ》」と言います。そして農民は、税として「租庸調《そようちょう》」を納めていました。

やがて十世紀になると班田収授が行なわれなくなり、死んだ後も口分田は返還しなくてもよくなりました(これが「名田《みょうでん》」)。こうして農民は、その土地を世襲できる耕作者となり、「田堵《たと》」と呼ばれるようになります。しかしその土地は、世襲できるといってもあくまで「公領」、つまり天皇からの借物。なので、彼らは税も今まで通り納めました(「租」は「官物《かんもつ》」と呼ばれる税になります)。班田収授制の時代は、戸籍を用いて「人」に税がかけられていましたが、ここからは「土地」に課税されたのと同じになります。

一方で、班田制崩壊後に増えた有力者の私有地が「荘園」ですが、そこにも農民はいました。基本的に構造は同じで、荘園領主から土地を預かって耕し、年貢を領主に納めるわけです。やはりここでも農民は、土地の所有者ではなく耕作者です。

平清盛や源頼朝は、これら公領・荘園に家人を送り込みます。これが「地頭」で、彼らはやがて国司や荘園領主に代わって税を取り立てる徴税請負人となっていきます（地頭請《じとううけ》）。が、地頭の力が強くなると、中には税の一部をピンはねする者も出てきました。そこで領主は解決策として、土地を地頭に分けて支配権を認めるようになります（下地中分《したじちゅうぶん》）。

でも、そうやって「上」つまり土地所有者が複雑に変わっても、農民のやることは変わりません。土地を耕し、やっぱり年貢を納める。相変わらず農民は土地所有者ではなく、耕作者なのです。

そもそも、「太閤検地」について、

「特に課税対象者を、土地の所有者ではなく、耕作者にした点は出色だ。これによって長らく存在していた土地の中間搾取者が一掃され、同時に奈良時代から続いていた荘園制度がなくなり……」（152頁）

と百田氏はハッキリおっしゃっています。百田氏の頭の中では、いつから農民は耕作者でなくなり土地所有者になったのでしょうか。

農民が土地所有者となるのは明治維新後、一八七三年の「地租改正《かいせい》」からです。

年貢を納めていた者に地券《ちけん》を発行して土地所有者とし、納税者としました。これにより、武士が年貢を受け取る「知行《ちぎょう》権」が否定され、封建制度が実質的に崩壊することになります。ところが、この土地所有の大転換については、

「地租改正によって、江戸時代には禁じられていた田畑を売買することが許され（田畑永代売買禁止令解除）、また土地には税金が課せられることになった（地租改正条例）。」（293頁）

というたったの二行で終わっています。**「驚異の近代化」**（291～294頁）**の様々なものは、「地租改正」によって集められた税によって実現した**のです。なのに、地租改正の中身も不明ですし、明治の近代化の原動力となった税の大変化が何もわかりません。

なにより、これで確立されることになる「寄生地主制《きせいじぬし》」が様々な社会の弊害をもたらして、後の日本史に大きな影響を与えるネタフリになるのに、これでは何も説明していないのと同じです。

それにしても、「日本では世界でも珍しく農民が土地を所有していた」という考え方はどこから生まれたのでしょうか。

司馬遼太郎は、

「武士という存在は不思議で、土地の所有者ではなく、その点、ヨーロッパの領主とは異なる」という言い方で、「知行権」について述べています（『この国のかたち』『翔ぶがごとく』など）。もしかして、これを曲解されているのでしょうか。

武士は、土地とそこに属する農民の支配権を持っているだけで（知行権）、農民や土地を私有財産のように扱うヨーロッパの領主とは違いますが、だからといって農民が土地の所有者であったわけではありません。

つまり、**「武士は土地所有者ではない」と言えなくはないですが、だからといって「農民は土地所有者である」とも言えない**のです。

もし、土地に関する現代の権利・所有の観点から見るならば、江戸時代の土地は「誰のものでもなかった」ことになっちゃいます。ここでも「現代の価値観で当時のコト・モノを考えてはいけない」が当てはまりそうです。

ところで、家屋敷のある下の土地には、近世の場合、土地の所有権が認められていました。上の建物は火事などですぐに消滅するので、家屋の所有概念は江戸時代には生まれにくかったようです。

その土地の権利を誰かに売る場合、町役人が相互に確認して書類がつくられました。これが、「沽《こ》券《けん》」です。買い取ったり担保としたりする場合、沽券が作成されて土地の値打ちが明らかにされました。ですから一度も売買されていない土地には沽券は存在しないので、現在のような権利書とも少し違いますね。

大切な自分の土地の価値・値打ちの証明書みたいなもんですから、後に「沽券にかかわる」という慣用表現が生まれました。

69　江戸時代の「百姓一揆」はひとくくりにできない

歴史記述の基本は、「いつ」「どこの」「誰の」話か、です。

小学校の教科書は、この「型」を外してはいません。

①　いったい「いつの」時期の話なのか？

江戸時代は二百六十余年あります。「百姓一揆」や農民の生活を、「江戸時代」と一つにくくって説明するのは無謀です。

② いったい「どこの」村の話なのか?

江戸時代は、「幕藩体制」で、藩ごとに法律も経済運営も違います。幕府の支配地域と大名の領地ではまったく異なることも起こっています。

③ いったい「誰の」話なのか?

二百六十余年の歴史の中で、農民の社会構造も変化していきます。「士農工商」の「農」は一つではなく、本百姓《ほんびゃくしょう》、水呑《みずのみ》百姓、田畑を失った小《こ》百姓など、農村内部でも身分の差・貧富の差がありました。

まず、「一揆」を①の「いつの話か」で言うならば、時期的には四つに分けられます。

十七世紀前半は、中世の名残があり、武力蜂起や逃散《ちょうさん》が見られました。江戸時代にも土一揆的な一揆は起こっていて、件数的には約百六十件みられます。

十七世紀後半は、「代表越訴型《だいひょうおっそ》」と言います。代表者が、地元の代官の不正や厳しい年貢の徴収などを、もう一つ上の組織・領主に訴える、というものです。

「江戸時代の一揆は、農民が集団で、あるいは代表を立てて、領主や代官と交渉するという形がほとんどである。」(200頁)

これは「代表越訴型」の一面を示したにすぎません。 これとて、首謀者は厳しく取り締まられました。下総《しもうさ》の佐倉惣五郎《さくらそうごろう》、上野《こうずけ》の磔茂左衛門《はりつけもざえもん》のような「義民」伝説が生まれた背景はここにあります。

十七世紀末からは「惣百姓《そうびゃくしょう》一揆」の段階に入ります。藩領全般にわたるものも多く(全藩一揆)、一六八六年の信濃松本藩の嘉助《かすけ》騒動、一七三八年の陸奥磐城平《いわきたいら》藩の元文《げんぶん》一揆が挙げられます。

年貢の軽減や新税の停止、専売制の撤廃などを要求し、藩に協力している商人や村役人の家を打ちこわすなどの実力行動もとっています。「武士と争うような一揆」（200頁）はなくとも、商人や村役人に対してはかなり乱暴狼藉を働いています。これに村内での（富農と小作人の）争いである「村方《むらかた》騒動」を入れると、「交渉する」ような穏便なものとは言えず、村方騒動は一七一〇年代以降、増加の一途をたどっています。

最終段階は、開国にともなう国内の混乱と諸物価高騰による一揆で、国学《こくがく》の尊王《そんのう》思想が地方に拡大したことも背景にあり、一揆の中で（口実として）「世直し」が叫ばれるようになりました。これが「世直し一揆」です。

②の「どこの話か」も重要です。

百田氏の一揆の説明は、幕領での一部の状態です。大名領の年貢率は大変高かったため、一揆も暴力をともなうものが多く、前述の四段階を経て、特に過激になっていきました。

十九世紀前半、安定していたはずの幕領に変化が表れます。一八三六年、甲斐国の郡内や、三河国の加茂で一揆が起こったのです。郡内では八十カ村一万人規模の一揆、加茂では二百四十カ村一万二千人の一揆でした。

これが幕府に与えた衝撃は大きく、翌年の「大塩《おおしお》の乱」とあわせて、天保の改革の契機となった、と教科書では説明します。

百田氏は従来の一揆の「イメージ」を否定しながら、実は、別の「一部の時期」の「一部の場所」の「一部の農民」のイメージで「一揆の全体像」を語ってしまっています。「「悲惨な農民」のイメージは一種の印象操作」（198頁）と指摘されていますが、時期・場所・階層ごとに一揆を捉えないと、これでは逆の印象操作に陥ります。

「江戸時代の農民は人口の約八割を占めていた。よく考えればわかることだが、収穫した米の半分を年貢で取るということは、残りの二割の人口でそれを食べていたということになり、それはあまりにも不自然である。また人口の八割がヒエやアワばかり食べていたならば、日本のほとんどの農地がヒエ畑やアワ畑だったということになる。」（198頁）

よく考えたらわかることですが、米との二毛作でムギも栽培していましたし、他にも耕作地はあって、家族が食する分のヒエ・アワなどはちゃんと栽培できています。**ヒエやアワばかりを食べていても、日本のほとんどの耕地がヒエ畑やアワ畑になることはありません。米とヒエ・アワでは生育できる場所や時間、手間の量が異なるからです。**アワは多湿を嫌うので水田以外の余剰地があれば容易に栽培できましたし、春からでも夏からでも播けて収穫できました。また、ヒエはおもに寒冷地で育てられ、冷害にも強く、酸性の土地で育つので、いわゆる田畑にできない土地、山間部で育てられます。

寛政三年（一七九一）から三年間、上野国高崎藩の郡奉行が残した記録（『地方凡例録《じかたはんれいろく》』）には当時の標準的農家の例が紹介されています。

［家族］五人（耕作者三人・幼老二人）
［耕作地］二毛作ができる水田四反《たん》・畑一反五畝《せ》
［収穫］米六石七斗《と》二升
［裏作］麦二石四斗
［畑］ヒエ三畝七斗・アワ三畝六斗・イモ二畝三石二斗・小豆一畝一斗二升

これらを栽培した後に、あるいは余った土地で野菜類を生産しています。

〔総収入〕十五両三朱二分銭三十四文

ここから年貢・生活費を引くと、一両一分三十七文の赤字でした。

問題は、この「慢性的赤字」をどのようにして解消していたか、です。

高崎藩の場合は、農民たちは夜に養蚕《ようさん》に励み、タバコを作ったりしています。また入会地《いりあいち》の山林を利用して炭を作る者もいました。富農の稲作・麦作を一日百文、馬を借りて労役をして二百文、というようにアルバイトでまかなっていた者もいます。

「農民は着実に富を蓄え、休日を増やしたばかりか、村祭りなどの機会を利用して娯楽を享受するようになっていた。」(199頁)

というのは一面的な見方で、「富を蓄えていた」のではなく、日々の赤字を補塡《ほてん》するために、養蚕・タバコ作り・商品作物作りに勤《いそ》しんでいたことがわかります。それも江戸に近い北関東の農村なら、まだなんとかなりますが、都市から離れた地方の農村の窮状は容易に想像できます。

「休日を増やした」とは何のことを言っているのかわかりませんし、村祭りなどの娯楽は、支配者が農民の不満をそらす、緩和するための行事、という側面もあったことを忘れてはいけません。

③の「だれの話か」はより重要です。

享保の改革後、十八世紀後半は、幕藩体制の大きな曲がり角になりました。村では、一部の有力な農民が、村役人を務めて貧しい農民を年季奉公人《ねんきほうこうにん》として使役する地主経営が見られるようになります(地主手作《じぬしてづくり》)。

農地の売買は禁止されていましたが、実は抜け道があり、困窮した農民にカネを貸し付け、返済不能になった場合、土地の「利用権」を質にとって事実上「買い集める」ような方法をとりました。田畑を失った小百姓は小作人となるか、年季奉公や日雇いに従事し、江戸や大坂などの大都市に流入していくことになります。

田沼意次《たぬまおきつぐ》の政治を後に百田氏は絶賛されますが――。

「意次は悪化していた幕府の財政を立て直すため、それまでの米中心の経済から、商業振興策へと転換を図った。」（206頁）

「積極的に商業振興策をとったことで、幕府の財政は大いに改善され、社会の景気も良くなった。町人や役人の生活も、それまでの米を中心としたものから金銭中心となり、近代的な経済社会へと急速に近づいた。」（207頁）

しかし、この**商業の発達は、農村から流入した安価な労働力と、貧しい農民の労働を利用した、富農の商品作物栽培によって支えられていた**のです。人口の八割以上が農民で、その労働によって二割に満たない武士・町人の生活が米から金銭中心に変わっただけで、「近代的な経済社会へと急速に近づいた」とはとても言えない状態でした。

70 「正徳の治」の貨幣改鋳は二回あった

少し前の「家宣から家継、そして吉宗へ」の項に戻ります。

「〔六代〕家宣は将軍になると、ただちに「生類憐みの令」を廃止した。そして学者の新井白石を侍講《じこう》

（政治顧問）に登用して、元禄時代に改鋳した貨幣の金銀含有量を元に戻した。これによって幕府の財政も悪化したが、同時に市中に出回る貨幣の流通量が減り、日本全体がインフレからデフレへ転換し、世の中は不景気となった。このあたりが経済の不思議なところである。」（201頁）

六代家宣、七代家継の時代に、新井白石を中心に行なわれた諸改革を「正徳《しょうとく》の治《ち》」と言いますが、これをたいへん誤解されています。

百田氏は、この際の貨幣改鋳が二回あったことをご存知ないようです。

誤解① 家宣は貨幣の金銀含有量を元に戻していない。

家宣が「正徳小判」を発行したと思い込まれているようです。「正徳小判」は金銀含有量を「元禄小判」の前、すなわち「慶長小判」に戻したものですが、一七一四年の発行です。家宣は一七一二年に死んでいて、「正徳小判」は家継の代に出されました。

誤解② 家宣の経済政策の担い手は新井白石ではなく荻原重秀であった。

家宣の時に貨幣改鋳を行なったのは、実は勘定奉行の荻原重秀です（彼は「正徳の治」でも経済政策を担当していました。綱吉が死んで家宣になった段階で解任されたと勘違いされているようです）。

重秀によって一七一〇年に出された「宝永《ほうえい》小判」で金の量はさらに減らされ、しかも全体の重量は「元禄小判」の半分しかありませんでした。元禄小判だけではなく、この宝永小判への交換も進まず、慶長小判は退蔵され続けたために、荻原重秀による通貨政策はここに完全に失敗したのです。私は、荻原重秀を再評価する派ですが、それはあくまでも佐渡金山の再生や東大寺大仏の復興、元禄検地についての業績です。彼の経済政策はやはり失敗で、ましてや「金融緩和政策」などではありませんでした。

元禄小判について「改鋳前の一両と改鋳後の一両の貨幣としての価値は変わらず」（180頁）と百田氏は言われますが、慶長小判は死蔵されたままで、交換が進みませんでした。各藩が持っていた慶長小判を幕府は何とか引き出そうとしましたが、各藩は一切応じていないのです。グレシャムの法則の通り、「悪貨が良貨を駆逐する」というのは正しかったと言えます（三上隆三『江戸の貨幣物語』、田谷博吉『近世銀座の研究』）。

それから、一七〇七年には富士山の噴火による大被害が各地に出ます。荻原重秀はこの被害救済のために「増税」しました。全国の大名に諸国高役金《たかやくきん》をかけ、百石につき金二両ずつ復興金を集めたのです。集まった金は約四十九万両でしたが、復旧に使用されたのは六万三千両で、残りの四十数万両は、他のことに流用されました。何かを名目として税を集めて、別の使途に用いる、そういう経済政策だったことも忘れてはいけないところです。

宝永小判は金の含有量も少なく（慶長小判の半分）、おまけに全体の重量も元禄小判の半分であったため、「二分小判」と揶揄され、幕府の貨幣政策についての信用は著しく低下してしまいました。まさに『三王外記』が揶揄したように、「幕府の貨幣は瓦礫同然」だったのです。

家宣が死の床にあった時、新井白石はようやく荻原重秀を勘定奉行から解任し、一七一四年、「慶長小判」とまったく同じ「正徳小判」を発行し、元禄小判・宝永小判で混乱した貨幣流通を回復させました。

さて、正徳の治については、百田氏の扱いはきわめて過小です。通貨政策にしか言及しておらず

（しかも事実誤認がある）、「長崎貿易」の制限にも「朝鮮通信使の接待簡素化」にも触れていません。

さらには「閑院宮家《かんいんのみやけ》の創設」についても触れていません。

それまで宮家は、伏見《ふしみ》・桂《かつら》・有栖川《ありすがわ》の三家しかなく、多くの皇族が出家して門跡《もんぜき》寺院に入室してしまっていました。新井白石は費用を捻出し、閑院宮家を設立して四家とします。のちに皇統断絶の危機が訪れた際、この閑院宮家から天皇（光格《こうかく》天皇）が出ることになります。

百田氏はこの話にまったく触れておらず、「江戸時代においては政治の表舞台にまったく登場しなかった「天皇」」（230頁）というように、この時代の幕府と朝廷の関係をかなり低く評価されていることがわかる部分です。

71 「目安箱」は戦国時代にもあった

吉宗の「享保の改革」についても、誤解や誤りが随所に見られます。いわゆる「目安箱《めやすばこ》」についてですが。

「大和朝廷成立以来、千年以上、庶民は政府に対し口を出すことはできなかった（直訴《じきそ》は極刑）。その伝統を打ち破って、広く庶民の訴えを聞くというシステムは、近代の先進国でもおそらく初めてのことではないだろうか。」（203頁）

まず「直訴は極刑」だったのでしょうか。

鎌倉時代、一二七五年の「阿氏河荘《あてがわのしょう》の荘民《しょうみん》の訴状」（紀伊国・阿氏河荘の農民たちが地頭の横暴を訴えたカタカナ書きの訴状）などは有名ですが（小学校の教科書にも出てくる）、彼らは別に極刑には処せられていません。

室町時代の惣村でも、百姓申状《ひゃくしょうもうしじょう》を添えて年貢の減免を訴える愁訴《しゅうそ》はありました。

一四四一年の「嘉吉《かきつ》の徳政一揆」は徳政《とくせい》を要求するもので、幕府は要求を認めて徳政令を発令しています。

庶民が「政府に口出しする」どころか、具体的な政策を要求して幕府がこれを呑んでいることがわかります。いずれも高校教科書レベルで記されていることです（後に幕府は、分一銭《ぶいちせん》の制度を取り入れ、「徳政令出してほしけりゃカネを出せ」「徳政令出されたくなかったらカネを出せ」という方法で債権者・債務者両方から一定の手数料を集める、ということをしていますが）。

さて、江戸幕府の政策で、前例のないオリジナルなものは、実はほとんどなかったと言えます。いつか、どこかで、だれかが、すでにやっていることの焼き直し、誇張、アレンジである場合が多いのです。

たとえば、**「目安箱」は、戦国時代からあった**ようなんです。ですから、「日本史上初の画期的なシステム」（203頁）というわけではありません。

吉宗の投書受付箱は、何と呼ばれていたかは実はよくわかっていません。「目安箱」と呼ぶようになったのは明治時代になってからです。

「捨《す》て文《ぶみ》」という方法で政治に関する訴え（密告）をすることが十七世紀終わり頃から増えました。『御触書寛保集成《おふれがきかんぽうしゅうせい》』の中には投書箱設置の目的が書かれていて、「捨て文」を防止するために始めた、と記されています。無記名は禁止で、住所・氏名が必要。また「政治に関すること」「役人の不正」

以外の訴えは認めていません。

領地の庶民の意見を聞くことは、武家ではよく見られました。戦国時代の北条氏康なども、訴えを聞くために「目安箱」を設置していたようです。

「国中之聞立邪民百姓之上迄、無非分為可致沙汰、十年已来置目安箱、〔……〕
五月廿八日氏康金剛王院御同宿中」（傍点引用者）

と氏康の書状には、「民百姓の上までも非分なく裁断するため、十年来、目安箱を置いて諸人の訴えを聞き届け……」という表現が見られます（『安房妙本寺《みょうほんじ》文書』）。

武田信玄も、同じように目安箱のようなものを設けていたようですが、こちらは『甲陽軍艦《こうようぐんかん》』に出てくる話なので、後の創作かもしれません。また、今川義元なども設けていたようです。

「近代の先進国でもおそらく初めてのことではないだろうか」とお得意の言い回しで目安箱を百田氏は賞讃されますが、そもそも中世ヨーロッパの諸都市ではすでに市民が市政の運営を行なっていましたし、十三世紀のイギリスでも、都市の代表や地主などが貴族とともに議会を形成していました。享保の改革とほぼ同じ頃の十八世紀初期、やはりイギリスでは本格的に議会が機能していて責任内閣制も始まっていました。違う形で人々の意見を吸い上げる制度ができていたので、「投書箱」という形式をとる必要などありません。**庶民の訴えをお上が聞き届ける、という形式はむしろ前近代的**と言えるでしょう。

72 吉宗の宗春に対する憎悪は凄まじくない

徳川吉宗と七代尾張藩主徳川宗春《むねはる》の関係について。

「吉宗の宗春に対する憎悪は凄《すさ》まじいものがあった。宗春を強引に隠居させ、名古屋城の三の丸に蟄居《ちっきょ》を命じ、死ぬまでその屋敷から出ることを禁じたばかりか（父母の墓参りさえ許さなかった）、死後も、墓に金網をかけたほどだ（吉宗の方が先に亡くなっていたが、おそらくは遺言か何かで命じていたのであろう）。」（204頁）

宗春の蟄居・謹慎《きんしん》事件は、尾張藩内の政争、老中松平乗邑《まつだいらのりさと》との関係、幕府と朝廷の対立といった複雑な問題を背景としています。**現在では、単に宗春が吉宗の享保の改革に逆らったため、という考え方は希薄になっています**（→番外篇8）。確かに長期にわたる「蟄居・謹慎」をさせられていたことは確かですが、尾張藩内の「藩主押《お》し込《こ》め」という側面もありました。

吉宗は、宗春を憎悪してはいなかったのではないでしょうか。やむをえない措置、という感じがします。もともとお気に入りの譜代衆《ふだいしゅう》として吉宗は宗春を遇していましたし、何より自分の名前の一字「宗」を贈っています（その後、その「宗」を没収もしていません）。

蟄居・謹慎後も吉宗は、宗春に使いを送り（気色伺《けしきうかが》い）、生活の様子を心配していたことがわかっていますし（『尾公口授《びこうこうじゅ》』）、宗春はその後も「尾張前黄門《さきのこうもん》」の名乗りが許されています。蟄居場所の名古屋城の三の丸は、六代藩主の実母のお屋敷でしたから、閉じ込められた、という感じはまったくありません（そもそも庶民の家とは規模が違いますし、悠々自適のご隠居状態で、陶器を焼いたり、吉宗から拝領した朝鮮人参を栽培したりしていました)。

「死ぬまで屋敷から出ることを禁止された」も誤りで、後に前藩主専用の七万坪以上あるご隠居屋敷に移っていますし(側室二人もいっしょに生活)、尾張藩の祈禱寺である興正寺《こうしょうじ》にも参拝記録が残っています。

また、「父母の墓参りさえ許さなかった」というのも文献上確認できません。後に菩提《ぼだい》寺《じ》の建中寺《けんちゅうじ》へお参りに行っており、その時、市中の人々が提灯を軒先に並べて参拝を迎えた、という記録があります。

「墓に金網」の話に至っては、完全に当時の俗説を真に受けてしまっています。江戸の小塚原《こづかっぱら》で罪人の墓に金網をかける、というのはありましたが、御三家のご隠居の墓に金網をかける、なんてことはありえません。俗説としては、他にも「綱吉無理心中事件」というのもあり、綱吉の正室・信子《のぶこ》の墓に金網がかけられた、なんて話がありますがこちらもウソです。

吉宗と宗春の「対比」はよく使われるネタです。

吉宗の緊縮財政、宗春の自由主義経済政策。吉宗のデフレ、宗春のインフレ。吉宗の規制強化、宗春の規制緩和……経営者や金融アナリストの方たちは、これらの政策を比較して論じます。しかし、江戸時代を、現在の資本主義社会と比定して説明するのは、一面、正しい指摘もありますが、他の部分を大きくそぎ落としてしまい、史実とかけ離れてしまう場合がほとんどです。

徳川宗春の経済政策

私が尾張徳川宗春について、あれ？　と思ったのは、笠谷和比古氏の『主君「押込《おしこめ》」の構造』を初めて読んだ時でした。ひょっとして、宗春って、「押込」されたんじゃないかな、と思うようになったんです。

戦前から、よく吉宗と宗春は対比され、それぞれの時期の政権の経済政策をけなしたり、持ち上げたりするのに使われ続けてきました。

たとえば、海音寺潮五郎の『尾藩勤皇伝流』（一九四三年刊）。海音寺はその小説の中で宗春に、「倹約倹約って言っていたら、町人も農民も職人も商人もみんな困る」「みんなが着るものを倹約すれば、蚕を飼い、麻を紡ぐ農民が困り、織屋の仕事がなくなる」というようなセリフを吐かせています。宗春の『温知政要《おんちせいよう》』に基づくことはハッキリしています（この小説はその後、ズバリ『吉宗と宗春』と改題されました）。

海音寺よりも前、高橋是清《たかはしこれきよ》もよく似たことを言っているんですよ。

「芸者を呼んでごちそう食べて騒いだとしたら、道徳的にはどうかと思うが代金は料理人の給料になるし、料理に使われる肉や魚や野菜を作る人の懐が潤って、それを運ぶ人たちの仕事も増える」

財政出動による景気回復政策を進めていた高橋是清の時代の空気が、海音寺の小説には反映されていると思うんです（経済評論家の三橋貴明さんは著書やコラムで、このあたりをもっと上手く説明されていました）。

一九八〇年代、九〇年代に入ってからも、それぞれの政府の方針に阿《おもね》ったり批判したりする時に、吉宗・宗春は対比的に利用されてきました。

百田氏が、荻原重秀がケインズを先取っている、とか、金融緩和だとか、宗春の政策を持ち上げて吉宗を批判し、元文の改鋳をしたら景気がよくなった、などと書いているのを見て、「ああ、また」と思いました。どんどん歴史上の人物が歪められて、誤った人物像が再生産されていく……。

さて、最初の「押込」の話です。

「押込」というのは、君主が暗愚《あんぐ》で不行跡《ふぎょうせき》の場合、家臣がまず諫言《かんげん》をし、改められない場合は、君主を強引に隠居させる、というものです。寛文《かんぶん》事件の伊達綱宗《つなむね》なども、幕府と連携した伊達家の家臣たちにより「押込」されて隠居させられています。

尾張宗春は、本当に吉宗と政策上の対立を起こして隠居させられたのでしょうか。そもそも、宗春の政策はどんなものだったのでしょうか。

宗春の前代、継友《つぐとも》の時の尾張藩の財政記録（一七二八年）が残っているのですが――。

米二万八千石余
金一万三千両余

これだけの「黒字」がありました。ところが、宗春が藩主になってからの一七三七年の記録

では、

米三万六千石余
金七万四千両余

の「赤字」に転じていました。

これ、赤字にしてもひどすぎませんか？　名古屋の人々には大うけしていた宗春。でも、単なる浪費家だったんじゃないの？　と思わざるをえません。それだけではないんです。財政再建のために彼が行なった政策は、町人からの、なんと借金でした。

一七三七年　六月　　四千両
　　　　　　十二月　一万　両
一七三八年　八月　一万五千両

二年で二万九千両も商人たちから借りているんです（大石学『徳川吉宗』）。

家臣たちも、これはヤバいと考え始めました。経済問題だけではありません。朝廷と幕府の関係が、享保の改革の後半から悪化していくんです。

原因は、水戸光圀《みつくに》の『大日本史』編纂事業です。

これ、南朝を「正統な王朝」として書いているんですよね。理由は簡単です。徳川家の祖を南朝の中心、新田《にった》氏とこの書は称していたからです。

当時の天皇家で実権を握っていた霊元《れいげん》法皇は、有職故実《ゆうそくこじつ》・歴史について学者級の人物で、もちろん北朝系。『大日本史』の発行なんか認めません。で、尾張家はこの時の朝廷と実に緊密な関係で、宗春の姪《めい》の子二人は九条家と二条家に嫁いでいました。このツテを利用し、朝廷は宗春を通じて『大日本史』を回収させようとしたんですよね。

実は、吉宗の将軍専制の政治は、一七三〇年代に入って陰りをみせます。「米価安《べいかやす》の諸色高《しょしきだか》」といって、米価以外の物価は高くなる、享保の飢饉も起こる。それまで側近はすべて紀州藩出身で固められていたのですが、これに対する譜代衆の不満も高くなり、その流れの中で、譜代大名の松平乗邑《のりさと》が勝手掛老中《かってがかりろうじゅう》（財政担当老中）に任命され（一七三七年）、いわば吉宗の経済失政の挽回を図るために、強力な増収政策を進めるようになりました。『徳川実紀《とくがわじっき》』にも、松平乗邑が将軍の言うことを聞かないくらいに強引に政策を進めていた、という記載があるくらいです。

享保の改革も、前半と後半で評価を変えるべきなんですよね。

この時に勘定奉行となったのが「百姓はゴマの油と同じで絞れば絞るほど出る」と発言したといわれる神尾春央《かんおはるひで》です。「公事方御定書」などもこの時期に編纂されています。

さて、尾張藩ですが、朝廷と幕府の対立で危険視されるようになり、財政は破綻状態……このままではたいへんなことになる、と家老たちは考えました。家老たちも一枚岩でなく、宗春派の成瀬《なるせ》家と、竹腰《たけごし》家の対立が背景にありました。

尾張藩付家老竹腰正武《まさたけ》の弟は、江戸の北町奉行の石河政朝《いしこまさとも》。このコネを利用して竹腰は老中松平乗邑に接近し、成瀬抜きで宗春失脚を計画します。乗邑が一七三八年、尾張藩の家老たちに、宗春を諫めるように指示したことが『徳川実紀』に記されています。これ、「押込」の手続きが始まっていたのではないでしょうか。

そして一七三八年六月、宗春が江戸に滞在している間、尾張では「藩の政治をすべて継友時代に戻す」という命令が出されました。竹腰派家老たちのクーデターです。

一七三九年、不思議な出来事が記録されています。新年の行事に吉宗がすべて代理を立てて一カ月近く奥に籠《こも》っていた、というんです。その吉宗不在のタイミングで、江戸城に尾張藩の重臣が呼び出され、「宗春蟄居・謹慎」を吉宗の命として松平乗邑が申し渡しています。

宗春失脚は、吉宗との対立、というよりも、財政破綻・朝廷問題から危機感を感じた家老たちによるクーデター、という側面のほうが強かった気がします。それとは別に、後の政治家や現代の経済アナリストたちによって、過大に宗春が評価されてしまい、「吉宗と宗春」をアナロジーとして政治経済が語られるようになったのではないでしょうか。

73 吉宗は「生きた経済」をわかっていた

吉宗による享保の改革で定められたものの一つに、「定免法《じょうめんほう》」（村ごとに過去数年の平均収量を算出し、一定期間、作柄の豊凶に関わりなく納めさせる徴税法）があります。

「〔定免法により〕幕府の収入は安定したが、農民にとっては不作や凶作の時には、非常に厳しい状況になった。また豊作の時は米の価格が下がるので、幕府にとっても農民にとっても益は少なかった。このあたり、吉宗は生きた経済がわかっていなかったといえる。」（202頁）

享保の改革の全体像をふまえていないため、このような評価になってしまったのでしょうか。

まず幕府の側から見れば、豊凶によって税収が変わる状態で予算を組んでいた従来の、その年ごとの検見《けみ》法のほうが、経済をわかっていないやり方だったと思います。

「農民にとっては不作や凶作の時には、非常に厳しい状況になった」とありますが、実は、そうなった場合は少なく、何より開墾《かいこん》や農具の改良や肥料の使用による**増産分はすべて農民の取り分になったので、定免法を歓迎した農民のほうが多い**のです（「郡上《ぐじょう》一揆」という一揆があったのですが、これは定免法をやめて検見法に戻そうとしたことに反対する一揆でした）。「農民にとっても益は少なかった」わけではないのです。

それに経済というのは、「目的と結果の一致」が大切です。定免法の採用の目的は年貢の増徴にあったので、幕府にとっても失敗ではありませんでした。実際、財政の立て直し成功を受け、一七二八年に六十五年ぶりに将軍の日光社参《にっこうしゃさん》を行ない、「上《あ》げ米《まい》」（参勤交代の半減と引き替えに大名一万石につき百石献上させる制度。年間十八万七千石集めることに成功）の制度を廃止しています。

さらに吉宗の「新田開発」は、単なる「農業改革」（202頁）ではありません。

まず、江戸日本橋に「高札《こうさつ》」を掲げました。町人に新田開発の協力を求めるもので、資金力のある商人に開発を請け負わせ、開発田は一定期間免税としました。発達してきた商人の力を利用して、飯沼《いいぬま》・紫雲寺潟《しうんじがた》・武蔵野《むさしの》・見沼代《みぬまだい》などの開発が進み、二十万石以上の増加となりました。十分、商業の発展で成長した商人たちを活用（民間活力の導入）していると言えます。

また、幕領内の商品作物の栽培に目をつけ、畑作地からの年貢増収も実現しています。「豊作の時に米の価格が下がる」のはもちろん吉宗も理解しており、米価の平準化を目指すために大坂の堂島《どうじま》米市場を公認しています。

さらに、二十二品目に関して商人に組合・株仲間《かぶなかま》を認めています。これらは後の田沼意次の政策につながります。

「「享保の改革」で徹底した緊縮策をとっていた吉宗だが、一向に景気が回復しない状況に困り果て……」（204頁）

これも正確ではありません。

相対済令《あいたいすましれい》（カネの貸し借りのもめごとは当事者同士で解決させる）に見られる行政改革を進める一方、小石川養生所《こいしかわようじょうしょ》の設置などの社会福祉政策、甘藷《かんしょ》（サツマイモ）の栽培、薬草・朝鮮人参の栽培などは財政出動と言えるものです。

この間、飢饉もありましたし、米価の高騰もありましたが、これに合わせるように、いわばブレーキ・アクセル両方を使い分け、物価の安定に苦労しています。元文小判の発行もあくまでもこの一環。これは「生きた経済」を御《ぎょ》しようとしていた証でもあります。「わかっていなかった」とは言えません。

享保の改革によって、幕領の米の生産は四百万石から四百四十万石に増え、年貢の収入は順調に伸びて、宝暦《ほうれき》期を迎えています。米価の下落・収入減は宝暦に入ってから（一七五一年）で、その対策のために田沼意次の諸改革が始まりました。

74　現代と江戸時代の経済を同じように考えてはいけない

繰り返しますが、幕府の貨幣改鋳は、やっぱり単純に「出目」を稼ぐのが狙いでした。つまり「目的」と「効果」は別。「出目」を稼ぐ「目的」で金の含有量・率を減らしたら、インフレという「効果」があった、ということだったと思います。

一八四〇年、幕府の歳入のうち、出目の利益は二〇%を占めています。これ、幕府にとってはオイシイ政策だったんです。

「〔尾張藩に〕すでに近代的な経済になりつつあった商取引から税を徴収するというアイデアが浮かばなかったのは不思議だが、この点は幕府も同じである。」（204頁）

「近代的な経済になりつつあった」と言ってよかったのでしょうか。

江戸時代の経済の基本は米。「米遣《づか》い」とも言われ、これを現金化する、というものでした。いくら商人が儲けている、といっても尾張藩の場合、彼らが上げている利益に課税して得られるものは限られていました。当時の世界に現代的な感覚は持ち込めません（ちなみに、商人に税がかけられていなかったわけではありません。「地子税《じし》」という土地への税はかけられていました）。

また田沼意次の項で詳しく申しますが、「株仲間」をどうも百田氏は誤解されているようなんです（→75講）。幕府の財政の内訳では、統計上「小物成《こものなり》」（農業収入以外の雑税）に商工業者などにかけられる税である「運上《うんじょう》」は含まれていて、千五百〜千六百両の収入となっています。一定以上の増収の役割を果たしていましたが、田沼時代（一七七二〜八六年）の約十五年で備蓄された金は、百七十一万七千五百二十九両で、綱吉時代以降、最高額になります。株仲間の運上・冥加《みょうが》が幕府財政にどれだけ寄与したか、微妙なところです。

75 田沼意次の政策は評価されている

教科書ではかれこれ二十年近く前から、田沼意次の政治は評価されてきています。現在だいたい四十歳以上の方々は、田沼時代は賄賂政治などマイナスイメージの教育を受けていると思いますが、「あまり評価されていない」（206頁）というのは、もう昔の話。

田沼の政策はいろいろありますが（→番外篇9）、総合的に言えば、幕府財政にどれだけ寄与したかよりも、「それまでとは違う新しい政策」を行なった、ということで評価されています。しかし、

「〔意次は〕幕府の財政を立て直すため、それまでの米中心の経済から、商業振興策へと転換を図った。」（同）

これは少し誤りを含みます。やっぱり田沼の時代も「米中心の経済」だったことには違いありません。

「彼〔田沼〕は商品流通を行なうための株仲間（幕府から営業の独占権を与えられた商人の集まり）を結成し、そこから冥加金を取った。これは現代の事業税に近いものがある。この政策はあまり評価されていないが、私は画期的なことであったと思う。江戸幕府が開かれて百五十年以上、どの将軍も老中も思いつかなかったことだ。」（同）

すでに指摘したように、徳川吉宗は株仲間を公認しています（↓73講）。

そもそも田沼より百年余り前の一六四八年から一六七〇年の間に、幕府は株仲間を禁止する法令を何度も出しています。株仲間は早い時期に存在しており、高校の教科書にも出てくる大坂の二十四《にじゅうし》組《くみ》問屋、江戸の十組《とくみ》問屋はそうした株仲間です。

徳川吉宗は、株仲間を公認し、冥加金を納めれば販売権の独占を認めました。ですから、田沼意次が最初に始めたことではありません。

株仲間には、自主的に結成された株仲間（願株《ねがいかぶ》）と、幕府が命じて作らせた株仲間（御免株《ごめんかぶ》）の二つがあり、百田氏の説明は「御免株」のことになります。それから、「冥加金」は許認可税で、結成を願い出て許可された場合に支払うものです。ですから、**「現代の事業税に近いもの」は「冥加金」ではなく、「願株」が納める「運上金」**、ということになります。

「積極的に商業振興策をとったことで、幕府の財政は大いに改善され、社会の景気も良くなった。」

（207頁）

株仲間から得た運上・冥加が幕府の収入に占める割合がどれくらいだったか、明確にはわかっていません。前（↓74講）に述べたように「小物成《こものなり》」といっしょに扱われて計上されていたからです。

逆に言えば、農業以外の雑収入扱いで、新しい税、という認識は少なかったかもしれません。幕府の財政が回復したのはトータルな対策の成果、つまり、田沼意次が税収を増やすためならなんでもやったから、です。

専売制もその一つ。銅座・真鍮《しんちゅう》座・人参《にんじん》座・朱《しゅ》座を設けました。金・銀・銭三貨を金に一本化した貨幣制度を導入し、秤量《しょうりょう》（そのつど品位・重量を鑑定）する必要がない南鐐《なんりょう》二朱銀《にしゅぎん》を発行しました。上方は銀、江戸は金が主要通貨でしたから、日々の相場で金・銀が交換されていたのを、銀貨に「二朱」と記して、レートにかかわらず二朱、と定めて交換させたものです。このような方法を計数銀貨と言い、初めて通用させました。

実は、ここに「田沼マジック」がありました。

南鐐二朱銀は、銀純度九八％という超高品質の銀貨でした。十六朱＝一両ですから、南鐐二朱銀は八枚で一両です。一方、「金一両＝丁銀六十匁《もんめ》」が幕府の江戸時代の公定レートでした（これ、おぼえておいてくださいよ）。

ここから算数の世界です。

南鐐二朱銀の重量は一枚＝二・七匁。八枚つまり一両分は二十一・六匁。純度九八％ですから銀の実質量は二十一・一匁になります。

南鐐二朱銀八枚＝銀二十一・一匁＝一両

さて、さきほど「金一両＝丁銀六十匁」が公定レートだと言いました。徳川吉宗は元文の改鋳で、金銀の質を落とした貨幣を発行した、という話、おぼえていますか？

元文丁銀の純度は、な、な、なんと四十六％。

つまり、丁銀六十匁に含まれている銀は、二十七・六匁になっちゃいます。

元文丁銀を南鐐二朱銀八枚に直すごとに、二十七・六－二十一・六＝六匁。つまり一両ごとに六匁の「出目」が出ます。市中に出回っている元文丁銀を鋳つぶすたびに、南鐐二朱銀十枚以上作ることができたのです。

これこそ、百田氏の好きな「通貨政策」のはずなのに、まったく触れられていません。荻原重秀がケインズの先取りとか宗春がインフレ政策を行なったとかよりも、ここで「通貨供給量増加」による良質なインフレの話をしてほしかったところです。

もとのにごりの田沼恋しき

「田沼意次の政治」というと、私の教える生徒たちでも「賄賂政治」を連想するようです。中学受験を経験している子たちですから、きっと塾で習ったのでしょう。

ちなみに、田沼意次の政治は小学校の教科書には出てきません。ついでに次の松平定信の寛政の改革も、小学校の教科書には出てきません（よってこの二人は中学受験には出題されません）。

では、中学校の教科書ではどうなっているのか。

□ 新田や鉱山の開発に努めた。
□ 株仲間を認めて営業を独占させ、その代わりに一定の税を納めさせた。
□ 蝦夷地の開拓に力を入れた。
□ 長崎の貿易をさかんにしようとした。

そして最後の締めくくりが、

「しかし、一部の大商人と結びつき、賄賂が用いられて政治が乱れた」

ということになっているわけです。それを受けて、松平定信が「政治をひきしめる」流れで、寛政の改革へと続いていきます。

田沼　＝　賄賂政治
定信　＝　政治のひきしめ

こういう図式が固まってしまっています。

さて、江戸時代、「賄賂政治」とはどういうものだったのでしょうか。

当時、賄賂は罪ではありませんでした。賄賂を賄賂だと宣言して渡す者はいない、というか、一つの習慣でした。

日本は贈答《ぞうとう》文化の国です。結婚式や葬式、いろいろな機会に贈り物をします。お歳暮《せいぼ》やお中元《ちゅうげん》はもちろん、お引越しのご挨拶などなど……。

昔はお稽古事などでも、お師匠さんには月謝以外にも「つけとどけ」をフツーにしておりました。

「日頃、お世話になっておりますので……」

と「うまく」説明しますが、御礼をするからお世話をしてもらえる、としたら、にわかに賄賂性が高くなります。これ、日本だから「文化」や「習慣」となりますが、厳密に法律を適用すると、贈収賄になりかねませんよね。たぶん欧米ではアウトです。

田沼にかぎらず、当時の政治家たちは、フツーに贈り物を受け取っていました（そもそも、幕府の役人へ届けられる様々な方面からの贈り物を管理する役職もちゃんと存在していました。たとえば「鬼平」で有名な長谷川平蔵は、火付け盗賊改めになる前は、この仕事をしていましたからね)。

この日本独自の「曖昧さ」の部分に対して、「まあまあ、別にかたいこと言わないでええやろ」とするか、「いや、この際、キッチリしようぜ」とするかで、政権の性質が変わるわけです。「そんなのは不正といっしょだ! しっかりケジメをつけるのだっ」というのが松平定信の政治姿勢でした。

田沼はそれまでの政治家に比して、そういう曖昧さの部分に大らかであっただけですが、厳密に法を適用すれば、これをアウトにできるワケです。

そもそも田沼と定信の政権交代は権力闘争で、善も悪もありません。松平定信は、徳川吉宗の息子・田安宗武《たやすむねたけ》の子ですから、世が世なら将軍になっていてもおかしくはない人物。それが、宗武が将軍の位に就けず、定信も田安家から他家に養子に出されて将軍の位から遠ざけられたわけで(その陰謀を企画したのが田沼意次と言われている)、定信にすれば、「改革」の第一は田沼失脚にありました。

現政権の正統性を、前政権の否定によって担保する、というのはよくあること。この流れの中で、田沼=腐敗/定信=清新、のイメージが定着してしまいました。もういいかげんに、田沼=賄賂政治、というステレオタイプから子どもたちを解放したいところです。

田沼意次の政治で目立つところを挙げると――。

鉱山開発では、かの有名な平賀源内《ひらがげんない》が活躍しました。蝦夷地の開発では最上徳内《もがみとくない》による探検が進みます。北海道ならびに千島《ちしま》がロシア領にならなかったのは、田沼が着手した北方政策によるところが大きいとも言えます。長崎貿易の奨励についても、田沼政権が続けばロシアとの交易を開始していた可能性もありました。

株仲間、というと、営業独占からインフレをもたらして庶民を困らせた、というマイナス面がつい強調されがちです。が、「価格競争」がなくなったがゆえに、「品質競争」の段階へとさまざまな工芸品、日用品の製造、販売を移行させることになり、後の開国にあたって、国際競争力が高い製品を日本に存在させることになった、とも言えるのです（価格が同じだから、品質で勝負！　になるんですよね）。

「改革」というならば、田沼時代こそ改革が進んだ時代。松平定信の寛政の改革は、一面ではネジを逆に回す保守・反動でした。

歴史の評価は、どの立場で考えるかによって大きく変わります。でも田沼時代の説明は、なぜだか知らないですけど、多くの人たちが松平定信の側に立って評価していますよね。

「白河《しらかわ》の　清きに　魚《うお》もすみかねて　もとのにごりの　田沼恋しき」

これが、多くの庶民の実感だったと思います（定信は白河藩主でした）。

76 「寛政の改革」は単なる「理想主義」ではない

寛政の改革を行なった松平定信は、十一代将軍家斉《いえなり》の時代の老中です。

「家斉は将軍在位五十年と歴代で最も長く将軍職にあったが、政治を幕臣たちに任せ、大奥に入り浸《びた》っていたことから、「俗物《ぞくぶつ》将軍」と渾名《あだな》された〔……〕精力増強のためオットセイの陰茎《いんけい》を乾燥させて粉末にしたものを飲み、陰で「膃肭臍《おっとせい》将軍」とも呼ばれていた。幕府は家斉の子と大名家との縁組みの際、領地の加増を行なうなど多額の出費をしたために、財政が苦しくなった。

家斉の代わりに老中として政務を行なったのは、陸奥《むっ》白河藩主の松平定信（吉宗の孫。田安徳川家の流れを汲む）である。」（208〜209頁）

この百田氏の説明だと、家斉の「逸話」から入ってしまうので、家斉が浪費し、「多額の出費をしたために、財政が苦しくなった」ので松平定信が改革を始めた、と思われてしまいかねませんが、これは話が逆です。

まず、田沼意次の政治が失敗し、十代家治《いえはる》が死去して、家斉が年少で将軍となり、松平定信が老中に任じられました（家斉の「多額の出費」や「膃肭臍将軍」の逸話は、定信の引退後のことです。念のため）。

寛政の改革について、厳しい倹約や文武の奨励、幕政批判の禁止などについて書かれていますが、これでは半分も言ったことになりません。それから評価も一面的です。

「理想主義者で潔癖症の定信」（209頁）

「定信の理想主義は現実とは乖離《かいり》したもので……」（同）

「理想主義」の定義が難しいところですが、視点を変えれば、田沼意次のほうが、成長してきた前期資本主義、商業の発達をふまえて、それまでとは違う改革に着手したと考えられるので、「理想主義」とも言えます。「潔癖症」という比喩はあまり適切とは言えませんし、「現実とは乖離したもの」

もかなり無理があります。百田氏が定信の改革の現実的な政策について十分述べていないだけです。田沼派の失脚については、当時の杉田玄白《すぎたげんぱく》がその理由を明確に記しています。

「もし今度の騒動なくば御政事改まるまじなど申す人も侍り」(『後見草《のちみぐさ》』)

一七八七年五月に起こった「天明《てんめい》の江戸打ちこわし」に始まり、全国に広がった一揆・打ちこわしが契機となり、田沼意次一派が失脚したのです。かつてない凶作・飢饉、全国的な一揆・打ちこわしが示す、幕藩体制の弱体化。これらをどのようにして打開するのか、が「寛政の改革」の目的です(藤田覚『松平定信』)。

幕藩体制の基盤は、村落共同体の小農経営、いわゆる本百姓《ほんびゃくしょう》体制です。崩れつつある町と村の再建が、改革の第一の目的でした。しかし、百田氏はこれを無視して「寛政の改革」を説明しています。高校の教科書にもある「囲米《かこいまい》」「七分積金《しちぶつみ》」「人足寄場」などへの言及が一切ありません。

「〔定信は〕経済中心の田沼意次の政治を憎み、祖父の吉宗が行なった米と農業を基本にした政治を目指し、様々な改革を行なった。」(209頁)

こうした言い方は一九七〇年代によく見られました。昔の「まんが日本の歴史」の一場面を思い出します。「老中の理想の政治は?」と問われて「吉宗さまの政治だ」と言い切る定信……。

享保の改革では、倹約を中心とする財政支出を抑える政策と定免法の採用による年貢増徴策がとられましたが、寛政の改革では、年貢増徴を行なえる状況になく、「小農経営を中核とする村の維持と再建」に力が注がれたのです(藤田覚『近世の三大改革』)。**吉宗を理想とする、と言いながら、改革**

の内容はかなり違います。

以下、具体的に政策を挙げていきます。

農村救済には公金貸付を大規模に実施し、「間引《まび》き」などによる人口減少を食い止めるために、小児養育金を支給しています（十五万両を拠出）。

商品作物も、別に禁止したわけではなく、むしろ換金性の高い綿花・菜種《なたね》の生産にしぼらせています（農村では、商人の都合で様々な商品作物を栽培させられ、安く買いたたかれていたため）。

商業政策では株仲間を抑制しましたが、これは天明の飢饉の際に、商人らが米の買い占めや隠匿をし、本来の目的であった物価の抑制や商業の統制の機能を果たさなかったからです。松平定信は江戸の両替商らを「勘定所御用達《かんじょうしょごようたし》」に登用し、彼らの資金と経験を活用して、なんと物価の調節にあたらせているんです。

松平定信の政策は、農業だけを重視した保守的・復古的なものである、というのはイメージにすぎません。

凶作が起こると飢饉となる、すると米価が高騰して一揆や打ちこわしとなる……。定信の改革の目的は、この流れを断ち切ることでした。

飢饉対策として、大名一万石につき五十石の米を備蓄させ、江戸の町の対策としては「七分積金」と町会所《まちかいしょ》の「囲米」を行なわせています。ここでは倹約令に実効性を持たせました。町の運営費を節約させ、節約してできた余剰の七〇％を積金にさせます。町会所は、この資金で困窮者への低利融資、病人や高齢者の救済を行ないました。現在の社会福祉・保険制度のようなものです。

実際に天保の飢饉の時、江戸で打ちこわしが起こらなかったのはこの制度のためです。理想主義どころか現実的対応をし、さらに結果を出す改革をしています。
「昌平坂《しょうへいざか》学問所では蘭学《らんがく》も廃止されていたため、幕府はヨーロッパ諸国の情報に疎くなった。」(209頁)
昌平坂学問所はもともと林家《りんけ》の儒学の私塾で、孔子廟を設けていました。五代綱吉が湯島《ゆしま》に移築させて講堂・学寮を整備したものが前身です。このルーツからおわかりのように、**廃止するも何も蘭学は昌平坂学問所と無関係**です。
「『海国兵談《かいこくへいだん》』で国防の危機を説いた林子平《はやししへい》を処罰した。田沼意次がやろうとした蝦夷地開拓やロシアとの貿易計画も中止した。」(同)
一七九二年にはロシアの使節ラクスマンが根室《ねむろ》に来航していて、松平定信はこれに対応した政策をとっています。実は、これより先の一七八九年、国後島《くなしり》のアイヌの蜂起があり、幕府はアイヌとロシアの連携を危惧しています。「海外の情報に疎くなった」どころか、ロシアと蝦夷地に関しては、かなり関心を高めていました。これを背景に、江戸湾だけでなく、蝦夷地の海防の強化を諸藩に命じているのです。

77　定信の失脚後も二十五年間、「寛政の改革」は続いた

「寛政の改革」に続く「化政文化」についてですが。

「定信が失脚した後は、将軍家斉も贅沢三昧な生活を送り、社会も再び活性化する。景気が良くなる中で文化《ぶんか》・文政《ぶんせい》(一八〇四~一八三〇)の元号を取って「化政文化」と呼ばれる町人文化が花開く。」

（211頁）

これ、よく受験生でも誤解するんです。

家斉の将軍在位五十年（一七八七〜一八三七）のうち、一七八七年から九三年の六年間、松平定信が老中をしていましたが、その後、**一八一八年までは寛政の改革のスタッフがそのまま残留し、老中松平信明が定信の政策を引き継いで政治をしていた**のです。

一八一八年から、つまり「文政年間」に入り老中が水野忠成《ただあきら》に代わると、品位の劣る貨幣を大量に流通させ、例によって出目を稼ぐ通貨政策をとりました。加えて、寛政の改革の本百姓体制再編の効果が十年間で表面化し、連続して豊作となります。このため、幕府は約五百五十万両もの利益をあげたのです。

「化政文化」を生む背景には、寛政の改革の地道な成果がありました。物価が高くなっても江戸を中心とする町人文化が栄えたのは、七分積金や町会所などの福祉政策によって「日々の不安」「将来の不安」が解消され、庶民の間に「消費への活力」が生まれていたからです。

通史は「ネタフリ」があってこそ「オチ」に続く。寛政の改革での農村政策と都市政策をちゃんと説明していたならば、文化文政期の景気回復の話につながったのですが。

「定信の理想主義は現実とは乖離したもので、将軍家斉との対立もあって、寛政五年（一七九三）に失脚し、改革は六年ほどで終わった。」（209頁）

定信の改革は、「現実とは乖離」しておらず、「六年ほどで終わった」のでもありません（しかも「失脚」ではない）。**老中在任が六年ほどで終わっただけで、改革は一八一八年まで続いた**のです。

家斉は定信と対立しましたが、その改革まで否定はしなかったのです。政治・経済とは別の対立でした。実はこの「対立」が、百田氏が江戸時代を通じて、すっかり抜かしてしまっている、あることと深く関係しているんです。それについては次講で。

教科書から消えた「江戸の三大改革」

かつて中学教科書では「江戸の三大改革」という表現が用いられ、高校入試でも必出でした。

□　享保の改革　徳川吉宗
□　寛政の改革　松平定信
□　天保の改革　水野忠邦

しかし小学校の教科書では以前から、「三大改革」どころか、「寛政の改革」「天保の改革」はその名前すら登場しません。松平定信も水野忠邦も、小学校では習わない人物で、結果として、中学入試でもほとんど出題されません。
「え？　中学受験の塾では習ったよ！」
という人もいるかもしれません。習って損、ということは絶対にありませんが、残念ながらほとんど出題されない歴史用語を習っていたことになります（ただ、現在では「ゆとり」教育からの脱却が図られ、新しい改訂でようやく、小学校の教科書で、松平定信や水野忠邦の名が出てくるものも現れました）。

ちょっと話をすっ飛ばしますが、世界史に「四大文明」ってありますよね。

エジプト文明・メソポタミア文明・インド文明・中国文明（昔は、インド文明は「インダス文明」、中国文明は「黄河文明」と習ったと思いますが……）。こうして「四大」と説明してしまうと、子どもたちは、「ああ、この時代は、この四つの文明しかなかったんだ」「これらが文明の最初だ」と誤解してしまいます。この時代、百以上の「文明」がありましたが、その中から特に現在の文化にも影響を与えているものを四つチョイスしたのであって、「他の地域が未開で文明がなかった」と考えては危険です。

同じように、江戸時代の改革政治をことさら「三大」としてしまうことによって、他の改革を「その他」的に理解させてしまい、江戸時代の政治史の印象を誤らせかねないことから、「三大改革」とは説明しなくなりました。ですから、享保・寛政・天保の改革を習わない、というわけではありませんが、それは中学校以後の話で、高校の教科書では、

家綱の改革・綱吉の改革・正徳の治・「享保の改革」・田沼意次の政治・「寛政の改革」・「天保の改革」・文久の改革・安政の改革……。

などなど、「三大」に限らず、他の改革も同等に扱います。

さらにもう一つ、そもそも三大改革は「改革」だったのか、というのも見逃してはいけないポイントです。「改革」というと、次の時代へ向けた新しい革新、前時代の否定、というイメ

ージがありますが、この三つに関しては、崩れようとする幕府の体制の「ひきしめ」という要素が次第に強く表れるようになったものです。進行している「貨幣経済」「前期資本主義」の動向に逆行しようとする政策が多く見られ、その意味では、「三大改革」というより、「三大反動」というべき部分も多くあります。特に、寛政の改革・天保の改革では、思想や言論の弾圧なども見られます。

そして現在では「天保の改革」は、幕府の水野忠邦の改革一つをさすのではなく、諸藩特に同時期の雄藩《ゆうはん》の改革も含めた「総称」という認識に変わりつつあります。かつては高校の教科書だけが「長州や薩摩の藩政改革」を載せていましたが、現在では中学校の教科書でも大きく取り上げられるようになりました。

また、「三大改革」の教科書における単元配列も大きく変わっています。かつては「享保」「寛政」「天保」の改革は「幕府政治の改革」という単元内で扱っていました。ところが今は、

「幕府政治の改革」　＝享保の改革・寛政の改革

「ゆらぐ幕府の支配」＝天保の改革・諸藩の改革

と分割されます。それどころか、現在ではペリーの来航からを「近代」とすると先に述べましたが、「近世」と「近代」の間にわざわざ「近世から近代へ」という章が設けられ、

享保の改革・寛政の改革は「近世」

天保の改革は「近世から近代」

と、別々の章で説明されているのです。

中学生の教科書ですと、もはや享保の改革も寛政の改革も、独立した項目ではなくなってい

ます。

「綱吉と吉宗の改革」
「田沼と定信の改革」

と、「一項目二事件」での記述です。ただその内容は、昔ながらの「幕政改革善悪交代論」が色濃く残っています。

綱吉の政治は「金銀の質を落とした」「しかし物価が上がって人々の生活を苦しめた」としめくくられ、高校ではその後「正徳の治」、中学では「享保の改革」が続きます。

「享保の改革」も、最初は善い話から入って、「米価が安定しない」「飢饉が起こって米価が急に上がり、初めて江戸で打ちこわしが起こった」で結ばれます。

「田沼の政治」も、「鉱山開発」「貿易の振興」などの功績から入って、でも後半は「賄賂政治」「飢饉《ききん》や百姓一揆」、場合によっては、本人の政治とは無関係な火山の噴火、なども織りこまれます。

綱吉の改革（悪）→（善）正徳の治（悪）→（善）享保の改革（悪）→（善）田沼政治（悪）……

プラス・マイナス・プラス・マイナス……という「波型」の説明なんですよね。「持ち上げといて落とす」みたいな感じです。

三大改革そして善悪二元論の呪縛から、そろそろ解放されてほしいと思います。

78 朝廷は江戸幕府に影響力を持っていた

江戸時代の章で、百田氏がほとんど触れていないのが、朝廷と幕府の関係です。

「江戸時代においては政治の表舞台にまったく登場しなかった「天皇」だが……」（230頁）

という表現にそのことはよく表れています。

江戸時代を通じて、漸進《ぜんしん》的に朝廷の権威は高まりました。幕府も朝廷も互いを利用しつつ（朝廷はある意味したたかにふるまい）、朝廷は幕府の政治に影響を与えました。

その流れの中で、朝廷内に幕府・反幕府の派閥が生まれ、尊王攘夷思想の信奉者も出てきます。「海の向こうから「夷狄《いてき》」が現れ、日本が未曾有《みぞう》の危機を迎えた時」、突如「「天皇」の偉大さを知ることになった」（同）わけではないのです。

まず、幕府による統制ですが、そのルーツは鎌倉幕府にあります。

頼朝の時代から、一部の貴族に「関東申次《かんとうもうしつぎ》」という役割が与えられていました。これは関東―朝廷の連絡役のようなものでした。窓口が一本化されることになり、後に西園寺《さいおんじ》家が世襲することになります。関東申次は、摂家以外の新しい「権威」をつくることになったため、摂家としては気に入らない存在で、朝廷内の対立のもとになりました（鎌倉幕府の滅亡で廃止）。

江戸幕府が、鎌倉幕府とは比較にならないくらいの力関係で朝廷に対し優位となった時、今度は摂家が主導権を握ろうとして幕府に近づきます。

変な話なのですが、ほんとのところ、幕府は朝廷をあんまり「統制」していないみたいなんです。

統制については関白・三公（太政大臣・右大臣・左大臣）に任せているようなんですよね。

「徳川幕府は、朝廷には「禁中《きんちゅう》並《ならびに》公家《くげ》諸法度《しょはっと》」を定めて管理した。」（167頁）

『禁中並公家諸法度』を読めばわかりますが、「服務規程」みたいな感じです。その点、十七条憲法のようで（ちなみにこちらも十七ヵ条です）、摂家が朝廷を運営する「手引き書」のようなものといいますか。ですから最近の教科書は、そのあたりを汲み取って、

「摂家の出身者がなる関白・三公に朝廷統制の主導権を持たせ……」

「禁中並公家諸法度を制定し、朝廷運営の基準を明示した」

といった表現に変わっています。

「長らく特権階級だった公家まで「法度」という法律をもって管理下に置いた支配者は家康が初めてだった。」（同）

という百田氏の説明を読んだ時、ああ、やっぱり昔の考え方だな、と感じたのはこのためです。

さて、幕府と朝廷の関係で抜けている点を時系列で並べてみます。

① 綱吉の時代

霊元天皇の強い要請で、大嘗祭《だいじょうさい》は二百二十一年ぶりに、賀茂葵祭が百九十二年ぶりに再興されています。その他の儀式もたくさんこの綱吉の時代に復興されました（→2講）。

朝廷の儀式は、多くが中断されたり、また再興されたりしています。にもかかわらず、

「〔新嘗祭が〕アメリカ占領軍の政策により、宮中祭祀・国事行為から切り離され、「勤労感謝の日」という意味の異なる名称に変えられ、古代からの歴史のつながりを断たれてしまった。」（15頁）

と書かれています。

古代からの歴史のつながりを断ったのは、「アメリカ占領軍の政策」ではありません。「敗戦と占領」の章で詳しく説明しますが（→『近代～現代篇』）、GHQの担当民政官・軍人の回顧録や史料は豊富にあり、情報公開も進んでいます。GHQ関係者のほとんどは、独立後に日本は憲法も改正し、再軍備にも着手すると予測していたことがわかります。

さて、五代綱吉の復古的な朝廷政策で、「勅使下向《ちょくしげこう》」の儀式（朝廷の使者に対する幕府側のもてなし）もいっそう重視されました（その中で「赤穂《あこう》事件」が起こっています）。朝廷の権威を高め（幕府はそれを利用し）、その朝廷から政治の大権を委ねられた幕府の支配は正統なものである、という後の思想の萌芽を、綱吉の政策が準備しました。

また、このころ水戸家が、朝廷との取次のような役目もしていること、水戸光圀による『大日本史』の編纂を開始したこと、などから「尊王」を重視する水戸家の風も生まれることになります。

② 正徳の治

新井白石は、将軍個人の人格よりも、将軍職の地位とその権威を高めるために、六歳の将軍家継と二歳の皇女との婚約をまとめています。

また、閑院宮家を創設し、天皇家との結びつきを強めています（→70講）。二代秀忠の娘が後水尾天皇に入内し、生まれた娘が明正天皇となっていることとあわせて、ここにも幕末の「公武合体」のモデルが先取りされています。

③　田沼時代

一七五八年、「宝暦事件《ほうれき》」が起こっています。国学者の竹内式部《たけのうちしきぶ》が、京都で公家たちに「尊王論」を説いた事件ですが、背景には、幕府から朝廷の政治を任されていた摂家（関白・三公）に対する他家、若手貴族たちの不満がありました。九代将軍家重から将軍職を取り上げる討幕計画も進行します。これに対して関白一条道香《みちか》が事態を収拾し、京都所司代《しょしだい》に訴えて関係公卿《くぎょう》を処罰、幕府は竹内式部を追放しました。

さらに一七六七年には「明和《めいわ》事件」も起こります。兵学者の山県大弐《やまがただいに》が「尊王斥覇《せきは》」を説いて幕府の腐敗を批判し、謀反を企てた事件です。

これらから、将軍は天皇の委任によって政権を預かっている、という考え方が定着し、朝廷を尊ぶことによって幕府の権威を守ろうとする考え方が広まります。この前提があるからこそ、幕末の「大政奉還」という考え方が成立するんです。

また、一七七九年、後桃園《ごももぞの》天皇が急死しますが、閑院宮家から天皇が迎えられ（光格天皇）、皇統の断絶の危機も回避されました。

④寛政の改革

一七八九年、朝廷の問題が幕府の政治に大きな影響を与えることになります。

光格天皇は、閑院宮家から天皇として迎えられましたが、実父は健在でした。父は閑院宮典仁《すけひと》親王で、天皇の父でありながらも「親王」であるため、朝儀などでは臣下の関白・三公より格下に扱われてしまいます。この「ねじれ」を解消しようと、光格天皇は典仁親王に「太上天皇」の称号を宣下したい、と幕府に同意を求めました。

ところが、話がややこしいことになりました。

まず、老中松平定信はこれを拒否したんです。理由は朱子学における先例主義で、「皇位になかった者が太上天皇の称号を得たことはない」と。でも、そんな例がないわけではなかったんですよね。なにしろ定信の父・田安宗武は、国学・歴史学にも精通していた人物ですから、定信も知らないわけはありません。ちなみに、天皇としての即位なく太上天皇の称号を受けたのは後高倉院《ごたかくら》（鎌倉時代）・後崇光院《ごすこう》（室町時代）の二人です。

さて、ややこしい、というのはここからで、実は将軍家斉も、一橋家から養子になる、という形で将軍となっていました。で、父の一橋治済《はるさだ》は健在。将軍の父でありながら御三卿《ごさんきょう》なので、臣下の親藩尾張・紀伊よりも格下になってしまう。そこで「大御所《おおごしょ》」の尊号を贈ろうとしていたんです。

しかし、定信にとって一橋治済は、かつて自分を田安家から白河藩へ異動させて将軍になれないようにした政敵でした。そのため、「大御所」の尊号を拒否しておいて「太上天皇」の尊号を認めるわけにはいかないし、「太上天皇」を認めたら「大御所」も認めなくてはならなくなる……そこで、両方認めない、を強行しました。

これで松平定信と将軍徳川家斉の対立が深まり、定信は引退することになったのです。

田沼意次のように「失脚」ならば、チーム田沼が解散されたのと同じように、チーム定信も解散されたはずですが、定信一人の辞任だったためチームはそのまま温存され、二十五年間、改革は続けられました（→77講）。ですから、定信の場合は「失脚」とは言えず、教科書では「田沼は失脚」、「定信は辞任」と明確に説明を区別しているのです。

79　日本は、列強に残された最後のターゲットではなかった

続く「一国平和主義の日本」「次々に押し寄せる異国船」の項あたりから、海外との関係が紹介されていきます。

「十八世紀の半ばからイギリスでは産業革命が起こり、ヨーロッパ全体が凄まじい勢いで近代化していた。日本は百五十年にわたる鎖国政策のせいで、武力や科学技術などでヨーロッパ諸国に大きく後れを取っていたのだが幕府はその現実と深刻さに気付いていなかった。」（211〜212頁）

「日本が鎖国政策をとり、世界に背を向けて「一国平和主義」の夢をむさぼっている間に、世界はヨーロッパ人によって蹂躙《じゅうりん》されていた。」（213頁）

前にも申しましたが、鎖国の目的は世界に背を向けるためではなく、ましてや「一国平和主義」などという存在しない概念のためではありませんでした（→61講）。

鎖国の主な目的は、キリスト教の禁止と幕府による貿易独占でした。世界に背を向けていたのではなく、十六世紀から十七世紀にかけての世界情勢が、日本の鎖国政策と（偶然に）重なりあったのです。

まず、オランダの独立、イギリスとの対立により、スペインとポルトガルは力を失い、すでにあったアジアの拠点では商業活動の現状維持がせいいっぱいでした。

代わってオランダが進出してきます。一次産品が豊富にある地域は軍事力で占領して「原料供給

地」に、人口が多く住民に一定以上の文化や購買力がある地域は「市場」にしました。イギリスも同様です。

この世界の状況の中で、日本は貿易制限を行ないながら、スペイン船・ポルトガル船の来航を禁止し、長崎の出島でのオランダとの交易体制へとつなげていきました。巧みな「外交」だったと言えます。

日本は鎖国という保護貿易の中で、自国の産業を発展させ、開国した時には世界に通用する（国際競争力の高い）製品を作り出せたのです。十九世紀にアジア地域が列強の「原料供給地」にされていった中で、植民地化を免れたのは、この鎖国による経済力の向上の成果だった、とも言えます。

「十五〜十七世紀の大航海時代に、スペインとポルトガルが、アフリカ、南北アメリカ、インドに進出し、その後、イギリス、オランダ、フランスがそれに続き、十八世紀までに、世界のほとんどを植民地化していた。東南アジア諸国も、一八〇〇年代に次々とヨーロッパの国々に滅ぼされ、植民地とされていった。」（同）

「十八世紀まで」ではなく「十九世紀まで」の誤りだと思います。いや、「十九世紀まで」だとしても、**「世界のほとんど」は植民地になっていません。**

世界史の教科書などに地図が出ていますが、十八世紀の半ばでも、まだアフリカはほとんど植民地になっていません。

西海岸のセネガルやベニンなどは、面というより、沿岸部がほぼ拠点的に植民地となっているだけです。

南アフリカも、現在の南アフリカ共和国の半分くらいの地域しかオランダの植民地になっていません。

東海岸では、マリンディ、モンバサ、キルワの三港市しかポルトガルの植民地（植民市）になっていません。

西アジアはオスマン帝国がありましたし、インドでは、フランスはシャンデルナゴル・ポンディシェリ、イギリスもカルカッタ、マドラス、ボンベイといった都市しか押さえていません。ほとんどはムガル帝国です。

スリランカとジャワ島はオランダ、フィリピンはスペイン、マラッカはポルトガルでしたが、アジアの大半、オーストラリアなどのオセアニアなども、まだ植民地ではありません。

「ヨーロッパから見て極東に位置する日本は、最後に残されたターゲットであった。」（同）

とありますが、「ターゲット」であったとしても、捕鯨基地や薪水《しんすい》給与地、あるいは巨大な中国市場の貿易拠点としての利用くらいで、**日本の植民地化の可能性はかなり低かった**と言えます。

「田沼時代の明和年間（一七六〇年代）から、ロシア船が日本近海に出没し始めていたが、寛政年間（一七九〇年代）には、ロシア船、イギリス船、アメリカ船が次々と来航して、幕府に通商を要求するようになった。幕府はいずれも拒否した。

家光が「鎖国令」を出した頃は、日本はヨーロッパの国々も簡単には手を出せない国力（武力）を持っていたが、前述したように百五十年という時間は彼我の力関係に大きな変化を与えていた」（同）

十七世紀の日本は、別に軍事力があったから植民地化を免れたわけではなく、鎖国で世界に背を向けていたわけでもありません。

十九世紀に**開国しても植民地化されなかったのは、江戸時代に培った経済力・市場価値が、当時の**

日本の独立に大きく寄与していたからです。

ナポレオン戦争とフェートン号事件

『日本国紀』の特徴の一つに、世界史および世界との関係の歴史が浅薄《せんぱく》であるうえ、誤りも散見されることがあります。

「日本の歴史」とはいえ、近現代は特に「世界史の中の日本」そのものですから、世界史の知識がないと、すべての説明の信頼性が低下します。

二〇二〇年度の大学入試改革はもちろん、これからの歴史教育の中では、日本史と世界史の横断的な学習が重要な意味を持つようになります。

「ヨーロッパ諸国はすべて君主制だったので、フランスの市民革命が自国に広がるのを抑えようと、革命政府をつぶしにかかったが、ナポレオン・ボナパルト率いるフランス軍がそれらの国を打ち破った。」(212頁)

まず、**当時のヨーロッパ諸国のすべてが君主制ではありません。**

それからナポレオンが「革命政府をつぶしにかかった」国を打ち破った、とありますが、イタリア方面軍派遣司令官としてオーストリア軍を破ったのは一七九六年です。それまでは、パリの民衆と全国から集まった義勇兵《ぎゆうへい》が革命政府を守って戦い、一七九二年のヴァルミーの戦いでプロイセン軍を撃退しました（ちなみに、最初にオーストリアに宣戦布告したのはジロンド派のフランス革命政府のほうで、オーストリア皇帝は革命の拡大を防ぐためというよりも、「ピルニッツ宣言」からわかるように、当初は妹マリ＝アントワネットと夫ルイ十六世を救う、という意図のほうが強かったのです）。

革命の拡大を危惧したのはイギリスで、ルイ十六世の処刑とフランス軍のベルギー侵攻を受けて、首相ピットが一七九三年、第一回対仏大同盟を結びました。

その後、革命政権を主導していたロベスピエールを中心とするジャコバン派がクーデターにより失脚し、穏健な共和政府（総裁《そうさい》政府）がフランスに成立しました。この中でオーストリア軍を破ったナポレオンが名声を得て、さらに敵国イギリスとインドの連絡を絶ってイギリスに打撃を与えるためにエジプト遠征を行ないます。

これに対抗して、イギリスが第二回対仏大同盟を結びました。

「ナポレオンは、一時は西ヨーロッパの大半を支配し、フランス皇帝の座に就いた。」（212頁）

誤りです。

ナポレオンは一七九九年、クーデターで政権を握った後、一八〇二年にイギリスと和解しています。そして国内諸政策を充実させた後、国民投票で一八〇四年、皇帝に選ばれました。

これに対して翌年、第三回対仏大同盟が結成され、三度イギリスとの対立が深まります。ネルソン提督率いるイギリス海軍がフランス海軍をトラファルガーの海戦で破り、ナポレオンのイギリス本土上陸は阻止されました。

しかし、陸上の戦争では、ナポレオンは有利に戦いを進めます。一八〇五年、アウステルリッツの戦いでオーストリア・ロシア連合軍を破り、一八〇六年、フランスの保護下で南西ドイツ諸国にライン同盟を結成させます。これにより十世紀以来の神聖ローマ帝国は滅亡し、翌年、苦戦の後、プロイセン・ロシアの連合軍を破ってティルジット条約を結び、ポーランドにワルシャワ大公国を建てます。ナポレオンは、自分の兄弟をスペイン王・オランダ王につけています。

西ヨーロッパの大半を支配してから皇帝となったのではなく、皇帝になった後、戦いを続けて西ヨーロッパの大半を支配したのです。

一八〇〇年代、こうしてオランダはフランスの傘下に入ることになります（オランダ国王はナポレオンの兄弟ですからね）。よって、イギリスにとってはオランダも敵国になります。しかし、これはイギリスにとっては海外での植民地拡大の口実に利用できました。つまりオランダに宣戦布告することで、オランダの海外植民地を奪うことができるからです。

これが背景となって、一八〇八年のフェートン号事件につながるのです。

「イギリスの軍艦フェートン号がオランダ国旗を掲げて長崎に入港し、同国人と思って出迎えたオランダ商館員を拉致した事件である。」（214〜215頁）

なぜイギリスが遠く日本までやって来てこんな事件を起こしたのか、これだけではサッパリ伝わりません。せっかくナポレオンの話をしているのだから、「フランスがスペインやオランダを支配し、イギリスと対立していた」とネタフリしておけば、「フェートン号事件」でオチをつけられたのです（大学入試でも、フェートン号事件が起こった国際的な背景を説明せよ、という問題があります）。

フェートン号は、ナポレオン戦争中でしたので、オランダの船を拿捕《だほ》しようと長崎に来たのです（長崎港に停泊している船にオランダ船がいないか「捜索」もします）。

「十六日、イギリス側は人質を一人解放し……」とありますが、長崎奉行松平康英《やすひで》は時間を稼ぐために、今用意できるのはこれだけだ、とイギリス側にわざと少しの水しか与えず、翌日にたくさんの水・食料を渡すとして人質一人を解放させることに成功します。なかなか有能な官吏で、ネゴシエーターとしての才能があったようです。

80 ゴローウニン事件は日露和親条約の締結を促した

「文化八年（一八一一）には「ゴローニン事件」が起きる。これは国後島でロシア軍艦の艦長ゴローニンら八人を、南部《なんぶ》藩士が捕まえた事件である。日本からすればロシアが行なった樺太《からふと》や択捉《えとろふ》島での略奪の報復だったが、ロシアと日本の間に軍事的緊張が高まった。」（215頁）

「ロシアが行なった樺太や択捉島での略奪」とは「文化の露寇《ろこう》」（一八〇六〜〇七年）と呼ばれている事件です（ちなみに艦長の名前「ゴローニン」は昔の教科書に見られた表記で、現在では「ゴローウニン」に変わっています）。

以下、ゴローウニンの体験談『日本俘虜実記《ふりょじっき》』『ロシア士官の見た徳川日本』、副長リコルドの『対日折衝《せっしょう》記』に基づいて説明します。

ゴローウニンの指揮する軍艦はディアナ号といいました。一行は、まず択捉島に上陸し、松前《まつまえ》奉行所の役人と接触します。薪・水を求めるためでした。

文化の露寇以後、老中から大目付《おおめつけ》に文書（ロシア船打払令《うちはらいれい》）が出されていましたが、この役人は、親切にも択捉島にある会所《かいしょ》へ行くように指示し、わざわざ一筆したためてくれました。現場は、ロシアに対して柔軟に対応していたことがわかります。

ところがゴローウニンは、択捉島から国後島に進みます（もともとの目的が探検だったからでしょうが、この理由が腑に落ちないところもあります）。折からの時化《しけ》を避けるように国後島の泊港《とまり》に入りました。

ここには松前奉行管轄の陣屋《じんや》があり、打払令に基づいて砲撃を行ないました。この時、幕府は、各藩に北方警備を分担させていたのですが、当時の担当は南部藩でした。ですから正確には、「南部藩士が捕まえた」のではなく「**警固の任にあった南部藩士が砲撃した**」ことになります。

これを受けて、松前奉行の役人に対しゴローウニンが薪水《しんすい》の補給を受けたいと申し出をした（役人からもらった手紙を送った）ところ、国後の陣屋は砲撃を止めて面会に応じました。それどころかゴローウニンに食事の接待をしています。礼節をもって、とまでは言えませんが、紳士的な対応であったと思います。

役人は「薪と水を与えてよいかどうか松前奉行の許可をとりたいのでしばらく待ってほしい」と回答をします。

やがて奉行側の記録とゴローウニンの記録の相違が出てくるのですが、松前奉行側は逃亡した、と記録していますし、ゴローウニン側は人質を要求されたのでいったん船に戻ろうとしたら捕まえられた、となっています。ともあれ、ここからが「事件」となりましたが、「報復」目的で艦長を捕まえたわけではありません。

副長リコルドはこの事態に、艦砲射撃で艦長の返還を要求しました。なんと泊《とまり》港で、砲撃戦が行なわれたのです。リコルドは、射撃を続けてかえって艦長に危害が加えられてもだめだと考え、救援を求めてオホーツクに向かいました。軍管区《ぐんかんく》の海軍大佐に事態を報告し、軍隊の出撃を要請するため、さらに首都サンクトペテルブルクに向かおうとします（ロシアは極東にまとまった軍隊を常置していなかったことがわかります）。

ところがリコルドの要請は却下されました。ロシアはナポレオンとの戦争の危機にあり（一八一二年、ロシア遠征）、兵力を極東に回している場合ではなかったのです。

「ロシアの副艦長は本国に戻り、ゴローニン救出のために遠征隊を出すように要請するが……」（215頁）

リコルドは厳密には本国（の首都）までは戻っていません。途中で許可が出ないことがわかり、諦めて引き返したのです。リコルドは、文化の露寇で捕虜になっていた日本人を連れて、ゴローウニンとの交換を要求することを思いつきます。

一方、ゴローウニンは、箱館《はこだて》（現在の函館）に連行されて尋問を受け、松前に送られていました。松前奉行自らが取り調べをしますが、現場と奉行所の感覚がここで相違していました。

現場は、ゴローウニン一行が薪・水を要求したが、取り調べ中に脱走し、砲撃事件に発展した、と考えていたのですが、松前奉行は文化の露寇の延長にあると考えていて、四年前の「犯人」を捕まえた、という認識でした。ゴローウニンは、それは誤解だと申し立て、全く関係がないと主張しました。

さらに幕府の方では、ゴローウニンが択捉島の占領を企てているのではないか、などと疑っていました。

現場―松前奉行―幕府で、それぞれこの事件に対する事実認識・理解の度合が違っていて、上に行くほど大げさに解釈されていたことがわかります。

松前奉行は取り調べの過程で、ゴローウニンと文化の露寇は無関係と理解し、釈放を決定して幕府に願い出ました。なかなか話のわかる男です（江戸時代、現場に近い役人は優秀な人物が多かったように思います）。

ところが、幕府からの回答は「拒否」。松前奉行はこの判断を気の毒と思ったようで、最初はゴローウニンを牢獄に入れていたのですが、武家屋敷にお預けにして、さらには外出の許可も出されるくらいの待遇に変化しました。

しかし、ゴローウニンは焦ってしまいました。このままでは永久に帰れないのではないかと考え、脱走を図り、山中をさまよって飢えているところを村人に見つかり、再度捕まって投獄されました。

他方、副長のリコルドは、ほぼ「走れメロス」状態です。交換する人質を連れて国後に来たものの、すでに箱館へ艦長は送られた後。人質の交換を要求しますが、日本側は人質を受け取りつつ、ゴローウニンはすでに処刑された、と言います。なかなかリコルドは賢明な男だったようで、この役人の話をウソと見破り、別の方法を模索します。

リコルドは非常手段に出ます。国後島沖を航行していた日本船を拿捕し、乗っていた人々をオホーツクに連行しました。このとき連行された人物の一人が、高田屋嘉兵衛《かへえ》です。

リコルドは事情を説明し、「交換の人質」というより「仲介人」として嘉兵衛を遇します。高田屋嘉兵衛は、リコルドと交流を深め、ロシア語などを学びます。リコルドからゴローウニン事件の経緯と解決策を相談された嘉兵衛は、「文化の露寇を公式に謝罪すれば、ゴローウニンは解放されるに違いない」と説きました。

リコルドは再び国後に向かい、国後の陣屋と交渉を開始。高田屋嘉兵衛が仲立ちになって日露間を往来します。幕府側も、これ以上ロシアとの問題がこじれるのを恐れて、「文化の露寇を侘《わ》びればゴローウニンを釈放する」という文書を出します（『魯西亜《ろしあ》船《せん》江相渡候諭書《へのあいわたりそうろうさとししょ》』）。

リコルド、高田屋嘉兵衛の奔走《ほんそう》でようやくゴローウニンは釈放され、一八一三年に事件は解決をみました。

この交渉は、かえって日露の関係を接近させ、ロシアは「国交樹立と国境画定」の話し合いをしたい、回答は一年待つ、との旨を幕府に伝えました。幕府は、国交は拒否するものの、なんと国境画定協議には応じることを決めたのです。択捉島までを日本領、得撫島《うるっぷとう》を中間地帯としてどちらも立ち入らず、新知島《しむしるとう》までをロシア領とするものでした。

ところがその回答が届く直前、ゴローウニンとリコルドは、期限の一年が経過したこともあり、いったんロシアへ退去してしまったのです。

結局この交渉は、一八五三年のプゥチャーチンの来航に持ち越されるのですが、**五五年の日露和親条約で速やかに国境画定ができたのは、「国境原案」がこの段階ですでにできあがっていたから**です。

幕府はロシアとの関係が改善されたことを受けて、直轄地にしていた蝦夷地を一八二一年、松前藩に還付しています。したがって、

「これにより日本とロシアの関係が改善されたわけではなかった。」（216頁）

というのは誤りです。

ロシアと日本の関わり

「〔ロシア船が最初に厚岸《あっけし》に来てから〕十四年後の寛政四年（一七九二）、ロシア遣日使節が根室にやってきて、再び通商を求めると、幕府は長崎への入港の許可書を与えて退去させる。」（214頁）

人物の歴史を軸にする『日本国紀』ですが、この時来航したロシアの軍人ラクスマンのことにまったく触れられていません。

ラクスマンは、ロシア皇帝エカチェリーナ二世から派遣され、漂流民の大黒屋光太夫《だいこくやこうだゆう》を届けてくれました。光太夫からの聞き取りで、いろいろな情報を幕府は得ました。彼はロシアに滞在し、エカチェリーナ二世とも謁見しています。帰国後は、桂川甫周《かつらがわほしゅう》や大槻玄沢《おおつきげんたく》と交流し、蘭学の発展にも寄与しましたし、何より桂川は光太夫からロシアでの生活・見聞を聴取し、『北槎聞略《ほくさぶんりゃく》』をまとめています。幕府は光太夫からの情報を得て、樺太・千島の防衛を企図するようになります。

この頃ロシアは択捉島に入り、現地のアイヌとの交易を始めていました。

幕府は一七九八年、近藤重蔵《こんどうじゅうぞう》・最上徳内《もがみとくない》に択捉島探査をさせ、「大日本恵登呂府《だいにっぽんえとろふ》」の標柱を立てさせ、択捉・得撫間をロシアとの境界とする構想を立てています。すでに江戸時代から択捉島は日本の領土であったことを示す根拠なのに、なぜかこの話も『日本国紀』からは抜けています。

一八〇〇年には八王子千人同心《はちおうじせんにんどうしん》の百人を蝦夷地に入植させ、一八〇二年には東蝦夷を幕府直轄にし、さらには居住しているアイヌを「和人《わじん》」とする同化政策を開始しました。日本の風俗を強制し、首長を「名主《なぬし》」としていきます。『日本国紀』には、一貫して琉球やアイヌの話が希薄です。

「十二年後の文化元年（一八〇四）、ロシアは長崎に来航して通商を求めるが、幕府は半年以上も回答を引き延ばした末、翌年、拒否する。これに怒ったロシアは樺太や択捉島で略奪や放火を行なった。そのため、幕府はそれまでロシアの漂着船には水や食料を支給して速やかに帰らせる「ロシア船撫恤《ぶじゅつ》令」を出していたが、この事件以降、蝦夷地を幕府の直轄地とし、東北諸藩に出兵を命じ、蝦夷地沿岸の警備を強化するとともに、文化四年（一八〇七）、「ロシア船打払令」を出す。」（214頁）

一八〇四年に長崎に来航したロシア使節はレザノフです。

長崎では、ラクスマンに手渡した許可書を持っての来航であるし、礼節をもって遇するべし、と考えていましたが、当時の老中土井利厚《どいとしあつ》が強硬派で、結局はレザノフを長く軟禁した上、帰らせています（ちなみに、この時の長崎奉行は遠山景晋《とおやまかげくに》。「遠山の金さん」で知られる後の江戸町奉行遠山景元《かげもと》の父親です。レザノフを取り調べた役人の一人が大田南畝《おおたなんぽ》）。

一八〇五年に「文化の薪水給与令《しんすいきゅうよれい》」を出します（百田氏言うところの「ロシア撫恤（憐れみ慈しむ）令」）。

レザノフはカムチャッカにもどった後、アラスカからカリフォルニア（当時スペイン領）にまで行き、交易を模索しています。レザノフは武力で開国させるしかないという判断をしたようで、部下に対してその話をしています。その提案は本国から拒否され、レザノフも撤回します。ところが、ここで齟齬《そご》が生じました。その命令がまだ生きていると「誤解」した部下のフヴォストフが、単独で蝦夷地を攻撃する行動に出てしまいました。先述の、日本側の記録では年号をとり「文化の露寇」として残っている事件（一八〇六年）です。樺太の松前藩の居住地を襲撃し、さらには択捉島に駐屯していた幕府軍にも攻撃をしかけてきました。これを受けて、一八〇七年、幕府は蝦夷地の全域を直轄地にし、松前奉行の支配下に置き、同年、前年の薪水給与令を改めて、ロシアを打ち払うように老中から大目付に文書を発給しています（これが「ロシア船打払令」）。

当時、ヨーロッパではナポレオンが台頭し、ロシアは極東情勢にかまっていられない時でした。皇帝がこの事件に不快感を示し、一八〇八年、軍の撤退命令を出したことで、一時的な両国の緊張は回避されました。

なぜ、こうした一八〇〇年代の日露関係を通じて、北方領土が日本固有の領土である、というネタフリをされなかったのでしょうか（コラムなどに日露和親条約の話［237～238頁］はありますが）。百田氏は現行教科書にはずいぶんと批判的ですが、現行教科書には「北方領土」が日本固有の領土であるネタフリは随所に出てきます。一八〇〇年代の幕府、近藤重蔵や最上徳内、間宮林蔵などの活躍が、北方四島の帰属をはっきりさせたのです。

81 「大津浜事件」と「宝島事件」は「異国船打払令」のきっかけではない

かつては、「大津浜事件」や「宝島事件」が異国船打払令《うちはらいれい》（文政《ぶんせい》の無二念《むにねん》打払令）のきっかけとなった、という教え方がされていました。しかし現在では見方が変わり、教科書では一切触れなくなりました。

「文政七年（一八二四）、「大津浜事件」が起きた。これはイギリスの捕鯨《ほげい》船の乗組員十二人が水戸藩の大津浜（現在の茨城県北茨城市大津町）に上陸した事件である。〔……〕この時、大津浜に上陸したイギリス人たちは、船に壊血病《かいけつびょう》の患者が出たので、新鮮な野菜と水を求めてやってきたのだった。水戸藩士たちが彼らを捕らえたが、事情を聞いた幕府役人は、水と野菜を与えて釈放した。〔……〕しかし水戸藩では、この幕府の対応を手ぬるいと非難する声が上がった。」（216〜217頁）

この事件について、以前は、外国船の威《おど》しに屈した幕府役人が、ことなかれ主義からイギリス人を釈放した、という解釈がなされました。特に明治維新後、安政《あんせい》の大獄《たいごく》で弾圧された人や、尊王攘夷派の人々の「名誉回復」が図られる中、幕末期の幕府の対応を「腰抜け」と批判する、「現政権による前政権批判」の材料の一つとなっていたのです。

水戸藩士たちは上陸したイギリス人を捕らえて監禁するなど、かなり無茶な対応をしました。イギリス船からは砲撃（空砲）も行なわれたようです。幕府の役人が調べたところ、薪・水を求めていること、船内に病人がいることがわかり、「薪水給与令」にしたがってイギリス人を釈放しました。「違法行為」は水戸藩側にあり、幕府役人の対応のほうが当時の「合法的」措置です。

これに怒ったのは水戸藩ではなく、水戸藩の学者である藤田幽谷《ゆうこく》です。彼は子の藤田東湖《とうこ》に異人を斬ってこい、と命じて送り出そうとしますが、その時はもう、イギリス人は釈放された後でした。しかし、この話、ちょっといわくがありまして……。

これは藤田東湖の『回天詩史《かいてんしし》』（一八四四年）にある「三度死を決して而《しか》も死せず」の中の「一回目の死の決心」で回顧されている話です。この頃（一八四二年）、幕府は従来の打払令を止め、「天保の薪水給与令」を出していました。幕府の弱腰外交に水戸藩が苛立っていた時。そこで東湖は二十年前の大津浜事件を回顧し、「あの時もこうだった」と事件を再度クローズアップしたのです。これが一八四〇年代、さらに明治時代に、この事件の「再評価」につながります。

「同じ年、薩摩沖の宝島（奄美大島と屋久島の間に位置する島）にイギリスの捕鯨船の乗組員が上陸し、牛を強奪しようとして、島民との間で交戦状態となる事件が起きた。〔……〕この二つの事件がきっかけとなり、文政八年（一八二五）、幕府はそれまでの「薪水給与令」を廃し、「異国船打払令」を出す。」（217頁）

宝島事件は、現在の鹿児島県トカラ列島の宝島にイギリス人が上陸し、薩摩藩の役人から食料を与えられたにもかかわらず、再度武装して島にいた牛を食用に射殺し持ち帰ろうとした事件です。その際、薩摩藩側がイギリス人一名を射殺していますが、これは薩摩藩内部の問題でした（吉村昭の小説『幕末軍艦「回天」始末』に「牛」という短編小説が収録されています。宝島事件を扱っていますので、機会があれば読んでみてください）。

一方、幕府が一八二五年に「異国船打払令」を出すきっかけには、これら二つの事件とは異なる別の視点がありました。

鎖国の目的の一つは、「幕府による貿易独占」です。ところが大津浜事件と同じ一八二四年、水戸藩の漁民たちが、沖合に現れたイギリスの捕鯨船団と「交流」し、いろいろな商取引をしていたことがわかったのです。水戸藩の一部が問題視したのは大津浜事件でしたが、幕府が問題視したのは水戸藩の漁民による「私交易」（抜け荷）のほうでした。

各地の沿岸に現れていた捕鯨船や商船と、沿岸漁民、一部商人はすでに「交流」を始めていたのです（二〇一六年にハーバード大学のハウエル教授が「えげれす人がやってきた！　ペリー来航前夜」と題した講演を日本で行なっていて、大津浜に上陸したイギリス人と漁民との交流や、一八二二年以降、小笠原諸島など近海に捕鯨船が多数現れ、漁民との交流・交易があったことを指摘しています）。この**私交易をやめさせるのが異国船打払令（文政の無二念打払令）の主な目的であった、という考え方に現在では変わってきました**（田中弘之『「蛮社の獄」のすべて』）。

このように、大津浜事件や宝島事件は、幕末・維新の「武勇伝」としての色合いが強いために、現在ではトーンダウンした評価になっています。教科書に採用されない、あるいはされなくなるには、それなりの理由があるのです。

82　幕府の十九世紀前半の外交政策は「右往左往」していない

幕末＝夜／明治＝夜明け、のイメージは、明らかに明治以降、戦後に至る歴史教育でよく見られた論調です。一九六〇年代から八〇年代の学校教育や教科書を否定的に語っているわりには、百田氏の歴史観もそこに止《とど》まっているように思えます。

「右往左往する幕府」という項（216〜218頁）がありますが、幕府の十九世紀前半の外交政策は「右往左往」していません。

一八一〇〜二〇年代のイギリスの対外政策は、当時のイギリス国内の状況を理解していると、いろいろなことが腑に落ちます。簡単にいうと、産業革命以来の「生産過剰」によって、不況に突入していました。一八二五年にはその頂点として最初の「恐慌《きょうこう》」を迎えます。これは実はアメリカも同様で、恐慌とまでは言いませんが、不況に陥っていきます。

民間レベルでは、この生産過剰を海外との交易によって、つまり輸出を振興して解決しようという動きになっていました。よって、「交易相手」を模索するようになります。

幕府が「文政の薪水給与令」を、ロシアに対しては撤回しながら、他の異国船については適用し、大津浜事件についても幕府の役人が「侵略行為ではない」と判断して薪・水・病人対応をしているのは、案外と世界の動き（通商・交易を求める動き）に適応する行動でした。企まざる「正しい対応」だったのです。

一八二五年に幕府は「無二念打払令」を出しましたが、この時、イギリスは最初の大恐慌まっただなかで、内政・経済問題を最優先としていました。

三〇年代に入ると、イギリス国内で政治的変化が生まれます。第一回選挙法改正により産業資本家たちが選挙権を得て、政府は彼らの意見を汲み取った政治を行なうようになります。

ここからイギリスは、従来とは違う目的の海外進出を図るようになりました。「原料供給地」と「市場」の「色分け」です。

そして、その「色分け」に従わない国へは、武力を行使していきました。原料供給地として必要なところは軍事力で制圧して、一次産品が提供できる地域に「改造」します。市場価値のあるところへは「自由貿易」を押しつけて武力で「開国」させ、交易に有利な条約を結ばせるのです。

このように、武力の使い方も二通りでした。アヘン戦争は自由貿易を押しつける手法で、目的は「植民地化」ではなく「市場開放」でした。ですから、**幕府が一八四二年に天保の薪水給与令を出したのは正解**なんです。企まざる「正しい対応」をここでもしたのです。


「ところが天保一三年（一八四二）にアヘン戦争で清帝国がイギリスに負けたことを知った幕府は、今度はイギリスおよびヨーロッパ列強の強さに怯《おび》え、同年、それまでの政策を一八〇度転換して「異国船打払令」を廃し、遭難した船に限り給与を認める「天保の薪水給与令」を発令した。まさに右往左往の政策である。」（217～218頁）

別に幕府は「怯え」などしていません。冷静に考えればわかりますが、文政の無二念打払令（一八二五年）から天保の薪水給与令（一八四二年）まで、十七年もの間があります。十七年間続けた方針を、世界状況の変化の中で柔軟に変えたことが、「右往左往」と果たして言えるでしょうか。

83 「蛮社の獄」は単純な蘭学弾圧事件ではない

「シーボルト事件と蛮社の獄」という項ですが。

「〔一八三九年〕蘭学を学んだことで政府を批判する勢力となった人たちが出たため、これを取り締まった。この言論弾圧を「蛮社の獄」という。当時、蘭学者たちは「南蛮の学問を学ぶ」ということから「蛮社」と呼ばれていた。この時、渡辺崋山《わたなべかざん》や高野長英《たかのちょうえい》（シーボルトの弟子でもあった）といった素晴らしい学者たちが切腹を命じられたり、殺されたりした。」（219頁）

まず、「切腹を命じられたり……」とありますが、この事件では「切腹」を命じられた人はいないはずです。切腹は武士に命じられるもの。藩士は渡辺崋山くらいで、あとは僧侶と町人。崋山以外の武士は三人ほどで、浪人や隠居でした。渡辺崋山は「蟄居《ちっきょ》」ですし、高野長英は「永牢《えいろう》」つまり終身刑《しゅうしんけい》です。「永牢」は高野長英以外では二人。「押込《おしこめ》」は四人。「江戸所払い《ところばらい》」が一人。ただ、彼らの多くは取り調べ中の拷問《ごうもん》で死んでいます（ですから「殺されたりした」というのは正しい）。

「蛮社」（「蛮学社中」の略）をイコール「尚歯会《しょうしかい》」（紀州藩儒官《じゅかん》の遠藤勝介《えんどうかつすけ》が主宰し、長英や崋山を中心とした蘭学者グループ）そのものと誤解されている人も多いのですが、正確には違います。尚歯会で処罰されたのは長英と崋山だけで、会に属する残りの人々は処罰されていません（二人が別件で逮捕されましたが無罪放免）。

「蛮社の獄」は、蘭学の研究者全体に対する弾圧事件ではありません。「蘭学を学んだことで政府を批判する勢力となった人たちが出たため」取り締まった、という説明も現在ではしません。

発端は、「モリソン号事件」（一八三七年）です。アメリカの商船が日本の漂流民を救助してくれて、返還しようとしたのですが、幕府がそれを打ち払った、という事件です。

最初はどこの国の船かもわからず打ち払ったのですが、後にオランダ商館長が、あれはイギリス船（本当はアメリカの船なのに誤ってイギリスと伝えた）のモリソン号で、遭難者を届けてくれたのだ、と「真相」を伝えました（幕府はこのように、オランダ商館からわりと頻繁に世界情勢、列強の動きについて報告を受けていました。外国の情報に疎かったというのは誤解です）。

そこで幕府は、江戸湾防備を再開させる案を、蘭学者で韮山《にらやま》代官であった江川太郎左衛門《えがわたろうざえもん》と、目付《めつけ》の鳥居耀蔵《とりいようぞう》にそれぞれ検討させます。しかしこの両者は対立し、鳥居が江川を退けようと、江川の師匠の渡辺崋山に目を付けました。

崋山は、無人島渡航（小笠原諸島渡航）計画を立てていると訴えられ、取り調べの中で、書きかけの原稿が見つかります。それが『慎機論《しんきろん》』でした。高野長英は『戊戌夢物語《ぼじゅつゆめものがたり》』の内容を咎《とが》められました。**どちらもモリソン号事件への幕府の対応に批判的で、幕政を批判したことを理由に二人は処罰を受けています。**

「西洋について詳しい情報を持った人物を粛清《しゅくせい》する行為は、大きな目で見れば、自らの首を絞めかねないということに、幕閣たちは気付いていなかった。」（219頁）

というのは、「蛮社の獄」への誤解から生まれた感想だと思います。現在の教科書はそのあたりをふまえ、蛮社の獄を単純な蘭学弾圧とは捉えなくなりました。先に述べた背景に触れるか、「幕府を批判した高野長英と渡辺崋山が処罰されました」というような表現にとどめています。

モリソン号事件に触れずに「蛮社の獄」を説明するのはかなり無理があります。

84　伊能忠敬は「大日本沿海輿地全図」を完成させていない

緯度一度の正確な距離を知りたい、と考えたのは伊能忠敬ではなく、その師匠の高橋至時《たかはしよしとき》でした。忠敬が測量を始めた時、至時は「宝暦暦」に代わる暦法《れきほう》の「寛政暦」をすでに完成させ、幕府から報奨金も得ています。

「二人は暦を正確なものにするためには、地球の大きさや日本各地の経度や緯度を知ることが必要だと考えた。」（219頁）

実は、伊能忠敬が全国測量を行なうに至った詳しい「動機」はわかっていないんです。

当時の水準ではすでに、暦や日月蝕の計算に地球の大きさの値は必要ありませんでした。よって、幕府の天文方《てんもんがた》としては、緯度一度の正確な距離（つまり地球の全周）を調べなくてもよかったんです。

ではなぜ、高橋至時は「緯度一度問題」にこだわって伊能忠敬に測量させようとしたのか……学問上の知的好奇心、としか説明がつかないんです。

幕藩体制は、地方分権国家です。幕領四百万石のほかは、日本全国は大名領に分断されていました。測量のための移動は私的にはできません。できるだけ長距離を移動してその距離を求める……「地球の全周を測定したい」（学問上の知的好奇心を満たしたい）という理由だけでは、幕府が許可を出すわけがありません。

そこで、「地図作成」という「口実」を用意したのではないでしょうか。

ちなみに、第五次測量まで、「経度」は調べていません（というか当時、経度を調べる技術・方法がありませんでした。地図の完成とともに提出された『大日本沿海実測録』も、緯度だけの測量結果を提出したものです）。

ですから、**伊能忠敬はもちろん、高橋至時は（緯度にはこだわりましたが）「地球の大きさ」や「日本各地の経度や緯度」を知る必要があるとは考えていません。**

伊能忠敬については、民間の研究者やファンが多く、いろんな話をネットに上げたり書籍を出したりしていますが、不正確なものも多いです。うっかりこれらから引用すると誤ってしまいます。参考にできそうなものは、大谷亮吉『伊能忠敬』、保柳睦美《ほやなぎむつみ》編『伊能忠敬の科学的業績』、東京地学協会編『伊能図に学ぶ』、嘉数次人《かずつぐと》「江戸幕府の天文学」だと思います。

「忠敬の測量は〔……〕ついに日本の沿海図を正確に描いた地図を完成させた。」（220頁）

誤りです。よくやっちゃうんですよね。

「平賀源内がエレキテルを発明した」
「伊能忠敬が日本地図を完成した」
「吉田松陰《よしだしょういん》が松下村塾《しょうかそんじゅく》をつくった」

というのは、小学生ぐらいで思い込みがちな「江戸三大誤解」。エレキテルはそもそもオランダから伝来したものですし、伊能忠敬は日本地図を完成させていませんし、松下村塾をつくったのは松陰の叔父の玉木文之進《たまきぶんのしん》です。

「大日本沿海輿地全図《だいにほんえんかいよちぜんず》」の完成は一八二一年。伊能忠敬は完成を見ることなく、一八一八年に死去しています。

測量も、第九次測量には参加していませんし、蝦夷地の北部は弟子の間宮林蔵《まみやりんぞう》の実測をそのまま利用しています。**完成は、高橋至時（忠敬より先に死去）の子・景保《かげやす》の手によってなされ、幕府に提出されました。**

「天文方に学んだ伊能忠敬は、幕府の命を受けて全国の沿岸を実測し、『大日本沿海輿地全図』の完成に道を開いた」（『詳説日本史B』245頁）と含みのある表現を教科書が採っているのには、それなりの理由があります。

「異国船を前に、幕閣が右往左往している時にも、こうした民間人が日本を支えていたのである。」（220頁）

右往左往どころか（↓82講）、**第一次測量の時から幕府は測量を許可しただけでなく、各藩に伊能忠敬の測量に協力する命令を出しています。**それは、まさに相次ぐ異国船の来航により、国防上の理由で沿岸地図を必要としていたためと指摘する研究者もいます（織田武雄『地図の歴史・日本篇』）。

また、**一八〇四年から忠敬は幕府の天文方の役人となっているので、もはや「民間人」ではありません。**一八〇五年以降、地図の作成は幕府直轄事業になりました。これは明らかにロシア使節レザノフの来航（一八〇四年）が背景にあります。幕府は意義と目的を理解して事業を展開させており、「異国船を前に」手をこまねいて動揺などしていません。

85 「言霊主義」で社会科学的説明や実証的説明を省略してはいけない

平安・鎌倉時代では「朝廷の無力」を批判する一方、幕末では「幕府の無策」を批判する『日本国紀』。平安・鎌倉時代の「朝廷の無力」が誤った認識であることはすでに説明しましたが（→22講、番外篇3）、幕末の「幕府の無策」も誤解を含んでいます。

> 「ペリーが来航する半世紀も前から、ヨーロッパ船やアメリカ船が来航する頻度が年々高まり、開国要求も強まっていく中でも、幕府は来るべき「Xデー」にまったく備えていなかったのだ。」（226頁）

幕府はペリー来航まで、以下のように備えています。

田沼時代からすでに、『赤蝦夷風説考《あかえぞふうせつこう》』を著した工藤平助《くどうへいすけ》の意見を取り入れ、**蝦夷地の開発とロシアとの国交を検討していますし**、幕府の外交は松平定信へ「政権交代」しても基本的方針は変わっていません。

一七八九年の国後でのアイヌの蜂起を鎮圧して以降、**ロシアの南下に備え始めています**。

一八〇〇年には八王子千人同心を蝦夷地に入植させ、一八〇二年には東蝦夷を幕府直轄にしています。さらにアイヌを和人としました。レザノフの事件後は、蝦夷地をすべて直轄とし、松前奉行の指揮下で、東北諸藩に警固させています。

会津藩などは蝦夷地での銃撃訓練だけでなく、台場の建設などもしてロシアに備えています。国防強化に不可欠な沿岸の調査と地図の作成（伊能忠敬の調査）を幕府直轄にし、間宮林蔵に樺太探査もさせています。ゴローウニン事件はすでに説明した通りで、ロシアとの関係を修復したうえで、蝦夷地を松前藩に還付しています。

一八一一年に朝鮮通信使を江戸ではなく対馬までの派遣にさせた（易地聘礼《えきちへいれい》）のは、朝鮮だけを特別扱いせず、**日本近海に出没する諸外国との関係を「対等」とするため**で、幕府は「論理的」に外交を展開してきました。

一八二〇年代から四〇年代の外交転換も、従来説明した通りで、幕府は異国船を前に、けっして「右往左往」していたわけではありません（→82講）。したがって、「にもかかわらず、幕府は五十年以上、何もしなかったのだ」（同）という考え方は誤りです。

百田氏はその理由を「言霊《ことだま》主義」に求めます。すなわち、

「言葉には霊力があって、〔……〕呪詛を述べれば不幸が襲いかかるという信仰である。〔……〕「あってはならないこと」や「起こってほしくないこと」は、口にしたり議論したりしてはならないという無意識の心理に縛られているのである。」（225〜226頁）

もちろん、史料的には何の証明もできません。

ゴローウニン事件での高田屋嘉兵衛による交渉、幕府の役人の対応は、すべて「あったこと」に基づき、「起こってほしくないけど、起こってしまったこと」を解決した例です。松前奉行の役人は現場の状況を伝え、それに対して幕府はちゃんと回答しているわけですから、「議論」も行なわれています。

「大東亜戦争時、作戦前に参謀や将校が「失敗するかもしれない」とか「敗れた場合」ということを口にすることは許されなかった。」（227頁）

という説明に至っては、いったいどんな事件や具体的な戦いが念頭にあるのでしょう。

「是非やれと言われれば一年や二年は存分に暴れて御覧にいれます。しかし、それから先のことは、全く保障できません」と海軍大将の山本《やまもと》五十六《いそろく》は当時首相の近衛文麿《このえふみまろ》に伝えていますし、海軍軍令部第二部第三課長柳本《やなぎもと》柳作《りゅうさく》大佐は、「レーダーなどの最新装備なくアメリカと戦うことは無謀である」とミッドウェー海戦前に指摘しています。

また陸軍でも、二十一号作戦（インパール作戦）の前には、第一八師団や第一五軍が無謀であると反対を示し、佐藤幸徳中将は第三〇師団の独断退却を命じています。日中戦争やビルマ戦線、ソ連との国際紛争でも師団付参謀は参謀としての役割、発言（反対や進言）を十分行なっていました。

「作戦前に参謀や将校が「失敗するかもしれない」とか「敗れた場合」ということを口にすることは許されなかった」という具体的な例があれば、示してほしかったと思います。

また、それに関連して「原発の例」を挙げられていますが、これは「言霊主義」ではなく、「責任回避論」「責任転嫁論」と言うべきです。

「原発に大規模な事故が起きる可能性があると認めた場合、原発反対派から追及されるのを恐れたためである。」（228頁）

あたりまえですが、大規模事故に対する議論ができなかったのは反対派の追及が恐かったから、という理屈は単なる責任転嫁でしかありません。実際に十分な対策や準備をしなかったり、情報を出すのが遅かったりしたことは、このような「言霊主義」で説明すべきことではないでしょう。

「言霊主義」という概念こそが、歴史的事件や戦争の原因を矮小化し、社会科学的説明や実証的説明の省略につながるのです。

86　ラナルド・マクドナルドは「Ｓｏｉｎａｒａ」と記していない

一八四八年、日本に密入国したアメリカ人ラナルド・マクドナルドがコラムで「冒険家」と紹介されているのですが、彼は「冒険家」ではありませんでした。銀行員を経験していますが、その後、軍人になりたい、と父に伝え、やがて出奔……「船乗り」となり、非合法の奴隷船にまで乗り組んだ経験があります。船員仲間には明確に「日本渡航の目的」を示していて、

「日本の国民を知りたい」
「われわれのことを彼らに教えたい」
「彼ら（日本人）の教師になる」
「この島国に滞在し、日本語を学び、日本の首都エドに出て、イギリスかアメリカと日本が通商を始めたら通訳になりたい」

と述べている記録があります（『海員の友』一八四八年十二月一日号／マクドナルド『日本回想記』より）。

「彼が日本文化に関心を持ち、また聞き覚えた日本語を使うのを見た長崎奉行は、日本人通詞《つうじ》十四人に英語を教えることを許す。」（223頁）

ネット上の説明（Wikipedia「ラナルド・マクドナルド」の項）にも、

「マクドナルドが日本文化に関心を持ち、聞き覚えた日本語を使うなど多少学問もあることを知った長崎奉行は、オランダ語通詞14名を彼につけて英語を学ばせることにした」

とあるのですが……そもそも、マクドナルドは密入国で取り調べられ、座敷牢《ざしきろう》とはいえ牢に監禁されていた「罪人」です。

長崎奉行は日本人通詞に、マクドナルドから英語を学ばせたりしていません。マクドナルドの『日本回想記』にもそのようなことは書かれていません。というか**「英語教師となった」というのは『回想記』に見られるマクドナルド自身の言葉で、長崎奉行から任命された「仕事」ではない**のです。

他の捕らえられた船員に比べマクドナルドは模範囚《もはんしゅう》だったようで、それは日本側の記録にも残っています。

「この者はいたって礼儀正しく、諸役にも丁寧であるが、右十五人の者はまことに下賤に見え、無礼をはたらくので役人も困っている」（『弘化雑記《こうかざっき》』「合衆国漂流民風聞記」より）

『回想記』を読むと、奉行所の取り調べが終わった後、オランダ通詞の森山栄之助《もりやまえいのすけ》と植村作七郎《うえむらさくしちろう》の二人が、松森《まつもり》神社参道にあった大悲庵《だいひあん》の座敷牢に「取り調べ」と称し毎日のように通って来ていたことがわかります。そして二人が連れてきた仲間たちが、彼の「生徒」となりました（二人を含めて十四名）。

どうやら、奉行に命じられたのではなく、彼らの「意思」で英語を学びに来ていたようなんですね。マクドナルドの「英語を教えたい」、オランダ通詞たちの「これからはオランダ語ではなく英語だから英語を学びたい」という、両者の熱意が生んだ「座敷牢の私塾」というのが真相でした。

森山栄之助と植村作七郎以外では、西与一郎《にしよいちろう》・西慶太郎《けいたろう》・小川慶次郎《おがわけいじろう》・塩谷種三郎《しおやたねさぶろう》・中山兵馬《なかやまへいま》・猪俣伝之助《いのまたでんのすけ》・志筑辰一郎《しつきしんいちろう》・岩瀬弥四郎《いわせやしろう》・堀寿次郎《ほりひさじろう》・茂鷹之助《しげたかのすけ》・名村常之助《なむらじょうのすけ》・本木昌左衛門《もときしょうざえもん》らが『回想記』に記されたマクドナルドの「生徒」です。

「後にペリーとの交渉で通訳を務めた森山栄之助と堀達之助はマクドナルドの教え子である。」(223頁)

堀達之助はマクドナルドの教え子ではありません。

「〔マクドナルドは〕七十歳で亡くなったが、最期の言葉は「Soinara(さようなら) my dear Soinara」であったという。彼の墓碑にも「SAYONARA」の文字が刻まれている。」(224頁)

この「Soinara(さようなら)」、ネット上によく出てきます。でもよく見ると誤りなんです。『回想記』(没後に出版)には、

「Sionara」

と書かれています。発音は「サィオナラ」。おそらく、誰かが誤記した「ソイナラ」がそのままネット上で使い回されているのかもしれません。

87 ペリーの来航に幕府はちゃんと備えていた

幕末志士は先見的で、幕府は保守・頑迷……大河ドラマや時代劇でも、一九七〇年代から八〇年代あたりには、まだこの論調で歴史が語られ演出されてきました。

しかしむしろ、実際には「志士」たちのほうが「右往左往」して「狼狽」し、ゆえに過激な尊王攘夷論に踊らされ、異人斬りなどのテロに走っていた、と言うべきではないでしょうか。偏った情報で、偏った思想を養い、偏った行動をとる、というのはいつの時代でも見られるものです。現代のわれわれは、幕末の状況を一面的に見る愚は避けないといけません。

「翌嘉永《かえい》六年（一八五三）六月三日（新暦七月八日）、ペリー率いるアメリカの軍艦四隻が浦賀《うらが》にやってきた。そして武力行使をほのめかして、開国を要求した。この時、幕府は慌てふためくばかりだった。というのも、何の準備も用意もしていなかったからだ。」（224頁）

水野忠徳《ただのり》を百田氏は高く評価し、「江戸幕府の旗本であった忠徳は、長崎奉行時代に幕府海軍創設に奔走し……」（260頁）と書かれています。

彼を登用したのは老中阿部正弘《あべまさひろ》です。水野忠徳だけでなく、阿部に登用された岩瀬忠震《いわせただなり》、川路聖謨《かわじとしあきら》など**有能な幕僚群がこの時、活躍しているん**ですよ。

水野忠徳は一八五二年に浦賀奉行に任じられ、さらに阿部正弘は、翌年のペリーの来航に備えて（オランダからの情報で来航を把握していた）、この有能な官僚を一八五三年に長崎奉行に任命しています。

また、川路聖謨は一八五三年に海岸防禦御用掛《かいがんぼうぎょごようがかり》に任じられ、ロシアのプゥチャーチンとの交渉を展開、岩瀬忠震は日露和親条約に重要な役割を果たしています。

「幕末三俊《さんしゅん》」と称えられた岩瀬忠震・小栗忠順《おぐりただまさ》・水野忠徳は、ペリー来航前の準備、ペリー来航時の対応をした幕府の官僚でした。百田氏は忠徳を「有能な官吏」（260頁）と評価していますが、彼らは一八六〇年代になって急に「有能」になったわけではありません。

ですから、**「慌てふためくばかり」とか「何の準備もしていなかった」というのは言い過ぎ**です。

そもそも、**明治維新後にこのような幕府無能論という「評価」ができたわけで、その根拠は、実はきわめて希薄**なのです。

「この時、アメリカ艦隊はいつでも戦闘を開始できる状態であった。」（225頁）

一八五二年の計画書では、アメリカは実際に来航したサスケハナ、サラトガ、プリマスに加え、別の蒸気船四隻、帆船《はんせん》の軍艦など六隻の計十三隻の大艦隊で日本に向かう予定でした。

ところが実際、使用可能な別の蒸気船の軍艦はミシシッピ一隻だけで、おまけに、帆船六隻は予算がおりずに結局除外されてしまいます。

来航時、蒸気機関を稼働できたのはサスケハナだけで、ミシシッピは故障のために曳航されてやってきました。サラトガとプリマスは帆船で、蒸気船ではありません。

アメリカ側の状況を見る限り、とても「いつでも戦闘を開始できる」ような余裕のある軍事力と配備ではなかったと思います。というのも湾内に入った艦隊は、幕府側の襲撃を恐れていました。つまり「攻撃」ではなく、「防禦」のための臨戦態勢であったことがアメリカ側の史料でわかっています。「空砲」による「威嚇」についても、江戸の町人たちにあらかじめ幕府は、「空砲」が撃たれることを知らせており、最初は驚いた町人たちも、やがて湾岸に見物に集まるなど、町人側に残る史料では「花火」を楽しむように集まった、と記されています。まさに舐《な》められていたのはペリー艦隊のほうだったかもしれません。

アメリカ側の「事情」を付加するならば、アメリカのジャーナリズムや政府は当時、イギリス・フランスなどの列強に「遅れ」をとっていたこともあり、イギリスなどの「軍事力」による植民地支配を「批判」する立場にありました。もし非戦闘員が居住する江戸を砲撃などすれば、ジャーナリズムは一斉に反発し、またイギリスやフランスを非難できなくなるので、政府は武力行使を容認する情勢にはありませんでした（実際、当時から国際世論やジャーナリズムの影響力は強く、後年、生麦事件の報復でイギリスは薩摩藩と戦争をしますが「薩英戦争」、鹿児島市内を砲撃したことが国際世論の反感を買い、日本への強硬策をとれなくなりました）。

以下は蛇足です。

「アメリカ艦隊が去った十日後、将軍家慶《いえよし》が死んだ。暑気中《しょきあた》りで病臥《びょうが》して六日後に亡くなったのだが、おそらくは黒船来航による精神的なショックも影響したと考えられる。」（231頁）

ペリー来航は西暦一八五三年七月八日です。嘉永六年六月三日に該当します。そして同年七月十七日（嘉永六年六月十二日）にペリー艦隊は浦賀を出港しました。

一方、家慶の死は嘉永六年六月二十二日と記録されています。つまり、西暦では一八五三年七月二十六日。「暑気中りで六日後に亡くなった」というと、七月二十日頃、ペリー艦隊が去ってから三日後に発病していることになります。

が、実は、老中阿部正弘は西暦一八五三年七月十一日（嘉永六年六月六日）に、「将軍が病気に伏せっていて決定できない」として「国書を受け取るくらいは仕方がない」という決定をしています。

「病臥して六日後」ではなく、「十六日後」の誤記ではないでしょうか。

「幕末〜明治維新」の章

「幕末」は、日本史ではあまりに使い慣らされた言葉です。

しかし、それはいつからを指すのか？　深く考えて使われることは少ないと思います。よく言われるのは、「幕末」とは徳川政権末期の、「内憂外患」の時。

これを「内憂」に傾斜して考えるならば、水野忠邦らによる「天保の改革」（一八四一〜四三年）以降。「外患」に注目するならば、「ペリーの来航」（一八五三年）以降が、「幕末」ということになりそうです。

前章の冒頭でも述べましたが、現在の教科書は「近代」をペリー来航から設定する一方で、かつて教えていた「江戸の三大改革」を解体し（享保・寛政・天保をワンセットで教えるのをやめて）、天保の改革は「近代への過渡期」のものとして、近世末期の政治史で捉えています。

また前章で紹介したように、ペリー来航以前の、文化・文政期のロシアおよびイギリスの接近にともなう諸事件を、教科書では大きく取り上げるようにもなりました。

近代への変化がすでに「幕末」から始まっていたとするならば、そのきっかけを、こうした流れの中のどこに見るべきなのでしょう。

「危機」に直面した場合、選択肢は現体制の「再編強化」か、あるいは現状打破の「刷新」か。

だとすれば——より詳しく見た場合、

文化・文政期の諸外国による接近への対応や天保の改革＝「幕藩体制の再編強化」を目指したもの

ペリー来航以降の動き＝「幕藩体制の刷新」を目指したもの

という流れとして、捉えられるのではないでしょうか？

「幕末」理解の鍵となる視点は、そこにあるような気がします。

88　庶民が政道に意見できる例は、日本にも世界にも、いくらでもある

十二代徳川家慶《いえよし》死去後、老中阿部正弘はアメリカとの外交についてどうすべきか、諸大名および旗本、御家人、町人にもアイデアを出すよう求めました。しかし――。

「吉宗の目安箱とは違い、庶民が政道そのものに意見ができるという状況は、日本史上なかっただけでなく、当時の世界を見渡しても例がないことであった。」（232頁）

まったくの誤認です。

「庶民」とは誰のことなのかはっきりしませんが、**「当時」を十九世紀とすると、他にも例はあります。**まず近代的な政治システムの中でもすでに十八世紀のフランス革命期のジロンド派政権で「男性普通選挙」が実施され、国民公会《こくみんこうかい》（議会）が成立しています。

そもそもアメリカ合衆国は、一七七六年に独立宣言を出し、国民主権はもちろん、ジョン・ロックの思想に基づいて革命権も認めています。「政道そのものに意見できる」どころか、国家元首を選挙で選び、人民の手で政権交代ができる制度が成立しています。

立憲君主制の下、貴族が存在していたイギリスでも、議会の下院は「庶民院」という名称で、一八

三〇年代には産業資本家が選挙権を有しています。人民憲章が掲げられた一八四八年以降は労働者も選挙権を求める運動を起こしています。

フランス革命後、帝政・王政復古を経たフランスでも一八四八年には二月革命が起こり、すぐに男性普通選挙が復活し、政権に社会主義者も参加しています。どうして「世界を見渡して例がない」などと力説されるのかよくわかりません。

「〔阿部は〕大名に止まらず、旗本や御家人、さらには町人にまでアイデアを求めていく。これは江戸時代始まって以来の画期的なことだった。」（同）

これも誤り。

一七八〇年代の**天明の飢饉の時にも、全国の大名に対策について幕府は意見を聞いています。**その際、領内の人々の意見をとりまとめてもよい、と伝えていたため、藩の中には庶民に意見を求めたところもありました。本居宣長《もとおりのりなが》は当時、松阪《まつさか》の庶民の一人ですが（町医者ですから士分扱いと言えなくもありませんが）、一七八七年に紀州の殿様に政治論の書『秘《ひ》本《ほん》玉《たま》くしげ』を献じています。それができたのは、こういう背景があったからです。

また、**「海防」に関しても、日本海側の諸藩では、十八世紀初期からすでに異国船の来航（遭難・漂着）に対応してきている**んです。

百田氏がご存知ないのか意図的に無視されているのかわかりませんが、新井白石の「正徳の治」のときから、沿岸警備・抜け荷防止のための全国取り締まり令を発しています。徳川吉宗は一七一八年に「唐船《とうせん》打ち払い令」を出し、これを受けて松江藩は実際に打ち払いを実行しています。

異国船の打ち払い、あるいは薪水給与などは幕末、藩や民衆に突然降ってわいたことではなく、従来の政治の延長線上の「事件」で、各藩それぞれのマニュアル、民衆レベルの意識はそれなりにありました。

房総《ぼうそう》半島の漁民・農民たちは、すでに蝦夷地警備に動員されています。さらに化政期には大名の警備配置などを通じて農民たちは「御手伝《おてつだ》い」をしていて、危機意識も高まっていました。

異国船打ち払いにせよ薪水給与にせよ、農村ではそれなりの負担をしているので、外国の情勢に無知ではいられず、むしろ肌身で感じていました。名主や豪農たちは、林子平《はやししへい》の『海国兵談《かいこくへいだん》』、工藤平助の『赤蝦夷風説考』だけでなく、長崎の情報も手に入れて、世界情勢を彼らなりに得ようと努力していることが見てとれます。「海防差配役」などが村落の有力者に課されている場合も多く見られます。

幕府や藩は、こういった庶民・農民層に役職を与え、支配体制に組み込みながら、地域の情報収集、沿岸警備などの海防を実現しようとしていました。異国船発見の情報伝達、軍需物資の手配、大名沿岸警備の御手伝い、台場の建設の手配など、村人、地域の有力者、特に商品作物生産などを通じて成長してきていた豪農らの協力なしには、海防体制は築けなかったのです（このあたりの最新研究は、岩田みゆき『黒船がやってきた』にたいへんわかりやすく紹介されていますので、是非お読みください）。

こういう背景をふまえて、次の一文を改めてお読みください。

「大名に止まらず、旗本や御家人、さらには町人にまでアイデアを求めていく。」

一見、幕府が「特殊なこと」をしているように見えますが、当時の幕府や藩にしてみれば、何も特別なことを農民や庶民に求めたのではありませんし、豪農たちも、目新しいことを求められたようには感じていなかったのです。
「同時に、今の幕府では国が守れないのではないかという危機感を、多くの者が抱いた。」（233頁）
これは例の、「江戸時代＝夜／明治時代＝夜明け」というイメージに捉われた誤解です。むしろ、**この段階では、幕府とともに一体感をもって危機に対応していこう、という「再編強化」**の姿勢を感じます。
たとえば幕末の孝明《こうめい》天皇の意志は、幕府しっかりせよ、という感じです。むしろ幕府以外では国は守れない、という空気のほうが強かったと思います。

89 「不平等条約」はもともと、「不平等」と認識されていなかった

一八五八年、ハリスと結んだ日米修好《しゅうこう》通商条約は「不平等条約」ですが、これに関してもたいへん誤解されています。まず、一般に「不平等」の内容は、次の二つが挙げられます。

「領事裁判権《りょうじさいばんけん》」を認めたこと。

「関税自主権《かんぜいじしゅけん》」がないこと。

ところが調印当初は、この二つが不平等であった、という認識はありませんでした。

「「領事裁判権を認める」とは、アメリカ人が日本で罪を犯しても、日本人が裁くことができないということだ。極端なことをいえば、アメリカ人は日本で犯罪をやり放題ということになる。」（235頁）

条文には、「アメリカ人の犯罪には、アメリカ人の法律が適用される」と書いてあります。たとえ

ば、アメリカ人が窃盗《せっとう》を犯せば、日本の「公事方御定書」が適用されるのではなく、アメリカの刑法が適用されるということ（荒野泰典「近世日本において外国人の犯罪はどのように裁かれていたか」）。百田氏は、アメリカ人が日本で罪を犯した場合、アメリカ領事はみんな無罪にすると思っているのでしょうか。

アメリカにせよイギリスにせよ、在留の自国人が日本で罪を犯すことがないよう、かなり厳格に徹底していましたし、生麦事件の際もイギリス領事は居留民が報復しないよう厳に戒めています。

「この時決められた関税率は、輸入品には平均二〇パーセント、輸出品には五パーセントというものだったが、輸出品の関税が低かったのはアメリカが日本の生糸を大量に買いたかったからである。」（235頁）

関税は、ふつう相手国とは相談なく、自国で決定できます。「関税自主権がない」というのは、協定関税、つまり関税を話し合いで決める、ということです。一方的にアメリカが決めたのではありません。

実は一八五八年の段階では、「関税自主権がない」ことは特に問題ではありませんでした。この時の関税は、日本への輸入・日本からの輸出品に対しかけられるもので、どちらも幕府の収入となります。輸入関税二〇パーセントは、同じころ、中国がロシア・アメリカ・イギリス・フランスと締結した天津《てんしん》条約の五パーセントに比べれば、当時の国際水準からしても不平等どころかたいへん妥当なものです。「輸出品の関税が低かったのはアメリカが日本の生糸を大量に買いたかったから」とありますが、これも日本が生糸を輸出すれば幕府に関税収入が入った、というだけのこと。この輸出関税五パーセントのおかげで、アメリカが生糸を買えば買うほど幕府は儲かり、実際、一八六四年の幕府の関税収入は百七十四万両におよびました（幕府の歳入の一八パーセント）。

「その結果、条約締結以降、国内の生糸価格が高騰する一方で、外国から安価な綿織物が大量に入ってきて、国内の綿織物産業が大打撃を受ける状況に陥った。」（235頁）

この部分、生糸（絹の原料）の輸出と綿織物の輸入が並べられているのでわかりにくいのですが、よく見てください。これも輸入関税が二〇パーセントだったら起こりえない話なのです。国内の木綿（原料となる綿糸＋加工品である綿織物）生産が影響を受けるのは、**一八六六年の「改税約書《かいぜいやくしょ》」で輸入関税が一律五パーセントに引き下げられたことによります。「改税約書」締結後の状況を、その八年前の日米修好通商条約の時と混同してはいけません。**

実は綿織物業よりも大きな問題となったのは、原料の綿花栽培のほうでした。インドから安価な綿花が輸入され、河内・濃尾平野の綿花畑はどんどんなくなりました。

しかし国内の綿織物業は、輸入綿花による加工生産へと移っていったのです。たしかに綿織物も輸入品の影響を受けましたが、もともと生産のベースがあったために、後に南河内、濃尾平野の紡績業の発展につながりました。

「現代なら中学生でもわかるこんな不利な条件を、なぜ呑んだのかといえば、ひとえに当時の幕閣たちの無知のせいである。それまで大々的に国際貿易を行なったことがなかったので、関税の重要性を理解していなかったのだ。」（235～236頁）

日米修好通商条約は、不利な条件ではないから呑んだわけで、幕閣は無知ではありませんでした。関税の重要性を知らなかったわけでもなく、輸出関税五パーセントを認めさせて多額の関税収入を幕府は得ています。百田氏が、一八六六年の「改税約書」の時の状況と、一八五八年の「日米修好通商条約」の時の状況を間違えているだけです。

しかし、ではそんな改税約書をなぜ、幕府は認めることになったのか？

「条約に書かれた兵庫開港の遅れを理由に」（262頁）列強が幕府に改税約書を認めさせた、と、あたかも幕府に責任があるかのように説明されていますが、イギリス公使パークスは、「下関戦争」の賠償金を三分の二に減免することを条件に、「条約の勅許（朝廷の許可）」「兵庫の早期開港」「関税引き下げ」を要求しています。

下関戦争（一八六三〜四年）、つまり、長州藩による諸外国への攻撃が原因で、日本は「不平等な」条約を押しつけられるはめになったんです。「幕閣たちの無知のせい」ではありません。「現代なら中学生でもわかるこんな不利な条件」を呑んだのは「ひとえに当時の長州藩の無謀」のせいだったのです。

また貨幣について、次のようにあります。日本では当時、金と銀の交換比率が「一対五」だったのですが、

「世界では銀の価格が急落し、金との交換比率は一対十五にまで開いていた（現在は一対八十以上）。ところが幕府は長年の鎖国でそのことを知らなかったため、外国人に利用され、大量の金が日本から持ち去られたのだ。」（236頁）

実際には、**幕府はちゃんと海外と国内の金銀比価の差を知っていました**。流失してしまったのは無知からではなく、別の事情からです。

金貨の持ち出しはもともと禁止されていたのですが、幕府は外国の貨幣と日本の貨幣が交換されることを嫌い、外国の貨幣をそのまま日本で使用してもよいと提案しました。するとハリスが、急に日

本国内でアメリカの貨幣を通用させるのは混乱する、というので、一年間に限り、幕府は交換を認めたのです。

ちなみに、最近の研究では、その後、幕府の貨幣対策で交換は一八六一年には沈静化し、従来言われていたような五十万両の流失は過大と考えられるようになりました。

かつては明治維新後の「幕府無能」論の影響で、幕末の混乱についても評価が必要以上に歪められていました。しかし一八五八年にアメリカをはじめ五カ国と結んだ通商条約(安政の五カ国条約)の「関税自主権がない」「治外法権を認める」という内容が、「不平等」と認識され改正に力が入れられるようになったのは、明治維新後の話なのです(このことは『近代~現代篇』で改めて)。

90 日露和親条約で「北方四島の帰属」が決まったのではない

「ロシアの提督《ていとく》プチャーチンが下田に現れた折、安政大地震が起きた。下田《しもだ》の町は津波で壊滅状態となり、ロシアの黒船も壊れた。この時、ともに被災した伊豆の人々とロシアの乗組員は協力して被災者救助にあたり、その後、日本側がロシア側に帰国のための新しい船を造って寄贈しようということになった。」(237頁)

いわゆる「ディアナ号事件」ですが、記述が不正確です。

以下、西暦表記で経緯を追いますと——。

一八五四年十二月三日、プゥチャーチン(現在はこう表記します)が下田に入港します。三日後、日露和親条約の交渉が開始されました。

ところがこの交渉中の十二月二十三日、安政・東海大地震が発生します。ロシアの乗組員と船医が下田の被災者救援と治療に協力し、幕府は謝意を示しました。翌一月の一日から交渉は再開されます。

一方、被災したロシアのディアナ号ですが、プゥチャーチンは幕府に修理の協力を依頼し、その結果、西伊豆の戸田村《へだむら》で修理することが決まり、下田港からディアナ号は出港します。ですから「帰国のための新しい船を造って」というのは、この段階の話ではありません。

戸田へ向かって航行中の一月十五日、ディアナ号は強風にあって浸水し、航行不能に陥って沈没してしまいました。プゥチャーチンは、幕府に船の建造の許可を求めます。

そこで、ロシア人の指揮・監督のもと、ディアナ号から沈没前に持ち出された設計図を用いて船が再建されることになります。伊豆の船大工が集められ、日本の木材・塗料を用いて帆船の建造が進められました。江川太郎左衛門（英龍《ひでたつ》）は、ヨーロッパの帆船技術を学べる絶好の機会と考えて、技術の習得に努めています。

「当時、伊豆の代官だった江川太郎左衛門は、長崎で海防を学び、後に江戸湾に、国防のための洋式砲台（現在のお台場）を設置した先進的な人物だった。彼は幕府にかけあい、腕利きの職人や資材を伊豆に集めた。」（237～238頁）

当時、江川英龍は、勘定吟味役《かんじょうぎんみやく》で海防掛《かいぼうがかり》でした。幕府にかけあったのではなく、幕府から命じられて、勘定奉行の川路聖謨《かわじとしあきら》とともにロシア船の建造に協力したのです。

建造は、日本が資材と作業員（船大工）を提供し、その代償として完成した船はロシアに帰国後、日本へ譲渡する、という「契約」でした。「帰国のための新しい船を造って寄贈しようということになった」（237頁）のではなく、むしろ話は逆で、「**造ることに協力してくれたら、帰国後、日本に寄贈する**」、という話なんです。

「この後に行なわれた日露の交渉によって、北方四島は日本の領土と定められたのだ。」（238頁）

これは重大な誤りを含んでいます。

まず、小さい部分から。ディアナ号が沈没する前に交渉は再開されており、代わりのヘダ号建造中の二月七日に日露和親条約は締結されています。船が完成したのは四月二十六日です。

それから、これが重大な誤りなのですが。

この時の日露の交渉で北方四島が日本の領土と定められたのではありません。国後・択捉・歯舞《はぼまい》・色丹《しこたん》は、すでに日本の領土でした。**日露の国境が、択捉島と得撫《うるっぷ》島の間である、と日露和親条約で定められただけ**です。

「北方四島の帰属を決めた」（同）のではなく、「日露の国境を画定した」の誤りです。「日露の交渉」で「北方四島の帰属を決めた」、なんて話が日本側の認識である、と思われたならば、誤ったメッセージをロシアに伝えることになります。日露の交渉の「前」から「北方四島は日本のもの」であったがゆえに、択捉と得撫の間に国境線が引けたのです。

現在のロシア側が『日本国紀』を手にとって、

「安倍晋三《あべしんぞう》首相も読んでいるし、何十万部も売れているんだから、日本人の多くの認識はこういうことだろう。この本に、こう書いてある。北方四島は一八五五年の日露の交渉で決まったものなんだとさ」

なんて言い張られたらたいへんです。

もともとロシアは、北方四島に無関係でした。現在の日本政府による認識も以下の通りです。

「日本はロシアより早く、北方四島（択捉島、国後島、色丹島及び歯舞群島）の存在を知り、多くの日本人がこの地域に渡航するとともに、徐々にこれらの島々の統治を確立しました。〔……〕１８５５年、日本とロシアとの間で、全く平和的、友好的な形で調印された日魯《にちろ》通好《つうこう》条約（下田条約）〔日露和親条約〕は、当時自然に成立していた択捉島とウルップ島の間の国境をそのまま確認するものでした。」（外務省ウェブサイト内「北方領土問題とは？」より）

この後のコラムに、二〇一六年にプーチン大統領が来日した話が出てきます（238頁）。安倍首相がプーチン大統領に贈った「ヘダ号」の絵を通じて日ロ友好・協力に思いを馳せようというメッセージを込めたことは確かでしょうが、「北方四島の帰属を決めた歴史に、思いを馳せようというメッセージ」（同）を込めたはずがありません。

何度も申しますが、「北方四島」は一八五五年以前から日本の固有の領土。日露の交渉で決まったのは、「択捉と得撫島の間が国境である」ことだけです。

多くの読者が誤解しないよう、一刻も早く訂正してほしい部分です。

91 「戊午の密勅」は「秘密の勅命」ではない

「開国」に続いて「桜田門外の変」の項に入ります。

「水戸藩主の徳川斉昭《なりあき》ら幕政改革派（一橋派）は一橋慶喜《よしのぶ》を推したが、大老《たいろう》の井伊直弼《なおすけ》ら幕府保守派（南紀《なんき》派）が推す紀伊徳川家当主の慶福《よしとみ》（家茂《いえもち》）が継嗣となった。家茂は将軍となったが、政治の実権は引き続き大老の井伊直弼が握っていた。」（238〜239頁）

一橋派＝「幕政改革派」で、南紀派＝「保守派」、という分類は普通しません。政治信条的には、斉昭は攘夷を志向していましたし、井伊直弼は開国・通商派で、しかももともとは無勅許《むちょっきょ》（→96講）反対派でもありました。**「一橋派」「南紀派」というのは単純に、次期将軍にどちらを推すかの分類です**（一橋慶喜を将軍に推すのが「一橋派」、紀伊家の慶福を将軍に推すのが「南紀派」）。

「尊王攘夷の志士たちが京都に集まり、井伊直弼を打倒するための謀議《ぼうぎ》に及び、孝明天皇は、井伊直弼を排斥する密勅《みっちょく》（天皇が出す秘密の勅命）を水戸家に下した。これを知った井伊直弼は密勅に関係した人物や、自分の政策に反対する者たちを次々と処罰していく。これを「安政の大獄」という。」（239頁）

まず、一八五八年の「戊午《ぼご》の密勅」を誤って理解されています。

これは別に「秘密の勅命」ではありません。正式な手続きである関白の参内《さんだい》なし（関白を通さず）に出されたのでこう呼ばれます（関白の添え書き付きで、後日、幕府にも「遅れて」届きました）。

内容は漢文ですが、井伊直弼を排斥せよ、などとは一言も書かれていません（「公武御合体《おんがったい》」という表現も見られます）。「勅許を得ずに通商条約に調印したのはけしからん、理由をちゃんと説明せよ」「御三家やその他の藩は一体となって幕府に協力せよ」「幕府は攘夷を行なう体制改革をせよ」などと書かれています。

それから同じ年のことではありますが、「安政の大獄」は、戊午の密勅があってから始まったのではありません。さらに厳しくなった、と言うべきです。

安政の大獄は、無勅許調印、将軍継嗣問題に絡んで「不時《ふじ》登城によって御政道《ごせいどう》を乱した」ことをとがめられた徳川慶勝《よしかつ》・松平慶永《よしなが》・徳川斉昭らを隠居・謹慎させたことから始まります（吉田松陰は、事情聴取の際に、老中暗殺計画を自ら「暴露」したことから刑を受けることになりました）。

これで井伊直弼は水戸派の恨みを買い、一八六〇年の桜田門外の変につながるのですが、この襲撃事件についても、俗説を採用されています。

「この時、彦根《ひこね》藩の行列には護衛の藩士が六十人いたとされるが、わずか十八人の刺客《しきゃく》に藩主〔井伊直弼〕の首をとられている。当日は季節外れの雪で、彦根藩の侍たちは刀の柄《つか》に袋をかぶせていたために抜刀するのに手間取った〔……〕そもそも雪から守るために柄袋《つかぶくろ》をかぶせるなど、何のための刀かという、間抜けな話だ。」（240頁）

当時の大名行列の伴の武士たちは、天候にかかわらず、「柄袋」をつけています。雪から守るためにかぶせていた、というのは俗説です（大河ドラマ第一作『花の生涯』でそのような「演出」が見られました）。

また、護衛の藩士は六十人ではなく二十六人で、他は武器を持たない荷物運びの小者《こもの》・足軽《あしがる》でした。「襲撃と同時に少なくない藩士が逃走した」（同）というのは小者・足軽のことです。不意打ちで、しかも銃撃され、雨具に身を包んで動きがとりにくい状況でしたから、十八人と二十六人ならば、藩主を討ち取られても仕方がありません。

「新たに老中になった安藤信正《のぶまさ》（磐城平《いわきたいら》藩主）と久世広周《くぜひろちか》（関宿《せきやど》藩主）は、早急に幕府の威信を回復させなくてはならなかった。」（241頁）

安藤も久世も「新たに老中になった」のではありません。安藤信正は桜田門外の変の前から老中ですし、久世広周は「再任」です（久世は阿部正弘が老中首座の時にも老中をしていました）。ちなみに、一八六二年に安藤信正が「坂下門《さかしたもん》外の変」で幕府の威信を低下させたせいで罷免された、というのは表向きの理由です。変後も、外国公使と面談などし、政務を執っていましたが、収賄容疑などで責任をとらされました。

92 高杉晋作を「魔王のようだ」と評したのはオールコックではない

これは私の個人的な感覚ですが、攘夷論は大きく言えば「科学的攘夷」と「空想的攘夷」の二つに分けられます。

「科学的攘夷」の考えは、いきなり近代的な諸外国を打ち払うのは無理。よって、まず近代化を図って富国強兵を進め、もって外国の侵略を阻止する。そのための方便として開国・通商を進める。佐久間象山《さくましょうざん》などが明確にこの考え方を示しています。長州藩では長井雅楽《ながいうた》などです。

「空想的攘夷」の考えは、「鎖国」は国の祖法、日本が外国の脅威に屈するわけにはいかない。ゆえに外国人を排斥し、場合によっては「異人斬《いじんぎ》り」も含めて諸外国を打ち払う。久坂玄瑞《くさかげんずい》、高杉晋作、そして桂小五郎《かつらこごろう》も最初はこの考え方でした。

実際、当時は前者を「大《だい》攘夷」、その立場から批判的に後者を「小《しょう》攘夷」と呼んでいます。

ペリーの来航、開国、さらにはハリスとの交渉、無勅許通商条約調印は、「小攘夷」を唱える者たちを沸騰させました。井伊直弼は安政の大獄を展開し、長州藩の吉田松陰も巻き込まれてしまいます。これに対して、長井雅楽は「開国し、外国の技術を導入し、よって富国強兵を図る」という「大攘夷」を長州の藩論としました。これを「航海遠略策《こうかいえんりゃく》」といいます。

同じ長州の久坂玄瑞と前原一誠《まえばらいっせい》がこれにキレて、長井雅楽暗殺計画を進行させました。長井は、当時の幕府の老中で「公武合体」を進める安藤信正・久世広周に接近し、長州藩を「大攘夷」でまとめようとしました。

しかし、坂下門外の変が起こると、久坂玄瑞・桂小五郎らの攘夷論が盛り上がり、都の貴族岩倉《いわくら》具視《ともみ》と久坂玄瑞が手を組み、「大攘夷」論は朝廷を軽んずる考え方である、として長井は失脚することになります。

こうして藩論は、条約破棄・攘夷に大きく舵を切ることになりました。これを「破約《はやく》攘夷論」といいます。「小攘夷」派は、ただちに攘夷を決行。一八六三年五月十日以降、馬関《ばかん》（関門）海峡を航行中のアメリカ、フランス、オランダの艦船を無通告で砲撃する暴挙に出ます。

六月、アメリカが報復に出ました。南北戦争中で大規模な軍事行動には出られませんでしたが、南軍の軍艦を追いかけてきた北軍の軍艦ワイオミングが横浜に来航していたので、アメリカはこの軍艦を用います。下関砲台の射程外から下関港を砲撃し、長州の軍艦庚申《こうしん》丸を撃沈、軍艦癸亥《きがい》丸を大破させました。

「アメリカ軍艦が報復に来て、長州の軍艦を撃沈し、下関の町を砲撃した。」（251頁）

ワイオミングは「下関の町」ではなく「**下関港**」を狙って砲撃しています。

ところが、これでも長州藩は懲りずに、馬関海峡を通過する外国船を砲撃するかまえを崩しません。諸外国、特にイギリスは、幕府に対して、国際法に完全に違反している長州藩を処罰するように要求し、あわせて賠償金も請求しました。しかし、幕府が依然として処罰できないことに業《ごう》を煮やした四カ国は、長州藩を直接攻撃することにしたのです。ですから、

「列強によるこの襲撃は、攘夷の急先鋒であった長州藩に西洋の力を見せつけ、攘夷が不可能であることを示すという目的もあった。」（同）

というのは推測にすぎません。そのような目的をイギリスも他国も表明していません。**イギリス公使オールコックははっきりと、「幕府が長州藩を処罰しないから」と明言しています。**

こうして今度は四国艦隊による攻撃を受け、長州藩はほぼ軍事的に無力化されてしまいました。長州藩の講和使節は高杉晋作でしたが、イギリス側の通訳アーネスト・サトウの記録によると、高杉はイギリス側の要求をすべて受け入れた、とされています。

「驚くべきは、五十五歳のイギリス公使、ラザフォード・オールコックと交渉した高杉が満二十四歳であったことだ。この時、オールコックは高杉のことを「魔王のようだった」と評している。」（252頁）

四国艦隊の旗艦ユーライアスに乗船して「談判」するのですが、**高杉の相手は司令官レオポルド・キューパー**であり、ラザフォード・オールコックではありません。「魔王のようだ」は、通訳のアーネスト・サトウの言葉（「ルシフェルのように傲然としていたが、イギリス側の要求はすべて受け入

れた」）と誤認されているのではないでしょうか。

さて、一八六三年から六四年にかけての記述を、時系列に沿って整理します。

一八六三年五月　長州藩外国船砲撃
　　　　七月　薩英《さつえい》戦争
　　　　八月　八月十八日の政変
一八六四年六月　池田屋《いけだや》事件
　　　　七月　禁門《きんもん》の変・第一次長州征討《せいとう》
　　　　八月　四国艦隊下関砲撃事件

六三年五月に攘夷を実行した長州藩は、朝廷や薩摩藩から危険視され、八月に攘夷派公家とともに京都から追放されました。これが「八月十八日の政変」です。

翌年、新撰組《しんせんぐみ》によって京都に潜伏していた長州藩士たちが捕縛され、池田屋事件となります。これを不服に思った長州藩は、兵を率いて京都に攻め上り、禁門の変となりました。久坂玄瑞などはこの時に戦死し、幕府も長州征討を決定します。そして八月に長州藩は四国艦隊の攻撃を受けることになります。

まさにこの二年間に長州藩は大攘夷から、小攘夷、また大攘夷と藩論を「右往左往」させたあげく下関戦争で多額の賠償金を要求され、しかもそれは幕府が支払うことになり、結果、その支払いの滞《とどこお》りを理由にして一八六六年、幕府は「改税約書」に調印させられることになります。それまで

「不平等」ではなかった通商条約が「不平等」なものに替わり（輸入関税が二〇％から五％に引き下げられ）、日本は経済的に大きな損失を受けることになるんです（→89講）。

薩長を中心とする明治新政府はその後、過去の自分たちの「失敗」をたくみに幕府の責任にすりかえ、戦後も一九九〇年代くらいまで、その枠組みが崩れることはありませんでした。

他にも、高杉晋作が交渉の席で、イギリスが彦島《ひこじま》の租借《そしゃく》を認めさせようとしたが拒否した、という逸話を「真実だと私は見ている」とありますが（252頁）、そんな議題はこの「談判《だんぱん》」では出されていません。

確かに、交渉前の四カ国側の覚書《おぼえがき》には「賠償金が支払われるまでの担保として彦島を押さえては？」という記録があるようですが、高杉の逸話の根拠とされる、伊藤博文が回顧録でふりかえっている「租借」という概念は、一八七〇年代以降（アジアにおいては日清戦争後）の考え方です。イギリスの要求（下関海峡の自由通航・砲台撤去・賠償金支払い・外国船への薪水給与や船員の下関への上陸許可など）を全面的に受け入れた屈辱的講和の「罪悪感」を緩和するためにつくり出されたフィクションであるか、伊藤博文の「記憶の混同」のどちらかでしょう。

高杉晋作の虚像

高杉晋作の事績は、中学や高校（一部の小学校でも）の教科書で紹介されています。

奇兵隊を組織し、後の近代的な軍隊制度に成長する芽となったことが最大の功績であるのは間違いないでしょう。

ただ、小説やドラマでの高杉晋作の描かれ方は、あまりにも誇張と虚構に満ちていて、かえって真の高杉晋作像を歪めてしまっている、と思います。虚飾で彩らなくても、歴史的に評価されるべき人物のはずなんですよね。

師の吉田松陰は早くから彼の才能を認め、久坂玄瑞とともに、たいそうかわいがったようです。伊藤博文も井上馨も、明治維新後の回顧録などで高杉晋作を高く評価し、その業績を称えています。ただ明治維新後にそうした、幕末に活躍して、しかも明治には生き残らなかった人々の顕彰が進み、「講談」や「芝居」で面白おかしく飾られすぎてしまうことになってしまいました。

吉田松陰は処刑された後、小塚原に埋葬されたわけですが、ここは一般犯罪者の埋葬地だったため、長州藩にとってははなはだ不名誉なことでした。

桜田門外の変で井伊直弼が暗殺され、公武合体の空気が広がり、さらには時流が尊王攘夷に傾いて、長州藩と朝廷の「接近」が進むと、「松陰名誉回復」のチャンスがめぐってきます。そこで、朝廷からの圧力もあり、幕府は安政の大獄で処罰された者の名誉回復を認め始めました。そで、小塚原の吉田松陰も改葬されることになります。

小説やドラマで、このことを実現するために奔走したのが高杉晋作のように描かれているものがありますが、それはウソで、尽力したのは久坂玄瑞でした。そしてこの改葬のときに起こったとされるのが、「御成橋事件」です。

吉田松陰の遺骸を小塚原から運び出した後、上野の三枚橋にさしかかったとき、高杉晋作はこう叫んだといいます。

「真ん中をとおれ！」

三枚橋の中央は、将軍が東照宮参拝のときに通過する橋で、当然、一般人は使用禁止の「御成橋」なのです。橋役人の制止をふりきり、

「勤王の志士、吉田松陰先生の御遺骸である。勅命にてまかり通る！」

と、渡ってしまう。

「お〜、カッコいいっ」

となりそうですが、史実ではありません。明治時代の講談、芝居で上演された、よくできたフィクションなのです。現代の小説やドラマでも、あたかも事実であるかのように巧みに書かれているものだから、本当の話だと思っている人も多いエピソードですね。

フィクションの中では、ここから一気にエンジンがかかり、もう「オラオラ晋作伝説」とでもいうべきキャラクター像が暴走していきます。

「御成橋事件」に驚いた長州藩の藩主が、ただちに高杉晋作を長州に呼び戻します。すると晋作は、箱根の関所を駕籠に乗ったまま強行突破！「江戸三百年の中で、白昼堂々、関所を破ったのは晋作だけである」なんて書いてる小説もありますが、そんな話ももちろんなかったと思います。

京都に入ると、ちょうどうまいぐあいに将軍家茂が上洛中。天皇が賀茂神社へ攘夷祈願に出かけるのに家茂も同行していたんですね。で、天皇の列が過ぎ、みんなが土下座しているその

中で、高杉晋作、おもむろに顔を上げたかと思うと、
「いよぉ〜、征夷大将軍！」
と歌舞伎役者に声をかけるように、大声を張り上げた……。
「天皇の行列だから、将軍への無礼はとがめられない」と書いてある作品もあるのですが、いやいや、そんなことありません。「旗本や御家人たちはくやしくて、江戸に向けた手紙にその屈辱を書いた者が多い」んだそうですが、そんな「手紙」、あったら是非見せてください。史実として裏付ける、重要な史料になるんですから。

これらの逸話は皆、高杉晋作（の背後の長州藩）を江戸幕府は恐れていた、として幕末におけるその無能ぶりを強調するための（明治新政府アゲ／旧幕府サゲの）創作と考えたほうがよいでしょう。

またちなみに、松蔭の改葬より少し前に起こった「イギリス公使館焼き討ち事件」（一八六三年）は、尊王攘夷運動の代表例として、

ヒュースケン暗殺事件（一八六〇年、薩摩藩士による）
東禅寺事件（一八六一年、水戸藩士／六二年、松本藩士による）
生麦事件（一八六二年、薩摩藩士による）

に並ぶもの（伊藤博文・井上馨・高杉晋作ら長州藩士による）として有名ですが……この焼き討ち事件、なんだか無理矢理、代表例に押し込んでるような感じなんですよね。

そもそもこの事件の犯人は、当時は不明でした。明治維新が成立し、伊藤博文や井上馨が政府の要人となってから、自らの武勇伝として、

「あれ、おれたちがやったのよ」
と吹聴し、「幕府は誰の仕業か知りながら、長州藩にビビって手が出せなかったのさ」と称しているのです。

そしてこの事件、実はイギリスの公使館を焼き討ちしたのではないんです。当時は建設中で、まだイギリスに引き渡す前の建物。ですから、イギリスにとっては痛くも痒くもない話。

もともと、御殿山に公使館を建てようとしたところ、けっこう反対が強かったようなんですね。おまけに朝廷からも止めるよう幕府に意向が伝えられていました。違うところに建てよう、ということになり、イギリスに「変更していいですか？」と打診すると、「え〜なんで。そこに建ててよ」と、モメてしまうんです。

（弱ったなあ……どうしよう……）と幕府が思っていたら、うまいぐあいに、何者かが放火してくれた。（うわ、ラッキー）と工事は中止。イギリスも、再度のテロが起こるのも嫌だし、じゃ、もういいか、という顛末だったんです。長州藩を恐れて犯人追及をしなかったのではなく、イギリス側でも、「話がややこしくなったから、幕府が何者かによって放火させたに違いない」と当時は考えていたようです。

そして維新後、

「薩摩とか、有名な攘夷やってるじゃん。うちもなんかないの？」

という感じで「イギリス公使館焼き討ち事件」をクローズアップさせた、と言えなくもない、というお話です。

何度も申しますが、こうしたあやしげなエピソードを必要としないくらい、高杉晋作は重要な役割を演じていた、ということを強調しておきたいと思います。
このあたりの話は、一坂太郎さんの『司馬遼太郎が描かなかった幕末』が興味深く、たいへん面白い視点で記されています。

93 鍋島直正が近代化を図ったきっかけは、フェートン号事件で味わった屈辱ではない

様々な藩政改革を行なった人物として知られる、第十代佐賀《さが》藩主鍋島直正《なべしまなおまさ》について。

「直正がこれほどの情熱を持って西洋の技術導入を図ったのは、文化五年（一八〇八）のフェートン号事件で味わった屈辱からだった。軍事力がないばかりにむざむざとイギリス船に鼻であしらわれ、藩の家老が何人も切腹させられたことから、西洋に対抗するには近代的な科学技術が不可欠だと考えたのだ。」（253頁）

これは「事実」よりも「想像」を優先させた説明です。

鍋島直正は、一八一五年生まれ。フェートン号事件（→番外篇11）が起こった時（一八〇八年）にはまだ生まれていませんので、そもそも**フェートン号事件で屈辱を味わえません。**

直正の近代化は、事件よりはるか後年の話。「軍事力がないばかりにむざむざとイギリス船に鼻であしらわれたこと」がきっかけではもちろんなく、**当初は「軍事力」どころか「経済力」の立て直しに力を注いでいました。**

少年藩主直正に影響を与えた人物が、古賀穀堂《こがこくどう》です。穀堂は儒学者古賀精里《せいり》の息子で、直正が六歳の時から御側頭《おそばがしら》として学問を教えました。穀堂は特に、医学と蘭学の大切さを直正に説きました。直正が西洋技術に興味を持つようになったのは穀堂の影響です。

「文政一三年（一八三〇）、十五歳の若さで藩主となった直正は、まず破綻《はたん》していた財政を立て直すため、役人を五分の一に削減し、磁器《じき》・茶・石炭などの産業振興に力を注ぎ、農民には小作料《こさくりょう》の支払いを免除し、農村を復興させた。」（252頁）

と書かれていますが、十五歳の若さでいきなりこれらの改革を進めたのではありません。「役人を五分の一に削減」というのはネット上（Wikipedia「鍋島直正」の項など）にもよく見られますが誤りです。直正が整理した人員は千数百人ほどいた役人のうちの四百人ほどですから、**全体の約三分の一「を」削減しました**。「五分の一に削減」ではなく「五分の一の削減」ならまだわかるのですが。「農民の小作料の支払い免除」（実際は免除ではなく十年間の猶予）は、藩主になってから十二年後の改革です。農村の復興は一八五〇年代に成果が出ます。

「そして苦労の末についに西洋の最新式の大砲、アームストロング砲を日本人の手だけで完成させた。」（253頁）

有名なこの話、司馬遼太郎の小説『アームストロング砲』や『花神《かしん》』の影響で広く流布されてしまいましたが、この時の大砲は、**「アームストロング砲」というよりも、アームストロング砲から学んだ「佐賀砲」とでも言うべきもの**なんです。

一八六〇年代以降、南北戦争で武器がだぶつくようになると、中古武器がアメリカ国外に大量に出回るようになりました。最新式の武器輸出は制限されていましたが、中古のアームストロング砲は日本へも輸出されます。

佐賀藩は独自の大砲技術の開発を進めていたため、アームストロング砲の扱いにどの藩よりも習熟していました。また、オランダ陸軍少将ヒュニンゲンの著書『大砲鋳造法』を入手して翻訳もさせています。うまいぐあいに、直正の妹は松江藩に嫁いでいました。松江藩は当時砂鉄の産地。大砲製造の鉄を融通してもらえるネットワークも確立していました。

幕末のアームストロング砲は、司馬遼太郎が描いたようなものではありません。「日本人の手だけで完成させた」などと強調しすぎないほうがよいのですが、大砲技術に佐賀藩が秀でていたことは確かで、実際に当時最新式の大砲が佐賀には装備されていました（ペリーを浦賀から長崎へ回航させようとした理由に「長崎に回して佐賀に打ち払わす」という計画もあったくらいです）。

「西洋の蒸気機関は同じ頃のアジアやアフリカの諸国民も見ているが、これを作り上げた国などどこにもない。」（254頁）

百田氏のお好きな言い回しですが、それぞれの発展段階をふまえて比較すべきだと思います。これは日本が「鎖国」を通じて産業が発達し、西洋の技術を再現する能力・経済力に達していたからこそできたこと。平安時代や鎌倉時代では当然、蒸気船を見ても造ることはできません。その発達段階に達していない国や地域の人々と比較するのは、あまり誇れる話ではありません。

「［鍋島直正や島津斉彬《なりあきら》から指令を受けたのは］現代のように工科大学や理学部で専門教育を受けた人々ではない。にもかかわらず懸命に勉強して、ついに当時の最高のテクノロジーに追いついたのだ。」（255頁）

当時の職人の熟練技術は、室町時代以来の産業の発達に加え、鎖国による保護貿易の中、独自の専門教育システムを通じて磨かれていったもの。よって金属加工、工芸細工、鋳造技術などはすでに高い水準にありました。この下地があったからこそ、欧米の技術に接しても吸収・転用が可能でした。

とはいえ、「当時の最高のテクノロジーに追いついた」わけでもありませんでした。追いつくにはやはり維新後、一八八〇年代の殖産興業を待たねばならなかったのです。

「佐賀のアームストロング砲」も、アームストロング砲を手本に自前で製造したものであって、アームストロング砲そのものではありませんでした。

蒸気機関も、「作った」といってもいわば「模型」のレベルで、武器も動力も、結局は輸入品の転用・活用です。

「慶応元年（一八六五）、ついに日本で初の実用蒸気船「凌風丸《りょうふう》」を完成させている。実際の蒸気機関を見たこともないのに、本と図面だけで、同じものを作り上げたのだ。」（253頁）

これもよく言われることですが……。

佐賀藩は長崎の警備をしていました。直正自身、長崎に入港していた外国の蒸気船に乗っています。

一八五三年のプゥチャーチンの長崎来航を佐賀藩士たちは知っていましたし、**学者や職人たちも長崎にはよく訪れていました。**「実際の蒸気船を見たこともない」のに作り上げたわけではありません。

ところで直正は、近代化に必要な資金をどこから得ていたのでしょうか。藩の財政を回復して、反射炉や大砲、蒸気船の製造ができたのでしょうか。

「この精錬方《せいれんがた》の事業には膨大な費用がかかり、藩の重臣は経費節減のため廃止を主張し始めるが、直正は「これは自分の道楽だから制限するな」と言って、諦《あきら》めずに研究開発を続けさせた。」（同）

これは、史料的には確認しにくい逸話です。

実は、直正は「打ち出の小槌《こづち》」を持っていました。彼の当時の名前は、「直正」ではなく「斉正《なりまさ》」。これ、十一代将軍家斉から一字を賜った名前なんですね。彼の妻は家斉の娘で、直正は妻の実家からお金を借りて、改革の費用としたのです。

徳川家から借りた金が、なんと十万両。

つまり、幕府が「資金を出すから佐賀藩に長崎の海防は任せるね」と海防業務を委託していたのです。直正はけっして「道楽」で改革を進めていたのではありませんでした。

それにしても、直正はうまくカネとコネを活用していました。私、鍋島直正のこと、けっこう好きなんです（→番外篇14）。

また、「小栗忠順」の紹介でこう記されています。

「意外に知られていないが、幕府もまた近代化に懸命に取り組んでいた。」（257頁）

老中阿部正弘は、台場の建設、洋学研究の「蕃書調所《ばんしょしらべしょ》」、西洋式訓練の「海軍伝習所《でんしゅうじょ》」などをつくる「安政の改革」に取り組み、以後、幕府の「近代化」を進めており、これらはすでに（十年以上前から）教科書に明記されています。それだけでなく、「文明開化《ぶんめいかいか》」についても、幕末からすでに開始されている、として「幕末の科学技術と文化」という単元が設けられています。

これらは「意外」でもなければ「知られていない」ことでもありません。

鍋島直正の「王国」

幕末の歴史をふりかえって思うのは――

走り出してから考える長州藩

走りながら考える薩摩藩

考えてから走る佐賀藩

という印象です。その肥前佐賀藩の中心人物が、藩主鍋島直正でした。

授業をしていても、子どもたちにとって、肥前は印象が薄いことがわかります。

「明治政府で活躍した人で、肥前出身者って誰やっけ？」

となるようです。

「佐賀の七賢人《しちけんじん》」という言葉があります。一人は鍋島直正。あとの六人は、

島《しま》　義勇《よしたけ》

佐野常民《さのつねたみ》

副島種臣《そえじまたねおみ》

大木喬任《おおきたかとう》

江藤新平《えとうしんぺい》

大隈重信《おおくましげのぶ》

ですが、小学生ならば大隈重信は知っています。中学生になると江藤新平を習い、高校生に

生もいます。

なると副島種臣が教科書に出てきます。でも、佐賀県民でもなければ「あとはちょっと知らないなあ」となるのが普通でしょう。そもそも副島種臣が肥前出身、ということを知らない高校生もいます。

さて、その「七賢人」の一人、大隈重信は、鍋島直正に対しては批判的で、

「かの御仁は、やらねばならぬ時に動かず、やらずともよい時に動いた」

と後年、述懐しています。「やらねばならぬ時」とはいつだったのでしょうか。おそらく、薩摩と長州が倒幕の姿勢を鮮明にし、同盟を結んで手を携えて行動を開始した時だと思います。もし、あの時いっしょに行動していれば、明治新政府の中で、佐賀出身者はもっと重要な地位を得て政治に深く参画できた、という思いがあったのでしょう。

では、「やらずともよい時」とは。おそらく、戊辰《ぼしん》戦争が始まり、ほぼ大勢が決まってから官軍に加わり、佐賀藩が参加しなくても新政府側の勝利が確定しているタイミングで、上野の彰義隊《しょうぎたい》などを撃滅させたことでしょうか。

「そんな時に参加するなら、もっと早くに旗幟《きし》を鮮明にしておいてよっ!」

という思いが大隈にはあったのかもしれません。

偉大な大隈公にたてつくつもりはありませんが、この認識は正しくないと思います。佐賀藩は、「薩長土肥」の雄藩の中で、ちょっと（というかかなり）異質な存在でした。それはまさしく、鍋島直正の個性そのもののあらわれだったとも言えます。佐賀一国を、完全武装の「独立王国」に鍛え上げた直正にしてみれば、薩摩も長州も、

「おまえら、それでよく外国と戦うって言ってんなあ〜」

という嘲笑《ちょうしょう》の対象だったかもしれません。

肥前藩は、長崎を領域内に持ち、隔年でその警固を担っていた藩です。フェートン号事件も目の当たりにし、長州のような観念論的な「夷狄」ではなく、実体的・現実的な「外国」を認識していました。すぐれた外国文化・技術に早くから接し、それを積極的に（ごくごく自然に）吸収してきました。

反射炉（製鉄のための炉）の設置

アームストロング砲の模造など西洋軍事技術の国産化

蒸気機関・蒸気船の完成

これらのほか、教育にも力を入れ、「弘道館《こうどうかん》」はもちろん、日本で最初の医学校とも言うべき「医学館《いがっかん》」も設立しています（カリキュラムは近代の教育制度とよく似ていました）。案外と知られていませんが、天然痘に有効な「種痘」技術を最初に輸入したのは佐賀藩で、大坂の緒方洪庵《おがたこうあん》に提供しているんです。佐賀藩の医療技術と緒方洪庵の頭脳が出会わなければ、天然痘で亡くなる人の数は倍増していました。

幕末、諸外国が日本に来航しはじめたころ、長崎にはすでに佐賀藩が用意した鉄製大砲が大小の島に二百門近く配備されており、来航した外国船もその威容に驚いています（開国を求めて来航したロシアのプゥチャーチンとの交渉を有利に進められたのは、背後にこの大砲群がチラついていたことも大きかったのです）。幕府へもその技術を惜しみなく提供しており、江戸湾に作られた砲台（台場《だいば》）は佐賀藩が調えたものでした。鍋島直正は、ペリーの砲艦外交に強く憤り、攘夷を唱えたことで有名です。しかし、佐賀の攘夷は、長州のような「空想的攘夷」

ではなく、強力な軍事力に裏付けられた「科学的攘夷」だったのです。

内政においても、窮乏していた小作人を自作農にする均田《きんでん》制を導入し、砂糖・茶・蠟《ろう》などの専売と殖産興業を進めて成功していました。

そして佐賀藩では、薩摩藩や長州藩、土佐藩であったような、血で血を洗う藩内の抗争はまったく起こっていません。直正を「啓蒙専制君主」とする一つの国家が成立していたようなものでした。少し大げさな表現ですが、後に実現する「明治国家」の縮小版を、すでに二十年ほど前に前倒しでつくりあげていたのです。

いったい佐幕《さばく》なのか、倒幕なのか。そのどっちつかずな、とらえどころのない態度から、鍋島直正は「妖怪」と呼ばれますが、実際はどっちつかずでもなければ、佐幕でも倒幕でもないのです。幕末の混迷期に、佐賀藩は独立国家のように屹立《きつりつ》していました。戊辰戦争開始時、薩摩と長州の中では、態度不明な佐賀藩を征伐すべしという意見が出たのですが、木戸孝允《きどたかよし》も西郷隆盛《さいごうたかもり》も結局、佐賀征伐を行ないませんでした。というより、手出しができなかったのです。

まるで鋼鉄の塊のように不動で、独立が維持できたのは、すなわち近代化された軍事力のためでした。かつて直正は、「京都守護職をわたしに命じなさい。なんだか三百人くらいで都を守っているようだが、近代化した佐賀兵ならば、五十人で十分だ」と豪語しています。佐賀の軍備に比べれば、薩摩・長州のそれは、まだ中世・戦国時代と変わらない貧相なものに見えたことでしょう。

ドタバタ、ドタバタと動き始めた薩摩・長州に対して、ゆっくりと肥前は動き始めます。明治の軍事制度は、長州の大村益次郎《おおむらますじろう》の頭脳と、肥前の技術の出会いで開花しました。

薩摩・長州が、維新の「頭」と「体」なら、肥前は「道具」。三つそろって明治近代国家は作り始められたのです。

94 徳川慶喜は「一貫性がない」「勇気と決断力に欠ける」とは言えない

「徳川慶喜という男」という項（276〜277頁）があります。明治維新期につくられた「幕府無能論」の一つ「慶喜無能論」の影響を強く受けていて、一九八〇年代頃のドラマや小説に描かれた「慶喜像」が語られています。

「幕末の一連の事件の中での行動を見る限り、保身を第一とし、勇気と決断力に欠けた男に思える。」（276頁）

百田氏の「感想」だと思いますが、肝心なのは、

どのような時に、どのように「保身を第一」としたか。

どのような時に、どのような「勇気と判断力に欠けた」行動をしたか。

冤罪を晴らす「歴史弁護士」になったつもりで、まず、将軍になる前の慶喜の手紙を見てみましょう。

「天下を取り候《そうらい》て後、仕損じ候《そうろう》よりは、天下を取らざる方、大いに勝るかと存じ奉り候」（『徳川諸家系譜《しょかけいふ》』「水戸様系譜」より、父・斉昭への慶喜の手紙）

この手紙を読むと、「ありゃ。やっぱり慶喜、保身の人なのか」と思われるかもしれません。しかし松平春嶽《しゅんがく》（慶永の隠居後の号）はこんなふうに評しています。

「衆人《しゅうじん》に勝《すぐ》れたる人才なり。しかれども自ら才能あるを知りて、家定《いえさだ》公の嗣《あとつぎ》とならん事を、ひそかに望めり」（『逸事史補《いつじしほ》』）

どうなんでしょうか。たしかに慶喜さん本人は案外と、当初は将軍になりたくなかったのかもしれません。ですが、

「〔慶喜が当初、〕将軍職を固辞したのも、火中《かちゅう》の栗を拾いたくなかったからだ。」（276頁）

これについては史料がほとんどなく、固辞した理由は現在のところ不明です。よってこのように断定してしまうのは誤解を招きかねません。

「勇気と決断力に欠けた」というのも、一八六四年七月に起こった禁門の変（蛤《はまぐり》御門《ごもん》の変。京都での長州藩兵と幕府側との戦闘）の戦いぶりを見ると、明らかに不当な評価です。御所守護軍《ごしょしゅごぐん》を直接指揮し、長州がたてこもった鷹司邸《たかつかさてい》への攻撃では、禁裏御守衛総督《きんりごしゅえいそうとく》として自ら白兵戦を展開しています（その時、狙撃されて負傷してもいます）。以後、尊王攘夷派に対する姿勢を改め、桑名《くわな》藩・会津藩との連携を深めていきます。

これを背景として、「通商条約の勅許」を朝廷に迫りました。長州藩に代表される安易な「攘夷」は、かえって「国体《こくたい》」を危地に陥れるものである、という、むしろ慶喜の尊王の強い意志を感じると

ころです（申し出が受け入れられない場合は「切腹」を示唆していました）。慶喜を「まるで一貫性がない」（同）と非難するなら、長州藩の「右往左往」ぶり、薩摩藩の「公武合体」から「倒幕」への変節も、同程度に非難すべきでしょう。

慶喜の「敵前逃亡」は、確かによく言われることです。しかし、鳥羽《とば》・伏見《ふしみ》の戦いでは、薩摩軍に「錦《にしき》の御旗《みはた》」が上がった段階で、諸藩の裏切りが続きました。大坂城に立てこもっていても次の展開が見えないばかりか、包囲の危機にさらされます。幕府軍といっても、内実は諸藩の連合軍でしたから、むしろ「勇気と決断力」（同）が必要な行動だったとも言えます。

「大政奉還をあっさり受け入れたかと思えば、その後、家臣たちに押されて「討薩《とうさつ》の表《ひょう》」を出したり……」（同）

「大政奉還」は、単に「大政を奉還する」というだけのプロジェクトではありませんでした。諸藩の連合をつくり、慶喜は議長となって引き続き政治を主導していく、という意図があっての、言わば「幕府の発展的解消」のはずでした。それが、「慶喜抜き」のクーデターとも言える「王政復古《おうせいふっこ》の大号令」によって、覆されたのです。

「討薩の表」は漢文ですが、お読みになられたことがあるのでしょうか。「朝廷の命を受けて上洛し、薩摩藩の非道を糺《ただ》します。帝《みかど》をとりまく奸臣《かんしん》どもを引き渡してください。誅戮《ちゅうりく》を加えたいと思います」という内容のものです。「大政奉還」と「討薩の表」は何ら矛盾していません。

徳川慶喜に対する百田氏の評価の低さはどうも不思議です。

「しかし忘れてならないのは、小栗を重用し、存分に力をふるわせたのが、徳川幕府であったということだ。近代化を成功させた明治政府に対して、「徳川幕府は頑迷固陋《ころう》の体質を持っていた」と語られることが少なくないが、必ずしもそうではない。徳川幕府もまた押し寄せる欧米列強の脅威を前に、懸命に近代化を進めていたのだ。」（259頁）

この「**小栗を重用し、存分に力をふるわせた」のは、慶喜**です。百田氏が小栗忠順《ただまさ》の「業績」としている、横須賀《よこすか》製鉄所の設立、軍制の改革、「幕藩体制を改め、中央集権体制へ移行」（同）など、一連の「慶応《けいおう》の改革」は、徳川慶喜が進めさせたんです。なのにどうして評価が低いのか……。

「勝《かつ》〔海舟《かいしゅう》〕の非戦論は日本の将来を見据えたものだが、慶喜の場合は単なる怯懦《きょうだ》であろう。」（276頁）

というのも、あまりに一方的です（勝海舟については、史実に基づいて、以前とは異なる評価がされるようになっています→番外篇15）。

慶喜の「非戦論」によって幕府の近代化の成果が温存された、と考えるならば、戦いを避けたのは「単なる怯懦」ではなく、むしろ「日本の将来を見据えた」決断であったとも言えるはずです。

水戸家についても、誤解があります。御三家でありながら、「尊王思想の非常に強い藩であった」（同）とありますが、実は徳川の御三家は、比較的朝廷との関係が良好で、水戸家にかぎらず「尊王」「親朝廷」の傾向がありました（尾張徳川家の宗春については以前お話ししました→番外篇8）。

「また水戸家は幕府にとっても特別な家で、三百諸藩のうち、水戸藩主だけが定府《じょうふ》（国許に帰らず、常に江戸屋敷に滞在）を命じられてきた。もしかしたら、幕府は水戸家の謀反を恐れていたのかもしれない。」（276頁）

江戸定府を命じられていた藩は水戸藩だけではありません。「御三家の中では」と言うべきでした。江戸定府大名はけっこうたくさんありますよ。なぜなら、**老中・寺社奉行など幕府の要職に任じられた譜代大名はみな定府になる**からです。

「謀反を恐れていた」というのはまったくの誤り。水戸藩祖《はんそ》の頼房《よりふさ》は、一六〇三年に伏見城で生まれ、なんと三歳で大名になりますが、まだ幼少で家康が駿府《すんぷ》からしばらく手放さなかったこともあり、領地はあるけど就藩しない時期が長く続きました。しかも一六三六年まで、「徳川」姓は与えられていません。

そして二代秀忠は頼房の兄。子の家光に歳が近い弟を、言わば家光の「ご学友」として近くにおき、これが慣例となって江戸定府となっただけです。

ところで、「水戸学」というのは、尊王思想ではありますが、幕府は天皇から大権を委任されている、よって幕府の執政を正当なものとする、という思想です。

「徳川本家と朝廷が争うことになれば、朝廷に味方をする。」（277頁）

というのはネット上でもよく見かけますが、出典と思われる慶喜の回想談『昔夢会筆記《せきむかいひっき》』を見ると、

「もし一朝事起《いっちょうこと》こりて、朝廷と幕府と弓矢に及ばるるがごときことあらんか、我等はたとえ幕府に反くとも、朝廷に向いて弓引くことあるべからず」

「朝廷に味方する」ではなく、**「（幕府は朝廷から大権を委任されている、だから）幕府の命に反してでも朝廷とは戦わない」**という意味です。

「大政奉還」も**「新政府に恭順」**も、**慶喜は水戸学の思想及び父・斉昭の遺訓に即して行動したの**です。その意味では「行動にまるで一貫性がない」（276頁）どころかむしろ、**頑なまでの一貫性があったと思います。**

「三割引き」の勝海舟

幕末史の中で勝海舟が果たした役割は、たいへん重要です。教科書レベルで取り上げられるのは二つの点で、咸臨丸でのアメリカへの渡航、そして江戸城無血開城です。

ただ……『勝海舟日記』や談話集『氷川清話《ひかわせいわ》』は、ちょっと割り引いて読んだほうがよい史料です。幕末・維新の偉人たちの日記などは、明らかに後世に読んでもらうことを意識して書いていたり、日記と称して後年に述懐していたりで、「まゆつば」なものが多いのです。

まず、咸臨《かんりん》丸について。とかく「日本人の手で太平洋を渡った」ことが強調されがちですが、「三割引き」が必要なところです。『氷川清話』の中の勝海舟の、

「おれが咸臨丸に乗って、外国人の手は少しも借りないでアメリカに行った」

という話をもとに、かつて教科書でも説明されていたことがあり、つい「勝海舟の指揮で」「日本人だけの手で太平洋横断をやってのけた」と思い込みがちですが、実際は違いました。

咸臨丸には十一人のアメリカ人船員が乗っていました。特にブルック大尉《たいい》の活躍がなければ、嵐の中で咸臨丸は航行不能になっていたはずです。とても日本人だけ、というわけにはいきませんでした。

勝海舟は「艦長」のつもりで乗ったものの、実際は「教授方取扱《きょうじゅかたとりあつかい》」という操船《そうせん》アドバイザ

ーみたいな役だったので、終始ご不満。軍艦奉行木村摂津守《せっつのかみ》のとりはからいでなんとか艦長的な扱いとなったものの文句ばかり。挙句の果てにはふてくされて船室からほとんど出てこない、という始末（このあたりから、船酔いして部屋で寝ていた、という話が生まれたと思われます）。「アメリカに行った」と豪語し、あたかもアメリカ全土を視察したかのような話になっていますが、実際はサンフランシスコのみ。咸臨丸は、ポーハタン号に乗っていた新見正興《にいみまさおき》を正使とする「遣米使節団《けんべいしせつだん》」の護衛という名目の船にすぎず、ワシントンに行ったのはこの遣米使節団でした。教科書では、ポーハタン号と咸臨丸があたかも同格のように掲載されていて、勝海舟を大きくクローズアップしていますが、誇張だと思います。むしろ遣米使節の目付であった、小栗忠順のほうを大きく取り上げてほしいところです。

江戸城無血開城に関しては、勝海舟の活躍と重要な役割は間違いなく、否定できない事実です。ただ、やはりこれも勝側の記録が中心で、西郷側のほうに詳細な史料がありません（西郷は後に西南戦争を起こしてしまうので）。現在、事実と考えられているのは、勝海舟と西郷隆盛の会談は二回行なわれており、しかも、ドラマや小説のように、けっして「二人だけ」の話し合いで決めたわけではなかった、ということです。

大久保一翁《いちおう》・勝海舟・山岡鉄舟《てっしゅう》

西郷隆盛・桐野利秋《としあき》・村田新八《しんぱち》

の双方が向き合った会談であったと考えられています。「ロシアがナポレオンにやったように、江戸の町に火をかけてやるつもりだった」云々の話は、勝のハッタリと考えてもよいと思います（→番外篇17）。

勝海舟が幕末・維新で重要な役割を果たし、彼抜きで明治維新は実現しなかったことは否定しませんが、それに纏《まつ》わる様々な逸話は、「三割引き」にしておいたほうがよいと思います。

そういう虚構がかえって、彼の本当の業績を歪めたり霞ませたりしてしまいます。

勝海舟に限らず、幕末・維新の「偉人」たちの業績は、これからどんどん「再評価」されていくことでしょう。

95 水野忠徳の「小笠原領有をめぐる外交」は、「列強の間を渡り歩いた」わけではない

「水野忠徳《ただのり》」が一項目を割いて大きく紹介されていて、ちょっとうれしかったです。幕府の「良《りょう》吏《り》」は、もっと多く取り上げられてもよいな、と個人的には思います。

水野忠徳は「屏風《びょうぶ》水野」と呼ばれていました。屏風の後ろから「ささやいて」上役を支える……なんだか大臣の答弁の後ろでメモを渡す官僚みたいな感じで、この点、いつの時代もよく似ているのかもしれません。

さて、水野は外国から「小笠原諸島を守った」人物として取り上げられています。

「彼は領土・領海の持つ価値と重要性を十分に理解していた。だからこそ〔小笠原の〕島に乗り込み、領有権を確保したのだ。」(261頁)

これは後世の近代的領土観にとらわれすぎだと思います。

まず、水野忠徳は「命じられて」小笠原に行きました。彼の意思で「島に乗り込」んだわけではありません。といって、やる気がなかったわけでもありません。

勘定奉行を経験していた水野は「検地」、すなわち測量の重要性をよく理解していました。そこで小笠原の地図を作成します。これは領有を主張していた関係国のどこもやっていなかったことで、後にたいへん大きな意味を持つことになります。

「外国人が居住していた島だったにもかかわらず、その領有権を欧米諸国に認めさせたというのは超一流の外交手腕である。この時、忠徳のしたたかな交渉を支えたのが通訳のジョン万次郎だった。」

（同）

ロシアは一八二八年にリュトケがセニャービン号で父島《ちちじま》に来航しましたが、領有を宣言していませんし、居住もしていません。一八五三年にはプゥチャーチンが小笠原に立ち寄っていますが、「興味を示した」という感じです。

フランスは遙か前、一八一七年に、林子平の著した『三国通覧図説《さんごくつうらんずせつ》』の記載にある「無人島《ぶにんじま》」の地図をフランス・アカデミーに提出していますが、領土獲得の野心を見せてはいません。

「一八五〇年代には、ペリーが寄港してアメリカ人住民の一人を小笠原の植民地代表に任命している。同じ頃、イギリス、ロシアが諸島の領有権を主張、アメリカもフランスも領有権を主張する。」

（260～261頁）

先に述べたように、**ロシアとフランスはこのとき関係がありません。明治時代の話と混同されているようです。**

当時の小笠原領有の問題の関係国は、イギリスとアメリカでした。イギリス人が南洋諸島の人々を連れて入植し、その後、「入植者」間の争いがあって、アメリカ人がリーダー的な存在になっていました。ペリーが浦賀に来航する前に実は小笠原に寄っているんですが、ここに石炭供給基地などを設け、「島民」であったアメリカ人のリーダーを植民地代表に任命しています。

さて、この時、イギリスと一悶着がありました。

イギリスが小笠原の領有を主張したのです。ところがペリーは、平然と「いや、ここは日本の領土だ」と反論し、なんと林子平の『三国通覧図説』を示して国際法上、イギリスのものでもアメリカのものでもない、と主張してイギリスの領有権を退けたのです（このことは、ペリー自身が『遠征記』に記しています）。

イギリスは、案外あっさりと引き下がりました。実はアヘン戦争前は、イギリスは小笠原を対中国貿易拠点にしようと計画したのですが、アヘン戦争で一八四二年に勝利してホンコンを手に入れてからは、その戦略的価値を感じなくなっていたんです。

一方、ペリーは、小笠原領有を本国に打診しているのですが、アメリカでは政権交代が起こっていました。ペリーを派遣し、国書を持たせたホイッグ党（共和党の前身）のアメリカ大統領フィルモアは、一八五二年の大統領選挙で党候補にすらなれず、政権はピアースの民主党に移っていたのです。対外進出に積極的なフィルモアから、内政重視の民主党政権に交代してしまい、この段階ではアメリカも小笠原諸島に興味を失っていました。

一八五〇年代、小笠原は「外交的空白地帯」となって、どの国も実効支配に至らなかったのです。それがクローズアップされるのは、通商条約の締結後です。

さて、水野忠徳は一八六一年、小笠原へ出発する前に、イギリスとアメリカに小笠原を開拓すると通告をしました。

イギリスの場合、対応したのは公使オールコックでした。

この時、ロシア軍艦ポサドニック号が対馬の芋崎《いもざき》を占領する、という事件が発生していました。幕府が小栗忠順を派遣して対応させる一方、イギリス側も軍艦を派遣して威圧し、協力してロシアを撤退させることに成功しました。これが、日本の小笠原開拓を有利にする結果になったのです。

当時、日本への領土的進出を控えようという空気が列強にありました。極東の対立が国際的対立へ発展することを避けて、現状を維持しようという意識があったからです（ヨーロッパではクリミア戦争が終わり、アメリカでは南北戦争が起こり、中国ではアロー戦争後の進出を列強が模索しているところでした）。

イギリスとしては、対馬へのロシアの進出を牽制するのに協力しておきながら、小笠原諸島をわがものにしようとするのは外交的に矛盾がありました。ですからオールコックは、水野に「イギリスは小笠原に領土的野心はない」と回答したのです。

アメリカの場合、対応したのはハリスでした。当時、南北戦争中でもあり、本国に報告するから、回答は後日にする、と伝え、小笠原にいる住民の保護を水野に要請しました。

つまり、うまいタイミングで小笠原に水野は行くことができたのです。したがって、

「イギリス、ロシア、フランスの間を巧みに渡り歩き、列強同士の対立をも利用しながら、小笠原諸島の領有権が日本にあることを認めさせたのだ。」（261頁）

というのは、誇張しすぎで不正確です。特に「渡り歩いて」も、「対立を利用して」も、「認めさせて」もいません。投げたボールをイギリスもアメリカもちゃんと返せなかっただけです。

「したたかな交渉を支えたのが通訳のジョン万次郎だった」と言われますが、ジョン万次郎の活躍の場は、列強との交渉ではなく、現地での「住民への説明」でした。

アメリカは南北戦争中で、イギリスも領土的野心はない（つまり住民を保護しない）という状況の中、「幕府が責任をもって居住民を保護する」と親身に友好的に説明した水野忠徳とジョン万次郎を、代表ナサニエル・セイヴァリーや住民たちがたのもしく思い、信用したのも当然でした。特に水野に同行した小花作助《おばなさくすけ》は、住民たちと親しく交流し、その後も父島に残り、住民の世話を続けています。

この後、同じような開拓通告（領有通告）を、フランス・ロシア・ドイツなど駐日ヨーロッパ諸国の代表にもして、各国は黙認することになりました（当時、外交で無回答は承認を意味します）。

こうして、列強に軍事力で劣る日本がとった「住民友好外交の手法」は、明治時代に、再びイギリスが小笠原の領有を主張したときにも有効に機能します。

水野の活躍の後、生麦《なまむぎ》事件（神奈川県生麦村でのイギリス人殺傷事件）でイギリスとの関係が悪化し、幕府も内政問題（安藤信正の失脚や尊王攘夷運動の激化）などから小笠原開拓を中止し、日本人移民も全員引き上げてしまいました。こうして明治維新を迎えるのですが、島民がアメリカへの帰属を本国に要請し、イギリス公使パークスも、明治政府が小笠原を放置するならイギリス領とする、と通達してきました。これはまずい、と考えた明治政府は迅速に反応します。

明治政府がとった方式は、イギリスのような軍艦派遣ではありませんでした。小笠原「回収」のために派遣されたのは、「明治丸《めいじ》」という高性能灯台巡視船。これに武器ではなく、ワイン、ウィスキー、ジンなど酒類、それに大量の砂糖を積み込んで出航させました。

明治丸を迎えたのは、ナサニエル・セイヴァリーの息子ホレースでした。そして、明治丸に乗り込み、酒と食料を用意したのが、なんとあの小花作助でした。彼は明治新政府で工部省の役人となっており、再び小笠原の地を訪れたのです。ホレースは小花に父の死を伝え、「小笠原の恩人」を歓迎し、日本人との再会を喜びます。

二日後、イギリスが軍艦で小笠原に乗り込んだのですが、住民の意思は日本への帰属でした。こうしてイギリスは国際法にのっとり、「住民の意思」に基づく小笠原の日本領有を承認しました。「奇跡の二日間」と呼ばれている逸話です。水野忠徳・ジョン万次郎・小花作助が蒔いた平和外交のタネが開花した結果でした。

「領土・領海の持つ価値と重要性を十分に理解していた」からこそ「島に乗り込み、領有権を確保した」なんて勇ましい物言いは、この時の「水野外交」にはふさわしくありません。小笠原の人々は、領土・領海ばかりに気をとられて軍事力にモノを言わせたイギリスよりも、そこに住む人々のことを親身に考えた日本を選択してくれたのだと思います。

96 条約の勅許を得たとき、一橋慶喜は将軍後見職ではない

「いずれにしても、この二つ〔四国艦隊下関砲撃事件と生麦事件〕の賠償金によって、幕府の財政はさらに苦しいものとなった。欧米列強はそんな幕府の混乱に乗じ、条約に書かれた兵庫開港の遅れを理由に、慶応二年（一八六六）、幕府に改税約書に調印させる。」（262頁）

改税約書の経緯は、前にお話ししましたが（→89講）、この後に、ちょっと不可解な説明が見られ

ます。

「〔日米修好通商〕条約は安政五年（一八五八）に結ばれていたが、朝廷の勅許がなく、幕府はイギリスなどから勅許を求められていた。兵庫は京都に近いということで、朝廷が開港を認めなかったのだ。将軍後見職《しょうぐんこうけんしょく》の一橋慶喜は、「朝廷が勅許を出さなければ、欧米列強が京都に攻め込んでくる」と半ば脅しのような言辞で、勅許を取った。」（263頁）

これ、いったい何の話でしょうか……。

日米修好通商条約では、新たに四つの港が開かれることになりました。そりゃ貿易をするんですから、貿易港は必要です。しかも、やる以上は日本中に。よってグルっと日本を囲むように、北海道に一つ、日本海側に一つ、九州に一つ、江戸と大坂の近くにも一つずつ……。条約では、「日米和親条約で開港済みの下田・箱（函）館に加えて、新潟・長崎・兵庫（神戸）・神奈川（横浜）、を開港する」と定められました。

小・中学生くらいだと、ついこの条約締結と同時にこれらが開港したと思いがちなんですが、開港時期は後年に設定されていました。神奈川（その半年後に下田を閉鎖）・長崎は一八五九年。新潟は一八六〇年。兵庫は一八六三年です。

しかし孝明天皇が、京都に近い兵庫の開港を断固として認めず、幕府は開港・開市の一部延期を求めて使節団を派遣しました（文久遣欧使節団《ぶんきゅうけんおう》）。イギリスはこれに応えてくれました。覚書《おぼえがき》が交わされ、兵庫は一八六八年一月一日開港と決定されます。

ところが一八六三年に長州藩が無謀な砲撃事件を起こし、さらに翌年、下関戦争となってしまいました。幕府は多額の賠償金を支払うことになり、外交的に四カ国（米・英・仏・蘭）がいろいろな要求ができる環境ができてしまうのです。イギリスは、賠償金よりも貿易の拡大のほうがはるかに利益が大きいと算盤《そろばん》を弾き、開港の二年前倒しを要求しました。

一八六五年、列強は艦隊を兵庫沖に派遣し、大坂城にいた将軍家茂に圧力をかけます。これに対応したのが老中阿部正外《まさとう》と松前崇広《まつまえたかひろ》でした。

「直接京都に乗り込んで朝廷と交渉する」と強気に出る列強に二人は屈して、無勅許で開港を決めようとしました。これに待ったをかけたのが、京都から急ぎ駆けつけた一橋慶喜です。

「無勅許での開港は断じてならん！」

将軍家茂の前で、老中たちとの激論になりました。

「そんなことになれば、諸外国が京都に直接乗り込みますぞ！」

と**「半ば脅しのような言辞」を述べたのは老中たち**です。そして、このケンカを沈静させたのは、なんと家茂。老中たちと慶喜の激論に圧倒されて泣き出したそうです。

こうして慶喜は、とにかく勅許を得るまでの間、交渉を延期するべきだ、と主張し、若年寄を派遣して諸外国を説得させました。十日間の猶予《ゆうよ》を得て、朝廷との交渉を進めることに成功します。慶喜はこの間、孝明天皇の怒りをしずめるために苦労しています（孝明天皇は二人の老中の切腹まで要求しました）。

結局、将軍家茂の将軍辞職願と江戸への帰還の姿勢に驚いた孝明天皇は、条約の勅許と、以後の幕政への口出しをしないことを約束します。

しかし条約の勅許を得たものの、兵庫開港の前倒しだけは、孝明天皇は認めませんでした。その見返りとして、改税約書に調印させられたのです。結局、兵庫開港の前倒しの話はなくなりました（これらの経緯は久住真也『幕末の将軍』、野口武彦『長州戦争』に詳しく、史料としては「陸奥国棚倉藩主阿部家史料」、『白河市史　近世』などがあります）。

また、そもそも**この時、一橋慶喜は将軍後見職ではありません**。

一八六二年の文久の改革で、慶喜は将軍後見職に任命されましたが、一八六四年には「禁裏《きんり》守衛総督《しゅえいそうとく》」に任命され、同時に将軍後見職は廃止されています。

どうやら百田氏は、家茂が死去するまで一橋慶喜が将軍後見職だったと思い込まれていたようで、外国との交渉は老中が行なっていることをご存知なかったようです。**慶喜は一貫して「兵庫の無勅許開港は認めない」という姿勢でした**（ちなみに、慶喜が兵庫開港の勅許をとったのは十五代将軍に就任してからの一八六七年六月で、この時、孝明天皇はすでに崩御しています）。

「このことに薩摩藩は怒り、反幕府の意思を固める」（263頁）という記述については意味不明です。「このこと」とは、「勅許をとった」ことに対してでしょうか、それとも朝廷を「脅し」たことでしょうか。

慶喜が兵庫開港の勅許を得たのは一八六七年六月ですから、薩長同盟（一八六六年）は成立しています。その前年の一八六五年の条約勅許のことだとしても、すでに薩摩藩は密かに長州藩を支持する態度をとっていました。

97　イギリスとフランスは幕末、対立せず共同歩調をとっていた

「イギリスとフランスは、日本を植民地化しようとしていた」

「イギリスとフランスは、どちらが日本を支配するかで争っていた」

「イギリスは薩長を、フランスは幕府を支援して、それぞれ対立していた」

……これ、よくある「幕末誤解」なんです。

「え？　そうじゃないの？　教科書にも書いてあるよ！」

という方、よ～く教科書を読んでみてください。そんな話は出てこないんです。


「この頃からイギリス公使パークスは、幕府の無力を見抜き、天皇を中心とする雄藩連合政権の実現に期待するようになった。薩摩藩は、薩英戦争の経験からかえってイギリスに接近する開明政策に転じ、西郷隆盛・大久保利通《おおくぼとしみち》ら下級武士の革新派が藩政を掌握した。一方、フランス公使ロッシュは、あくまで幕府支持の立場をとり、財政的・軍事援助を続けた。」（『詳説日本史B』256～257頁）

いやいや、フランスは幕府支援、イギリスは薩長支援、みたいな感じで書いてあるやんっ！　と、ツッコミを入れられそうですが、「この頃から」が実はポイントなんです。

まず、イギリスもフランスも、日本を植民地化することはまったく考えていませんでした。これは

イギリスやフランス側に残されている史料（議会・政府の資料）から明らかです。日本側が勝手にそう思い込んでいただけでした。

イギリスは「相手を見て」外交政策を展開します。産業革命に成功し、「世界の工場」となっていたイギリスは、世界を原料供給地と市場に色分けます。市場に分類した日本とは「不平等条約」を結び、「改税約書」を結び直させ、さらに有利な条件を獲得しました。

イギリスとフランスが、「どちらが日本での主導権を狙うかで争っていた」というのも、実は錯覚です。

イギリス本国は、一八五〇年代から六〇年代にかけて、明確に「内政不干渉」の原則を日本に適用していました。一八六三年、下関で長州藩が砲撃事件を起こした際、「日本との全面戦争」に発展することを極力回避しようとしています。翌年の下関戦争に関しても、実はイギリスは公使オールコックに中止命令を出していました。その命令が届く前に戦争が始まり、オールコックは責任をとる形で、パークスと公使の交代を命じられています。

イギリスとフランスの一八五〇～六〇年代は、世界史では「共同歩調の時代」なんです。

一八五三～五六年のクリミア戦争で、イギリス・フランスは、オスマン帝国をめぐるロシアの南下政策に対抗していて、いわば同盟国。むしろ当時、ロシアがイギリス・フランスの敵対国で、プゥチャーチンは、日本でロシア艦船が英仏に捕縛されたり争ったりすることを恐れていました。下関戦争の「四カ国」、つまり関税率改定を要求した四カ国にロシアが入っていない所以《ゆえん》です。

世界史の知識があれば、この幕末のイギリス・フランスの行動は、なんの不思議もなく納得できます。

フランス公使ロッシュの前任者はベルクールで、日仏修好通商条約調印（一八五八年）以来、総領事などを歴任しています。六一年から公使に昇格し、以来、イギリスの公使オールコックとは常に共同歩調をとっていました。

ヒュースケン殺害事件でも、イギリスとともに抗議行動をしていますし、薩英戦争の時の鹿児島攻撃もベルクールは支持しています。

生麦事件の賠償交渉は、フランス海軍の軍艦セミラミス内で行なわれており、イギリス公使代理ニール、イギリス海軍提督キューパーの他、フランス公使ベルクール、フランス海軍提督ジョレスも同席しています。

日本史の教科書で、この時の「イギリスが……」「フランスが……」と記されている場合、ほとんどが単独ではなく、「英・仏」はもちろん「米・蘭」が加わった共同歩調が原則でした。

この時期、フランスもイギリスと同様、本国政府は中国やヨーロッパにおける情勢（アロー戦争後の処理・イタリア統一の動き）から、極東アジアでの国際紛争を望んでいませんでした。英仏の勢力バランスが崩れることを恐れていた本国政府は、好戦的なベルクールの日本での活動を抑制しようとしていました。それが原因の一つとなって、ロッシュと交代になります。

つまり、イギリスもフランスも「共同歩調」「内政不干渉」が政府の外交基調で、その方針を徹底するためにイギリスはパークス、フランスはロッシュを公使に派遣したのです。

「弱体化する幕府に援助を申し出てきたのはフランスだった。その理由は、イギリスが反幕府路線をとる薩摩藩や長州藩と接近したことによる。」（264頁）

というのは、百田氏の想像でしかありません。

そもそも、援助を願い出たのはフランスではなく幕府のほうでした。一八六四年十二月八日、幕府はロッシュに製鉄所と造船所の建設協力を願い出ています。翌年には横須賀造船所が着工されました。また、同年には横浜仏語伝習所も設立しています。

ロッシュの幕府への接近は、知日家の通訳カションとその弟子で幕府側の役人塩田三郎《しおたさぶろう》の影響があったと思います（カションは琉球や蝦夷地でのキリスト教布教の経験があり、箱館奉行とも良好な関係を築いていました）。日仏修好通商条約の日本側の全権大使であった外国奉行水野忠徳とも面識を持ち、水野は日本語が流暢なカションに驚いています（カションは幕府側にけっこうコネを持っていたんですよね）。

そのカションが一八六六年に帰国してしまった後は、ロッシュにとってフランス語の通訳が塩田三郎しかいなくなってしまい、幕府側とのつながりが深くなったのです。

「両国は「日本を開国させるという目的」では共通していたが、植民地獲得競争では常に対立していた。そのため日本での利権をめぐって水面下で争っていたのだ。」（同）

というのも、イギリス・フランスに対する誤ったイメージにすぎません。

一八五八年の開国後、一八六四年の下関戦争を経て、改税約書に調印する一八六六年まで、イギリス・フランスは共同歩調をとり、両国とも現地公使には不干渉・戦争回避を要求し続け、それにふみこむような態度を公使がとった場合は、オールコックもベルクールも交代させているのです。

イギリスとフランスが「植民地獲得競争では常に対立していた」というのは、十八世紀から十九世紀初めのナポレオン戦争期、および十九世紀後半の帝国主義時代の話で、一八五〇〜六〇年代はこれに該当しない時代です。この時期、両国が「日本での利権をめぐって水面下で争っていた」事実はありません。

さて、改めて、教科書の記述を読み直してください。


「この頃からイギリス公使パークスは、幕府の無力を見抜き、天皇を中心とする雄藩連合政権の実現に期待するようになった。薩摩藩は、薩英戦争の経験からかえってイギリスに接近する開明政策に転じ、西郷隆盛・大久保利通ら下級武士の革新派が藩政を掌握した。一方、フランス公使ロッシュは、あくまで幕府支持の立場をとり、財政的・軍事的援助を続けた。」


パークスには「……期待するようになった」という表現、ロッシュには「あくまで……」という表現が使われていますよね？

そうなんです。イギリスは、不干渉・局外中立を保ち、パークスの「期待」の内容は当時の史料からわかりますが、具体的な肩入れはしていません。「期待していた」だけ。また「あくまで」という表現は、実は一八五〇年代以来のイギリス・フランス・オランダ・アメリカの姿勢、つまり「政府はあくまで幕府」、「外交交渉の対象はあくまで幕府」という「従来の姿勢」を崩していない、という意味なんです。

いや、フランスは一八六六年に六〇〇万ドルの対日借款、さらに一八六七年に軍事顧問団も幕府につけているぞ、と指摘される方もおられると思います。

これは実は、ベルクールと同じく、ロッシュ個人のフランス政府の意向に反した「肩入れ」だったんです。よって、フランス本国政府は、六〇〇万ドルの借款を停止し、ロッシュを解任しています。

ただ、その解任の命令が届いた時には、鳥羽・伏見の戦いがすでに始まっていました。
教科書の「意味ありげな」表現の裏には、それなりに意味があるのです。

98 「四侯会議」は一回だけでなく、八回行なわれた

一八六六年六月、幕府は第二次長州征討を実行。ところが同年七月、将軍家茂が大坂城で急死してしまいます。

「長州征伐の最中に急死した将軍の家茂には子供がなかったため、将軍後見職の一橋慶喜が将軍に推された。」（265頁）

誤りです。

後継には、田安《たやす》家の亀之助《かめのすけ》が指名遺言されていました。

単純に子供がなかったから慶喜が将軍に推されたのではありません。大奥などの勢力だけでなく、なにより水戸藩（慶喜の実家と言ってもよい）からも慶喜就任に反対の声が出ていました。これが、慶喜が将軍就任を固辞した背景でもあります（それに慶喜は「将軍後見職」ではなく「禁裏御守衛総督」です→96講）。

「長州征伐で〔幕府軍が〕敗れた後、多くの藩が離反していく中……」（同）

これも誤っています。

第二次長州征討を停戦させたのは孝明天皇でした。ただし和議が結ばれたものの、この段階では長

州藩は「朝敵《ちょうてき》」のままです。

しかし後年、明治新政府が、「この第二次長州征討の失敗で、多くの藩が幕府から離れた」と説明するようになったために、こうした見方が流布されました。征討の結果、長州藩と薩摩藩に幕府は干渉できなくなり、幕府の軍事力が前近代的な状況にあることも明らかになりましたが、**朝廷における幕府の影響力はまだ強かった**のです。

薩摩藩と岩倉具視（洛北《らくほく》の岩倉村《いわくらむら》に蟄居謹慎中）は、これをきっかけに朝廷内での反幕府派公家を復権しようと画策し、さらに朝廷の主導力を示そうと、二十四の諸侯に参内を呼び掛けました。にもかかわらず、集まったのは藩主代理を含めても九名だけで、むしろ幕府の力を実感する結果になってしまいました。それどころか慶喜が公卿《くぎょう》（太政大臣・左右大臣・大納言・少納言など貴族の高官）の会議に参列するようになり、親薩長の公家のほうが処罰されたのです。

一八六六年の薩長同盟の目的の一つ「長州藩の朝敵指定の解除」も、とても実現できるような状況ではなくなりました。長州征討には負けましたが、朝廷内の主導権争いでは慶喜が勝ちました。

「〔慶喜が〕二十九歳で徳川十五代将軍となった。その二十日後、攘夷論者ではあったが公武合体派で親幕府でもあった孝明天皇が三十五歳の若さで急死する。これにより幕府は大きな後ろ盾を失い、朝廷では討幕派が台頭していく。」（265〜266頁）

孝明天皇の死で幕府の後ろ盾がなくなった、というのも、現在では断言されなくなっています。「四侯会議《しこうかいぎ》」が開催されたのは明治天皇の時ですし、この会議では慶喜が主導権を握りました。

さて、その「四侯会議」ですが……。

「翌年〔一八六七〕五月、京都において、「四侯会議」が開かれた。これは将軍の徳川慶喜と島津久光《ひさみつ》

（前薩摩藩主）、山内豊信《やまのうちとよしげ》（容堂《ようどう》・前土佐藩主）、松平慶永（前越前藩主）、伊達宗城《だてむねなり》（前宇和島《うわじま》藩主）の四つの雄藩《ゆうはん》の指導者による国政会議である。しかし会議が始まると同時に、慶喜と久光が長州の処分について真っ向から対立し、会議そのものが成り立たなくなった。これ以降、薩摩は武力による討幕に舵《かじ》を切ったといわれる。」（266頁）

まず明確な誤りが一つ。**島津久光は、藩主になったことはありません。**前藩主斉彬の弟で現藩主の父。ですから**「前薩摩藩主」ではなく「現薩摩藩主の父」です**（→その後、第五刷で「薩摩国父」に修正）。それから「四侯会議」は徳川慶喜と摂政二《に》条《じょう》斉敬《なりゆき》の諮問会議であり、「2＋4」で構成されているので、メンバーが一人（二条）抜けています。

さて、**この会議は全部で八回開催されています。**「会議が始まると同時に」徳川慶喜と島津久光が対立した、とされていますが、それはありえません。第一回五月四日の会議には慶喜は出席しておらず、島津・松平・伊達・山内の四人だけだからです。

第二回は五月六日で、二条斉敬の邸宅で行なわれました。やはり慶喜はいません。ここで「会議が始まると同時に」ケンカとなったのは二条斉敬と島津久光です。朝廷の人事で薩摩派の公家の復活を要求するのですが、二条が反対し、激論となりました。

第三回は五月十日。やはり二条邸で行なわれましたが容堂が欠席。

第四回は五月十三日、土佐藩邸で開催され、次回は慶喜をまじえて二条城で開きましょう、と決まりました。

第五回が五月十四日。小説や大河ドラマ、そして百田氏がイメージされている慶喜と久光の「真っ向から」の「対立」はおそらく、この日の会議だと思われます。慶喜が四侯を引見する形で、いまだ朝敵のままである長州藩を許すか許さないか、それと兵庫開港の問題とどちらを優先するか、が議論となります。

久光は長州問題を、慶喜は兵庫開港問題を、それぞれ優先課題として主張。結局、折り合いがつかず懸案《けんあん》事項となって持ち越されますが、この時、記念撮影が行なわれているんですよ（写真は現存せず）。実際は、わりと穏やかな会議だったかもしれません。

第六回は土佐藩邸、第七回が二条城、そして最後の第八回は五月二十一日、二条城で開催されました。兵庫開港の期限が迫っていたこともあり、慶喜は天皇の勅許を得ることに全力をつくしました。そして慶喜がこの会議で長州藩の朝敵解除も天皇に進言することを求めたのです。

こうして慶喜主導ですべてが決まってしまったため、薩摩藩は「武力による討伐に舵を切った」のです。

また、孝明天皇の死についてですが。

「孝明天皇の死は討幕派勢力による暗殺ではないかという説も根強い。」（266頁）

孝明天皇暗殺説が否定されて久しいことをご存知なかったようです。

もともと天皇など、やんごとなき御方の病状や死の原因は曖昧にされるもので、表向きの発表がなされるのが通常です。しかし、政治などが混迷している時期や権力争いの時期に重なると、ついつい陰謀説の温床になりやすい……。明治天皇の母で孝明天皇に仕える女官（典侍《てんじ》）だった慶子《よしこ》へ病気の容態を詳しく記した手紙が見つかり、暗殺説は終息しています（というかもともと「説」とも言えないゴシップだったのですが）。

急死は幕府にとってタイミングが悪い、とよく言われますが、長州系や薩摩系の主な公家がいない段階で天皇が崩御し幼帝が立ったわけで、摂関など主要公家のほとんどが幕府派でしたから、ますます朝廷における幕府方の主導権が強まります（事実、四侯会議は慶喜の思惑通りに運びました）。つまり、倒幕派のほうがタイミングが悪かった、とも言えます。

足利義満、そして島津斉彬についても「暗殺説が根強い」と百田氏はコメントされていますが、いずれも「説」でも「陰謀」でもなく、戦前から続くゴシップにすぎません。

坂本龍馬の「再評価」

坂本龍馬の説明って、通史では難しいんですよね。

「日本で初めての株式会社である「亀山社中」を作った龍馬は、外国との取引を禁じられていた長州藩に、薩摩藩名義で購入した最新式の西洋の武器を売るという奇策を用いて、両藩を近づけた。そして自らが仲介役となって、慶応二年（一八六六）一月、薩摩藩と長州藩の同盟を成立させた。」

（263頁）

「亀山社中」は「日本で初めて」の「株式会社」ではありません。おそらく、「総合商社」あるいは「貿易商社」と言いたいところを誤ったのではないでしょうか。

龍馬は、イギリスのグラバーなどの商人と早くから取引を行なっていました。「商社」という概念を、経験で理解していたようにも思います。

ただ私は、厳密には「商社」とも言えないと思っています。むしろ、現在の組織に単純におきかえづらく、「私設海軍学校」「貿易商」「政治結社」の融合体のようなものだったのではないでしょうか。ありのままの活動実態を並べたほうがよかったように思います。

最近の幕末史の研究では、亀山社中の評価はかなり変わってきました。

そもそも「社中」とは、単なる集まり、仲間を意味します。集団、グループという語感で、薩摩藩から委託されて売買する組織、というような感じです。

薩摩藩から委託されて買い取った長崎の武器を亀山社中が保管し、高値で長州に転売。他方、長州藩で買い取った米を相場の高値がついた薩摩藩に売る……。こうして薩摩藩にも長州藩にも坂本龍馬はコネを持つようになった、というわけです。

このような組織は、実はすでに長州藩にもありました。「越荷方《こしにかた》」です（大学入試でも出てきます）。他藩が大坂に運ぼうとしている積み荷を買い取り、一部を保管して相場の値動きにあわせて売ったり、または積み荷を担保にして資金の貸し付けなどを行なったりしていました。

龍馬はこれを、薩摩藩を相手に（後には土佐藩も）、しかも長崎の輸入品で行なっていた、それが亀山社中である、というのが「商社」説ですが、これは別に、百田氏が言われるような「奇策」ではありません。そうした捉え方は、「坂本龍馬」の虚像が膨らむ中で生まれた過大評価ではないか、というのが現在の見方です。

「一方、長州藩と薩摩藩を結び付けた坂本龍馬は武力による討幕には反対だった。それは龍馬の師匠である勝義邦《よしくに》〔海舟〕の考えだった。」（266頁）

こういう設定は一九九〇年代くらいまで、よくドラマなんかでも使われてきました（特に、勝の回想はやや誇張があり、信用性に疑問符がつきます）。

龍馬は、大政奉還が実現しない場合は倒幕をしっかり考えていて、後に土佐藩に西洋式銃を大量に売りつけ、倒幕の計画と準備を同時に進めています。また後藤象二郎《ごとうしょうじろう》から大政奉還論を聞いた薩摩の小松帯刀《たてわき》もこれを認め、「薩土《さっと》盟約」を結んでいます。薩摩藩の場合は、大政奉還を求めても幕府は拒否するであろう、よってそれを理由に倒幕を進める、というさらに一歩進んだ考え方でした。

龍馬の評価は、振り子のように揺れ動いてきました。過大、過小、過大……そして現在は過大評価を改める方向に動いており、高校教科書から坂本龍馬を削除する動きもこの一端です。振り子はさらに過小にも振れ始めていて、「船中八策《せんちゅうはっさく》」は虚構ではないか、という検証も始まっています（実際、大正時代の造語ではないかと考えられています。『汗血千里駒《かんけつせんりのこま》』などの小説で龍馬を描いた坂崎紫瀾《さかざきしらん》の影響でしょうか）。

ただ、龍馬自筆の「新政府綱領《こうりょう》八策」は一次史料とされているので、坂本龍馬が「大政奉還」の考え方をもっていたことは明確です。

99 「大政奉還」の意向を諸藩が知ったのは「討幕の密勅」と同日

「薩摩藩の大久保利通は、公家の岩倉具視と組んで、天皇に「討幕の密勅」を出させることに成功した。〔……〕薩摩藩に出されたのが慶応三年（一八六七）十月十三日（新暦十一月八日）、長州藩に出されたのが十月十四日（新暦十一月九日）である。〔……〕ところが薩長にとって思いがけないことが起こる。慶応三年（一八六七）十月十四日（新暦年十一月九日）に、徳川慶喜が大政奉還をすると上表《じょうひょう》（天皇に対して書を奉ること）したのだ。つまり、この日を以て、二百六十五年続いた江戸幕府の統治が突然終わりを告げた。」（267頁）

「ところで、偽勅旨《にせちょくし》が出た翌日に慶喜が大政奉還を言い出したというのは、あまりにタイミングが良すぎる。私の想像だが、朝廷か薩長に徳川の内通者がいたものと思われる。」（269～270頁）

江戸幕府の統治は、大政奉還の後も突然終わったりはしませんでした。

これ、よく間違うんです。

大政奉還を申し出ても、慶喜は征夷大将軍をやめていませんし、幕府もなくならず、引き続き政治を行なっています。なにより、二十四日には天皇が改めて、各藩への軍事指揮権を将軍および幕府に勅許しているんです。

なんのことはない、**慶喜が大政奉還したら、すぐにまた大政委任された**わけです。実際、諸外国に対しても江戸の開市、新潟開港の延期通知を幕府として出していますし、ロシアとの改税約書調印も幕府が行なっています。

だからこそ、薩長は「王政復古の大号令」というクーデターを実施しなくてはなりませんでした。大政奉還で幕府が滅びて徳川の政治が終わっていたなら、大号令は不要です。

それから、「討幕の密勅」（百田氏が「偽勅旨」と呼ぶもの）が出された（十三日の）翌日、十四日に、「大政奉還を言い出したというのはあまりにタイミングが良すぎる」とおっしゃっていますが、誤っています。

慶喜が大政奉還を言い出したのは十三日です。

まさか、百田氏は教科書によく出ている絵（二条城に大名が集まっている絵。図参照）が「大政奉還」で、十月十四日の様子だと思っているのではないとは思うのですが……。

「あの絵」は大政奉還の絵ではなく、大政奉還をするので諸藩の意見を聞きたい、と申し渡している場面を描いたものなんです（しかも昭和に描かれた想像図にすぎず、実際は慶喜ではなく老中が文書を回覧して知らせました）。

邨田丹陵『大政奉還』
（1935年／聖徳記念絵画館蔵）

あれが実は十月十三日。つまり「討幕の密勅」と同じ日で、その翌日に「大政奉還」しているのです。

朝廷か薩長に幕府の「内通者」がいたかもしれませんが、この段階では何の役目も果たしていません。なぜなら十三日の段階で、大政奉還するよ、ということは四十の諸藩に知れ渡っていますし、薩摩藩も土佐藩も、その場にいました。薩摩藩の代表は小松清廉《きよかど》（帯刀）。文書回覧後に慶喜と面会し、すぐに大政奉還するべきです、と訴えています。

したがって、十三日に討幕の密勅が出されたから、慌てて十四日に大政奉還をしたわけではありません。二つがほとんど同時に重なったのは、「タイミングが良すぎる」というより、幕府側と倒幕派のぎりぎりのせめぎあいの結果だったのです。

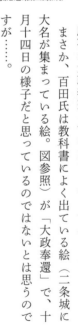

100 西郷隆盛の「短刀一つあれば済む」は俗説

岩倉具視についてですが、一八六〇年代の彼の「居場所」は、誤解されてしまいがちです。彼は一八六二年から蟄居させられていて、六七年の王政復古の大号令後、宮中にようやく参内が許されました。正確には、その後からが、彼の「維新の功績」の始まりです。それ以前の「暗躍」は、明治新政府成立後の、維新の功労者特有の「盛られた話」も含まれている、と割り引いたほうがよいところがあります。

岩倉具視は、もともと公武合体派でした。しかし、宮廷で尊王攘夷派が台頭し、「幕府にこびへつらう奸臣《かんしん》」として、一八六二年八月二十日に辞官させられ、出家もしています。岩倉への処分は苛《か》烈《れつ》で、尊王攘夷派は「天誅《てんちゅう》」を公言して憚らず、洛中に住むことすら禁止されて事実上の追放となり、洛北の岩倉村に蟄居します。ここから五年間、ずっとこの地に住んでいました。

いろんな文書を書いて、薩摩藩にそれを送ったりするようになるのが一八六五年から。よって六二～六四年までの朝廷の活動には関与していません（というかできません）。

じゃあ六五年からすぐ関与できたのかというと、現実、宮中には参内できずに岩倉村にいたのですから、できたことには限りがあります。

「薩摩藩の大久保利通は、公家の岩倉具視と組んで、天皇に「討幕の密勅」を出させることに成功した。」（267頁）

とされていますが、なんでもかんでも岩倉具視の「暗躍」の功績ではありません。中山忠能《なかやまただやす》・正親《おおぎ》町《まち》三条実愛《さねなる》・中御門経之《なかみかどつねゆき》と組んで、大久保は「密勅」を出させることに成功したんです。密勅は岩倉の側近で国学者の玉松操《たままつみさお》が起草していると言われ、「岩倉具視の骨折《ほねお》りがあった」と正親町三条実愛が明治時代に回想していますが、これは密勅の作成についてであって、宮廷工作は蟄居中の岩倉には当然できません。

「〔大政奉還後、徳川が発言権を握っては〕面白くないと考えた岩倉具視を代表とする討幕派の公家や薩摩藩らは〔……〕慶喜派の公家を締め出し〔……〕「王政復古の大号令」を発した。」（270頁）

岩倉具視は、慶喜派の公家が締め出された後、ようやく宮中に参内しています。五年ぶりの宮中復帰です。岩倉が宮中にいて指示していたわけではありません。

ところで。

「同じ日〔一八六七年十二月九日の王政復古の大号令が出された日〕、新たに設置された三職《さんしょく》（有栖《ありす》川宮熾仁《がわのみやたるひと》親王、中山忠能、岩倉具視、大久保利通、松平慶永、山内豊信、後藤象二郎、徳川慶勝）の間で小御所《こごしょ》会議が行なわれた。」（同）

小御所会議での「三職」（総裁・議定《ぎじょう》・参与）は、ここに記された八名だけではありません。総裁は一名で有栖川宮熾仁ですが、議定だけでも十人参加しています。参与は十六（あるいは十五）名。

「山内豊信（前土佐藩主）・松平慶永（前越前藩主）・徳川慶勝（前尾張藩主）は慶喜の「辞官・納地」に断固反対していたが、それを知った討幕派の西郷隆盛（薩摩藩士で当日は御所の警備をしていた）が三人の暗殺を示唆したところから、会議の空気が変わったという。この時、西郷は「短刀一つあれば済む」と言ったといわれる。山内豊信らは暗殺を恐れたのか、自説を引っ込めた。」（271頁）

徳川慶勝は「前」ではなく「元」尾張藩主。十四代が慶勝で、安政の大獄で弟の茂徳《もちなが》に藩主の座を譲ります。一八六三年に茂徳が隠居し、実子の義宜《よしのり》が十六代藩主になりました。

実は、小御所会議では、「藩士でありながら特に参加を許された者」として薩摩藩から西郷隆盛、大久保利通、岩下方平《いわしたみちひら》の三人が参加し末席に座っています。**西郷が警備担当でその場にいなかった、ということはありません。**ですから、**「短刀一つあれば済む」云々は俗説**で、小説やドラマの演出でよく見られるものです。『丁卯《ていぼう》日記』『大久保利通日記』『嵯峨実愛《さがさねなる》手記』『徳川慶喜公伝』『明治天皇紀』などには一切記述がありませんし、それを臭わすような記載もありません（「短刀」の話の出所は、一九三七年に刊行された『浅野長勲《ながこと》自叙伝』の中のエピソードです。しかし『岩倉公実記』を読むと、休憩中に岩倉具視と岩下方平がずいぶん根回ししていたことがわかります。この「根回し」で薩摩藩が武力の使用をほのめかしたとか。短刀一つどころか藩兵一軍、だったようです）。

岩倉具視の活躍は、まさにこの小御所会議の時から。蟄居中の「暗躍」については、少々割り引いて考えたほうがよいようです。

101 旧幕府は、国際的に承認された政府の地位を「局外中立宣言」で失っていない

「王政復古の大号令」が出された後、慶喜は大坂城へ移ります。翌一八六八年一月、幕府と薩摩の争いが京都南部で起こりました。「戊辰戦争」の始まりとなったこの「鳥羽・伏見の戦い」について。

「薩摩側は慶喜との対決を前に、朝議《ちょうぎ》を開き、「慶喜の武装上洛を止める」という決定を取り付けた。」(272頁)

誤解の無いように申し添えますと、慶喜追討の命令が出る前に、すでに戦いは始まっていました。当初、これは徳川と薩摩の私闘にすぎないとして、松平春嶽らが朝廷の中立を示そうとしました。しかし、ここで岩倉具視が「活躍」し根回しをして、またまた形勢を逆転し、「新政府と旧幕府」の対決という構図をつくることに成功しました。

「数では圧倒していた旧幕府軍だったが、西洋の最新式武器を装備した新政府軍を前に苦戦を強いられた。」(273頁)

装備よりも戦術的な不備が旧幕府側には目立ちました(旧幕府軍も近代装備でした)。まず、鳥羽・伏見の狭い地域・街道で作戦を展開するには数が多すぎたこと、そして指揮系統が一つにまとまっていなかったこと、が大きな敗因です。装備よりも、新政府軍に「戦闘方法の近代化」ができていたことが大きかったのです。

さて、「錦の御旗」ですが。

「朝敵を討つ時の旗印である「錦の御旗」(錦旗《きんき》)を掲げると、多くの藩が「朝敵」となることを恐れ、次々に新政府軍に加わった。」(273頁)

これは前線にいた土佐藩士・田中光顕《みつあき》の証言によるものでしょう。

実は錦の御旗はこの戦いを前に、岩倉具視と薩摩藩が「発注して」製造したもの(長州が錦をもらって長州で製作)で、岩倉具視(の側近の玉松操)がデザインしたと言われています。「伝説」の錦の御旗の再現であり、朝廷が宮中の奥深くに秘していたものではありません。

そもそも錦の御旗は、天皇が戦いを命じた者に「作らせた」官軍のしるし（最初は承久の乱の時）でした。では見たこともない（存在しない）「錦の御旗」になぜ諸藩は恐れをなしたのか。

「朝廷の敵」になることの「恐れ」など、徳川二百六十年の中で忘れ去られていました。ところが皮肉なもので、幕府が長州征討で長州藩を「朝敵」に指定したことで、その「不利益」がどれほど大きいかを幕府自身が示してしまっていました。旧幕府軍の武士たちを「慄《おのの》かせた」（同）「朝敵」という概念はごく最近、その実体を取り戻したばかりだったのです。


「〔旧幕府軍は〕大坂を放棄して江戸や自国へと帰還し、戦いは新政府軍の圧勝という形で終わった。これを見て、欧米列強は局外中立を宣言し、旧幕府は国際的に承認された日本政府としての地位を失った。」（273頁）

ネット上（Wikipedia「鳥羽・伏見の戦い」の項）にもほぼ同じことが書いてあります。

「列強は局外中立を宣言し、旧幕府は国際的に承認された唯一の日本政府としての地位を失った。」

これ、誤りです。

まず、「王政復古の大号令」が一八六七年十二月九日に出された時、欧米列強は明治新政府を新政府として承認していません。条約による開港も、改税約書の調印も、すべて幕府がやってきたことだからです。

同年十二月十六日、慶喜は、アメリカ・イギリス・フランス・オランダ・イタリア・プロイセンの六カ国の公使を大坂城に呼び寄せ、今後に起こるであろう展開に対し、内政不干渉を約束させ、幕府に外交権があることを六カ国に承認させました。

鳥羽・伏見の戦い後に、**列強が行なった局外中立宣言は、内政干渉しないと幕府と約束しているか**

ら新政府を相手にしない、という宣言です。旧幕府は日本政府としての地位を失った、という意味ではありません。「鳥羽・伏見の戦いに新政府が勝ったとしても、我々は新政府をまだ日本政府として承認しない、中立だ」と宣言するものなのです。

これは江戸城の無血開城の前でも変わりません。こういう記録が残っています。

長州藩士の木梨精一郎《きなしせいいちろう》が、西郷隆盛の命令を受けてイギリス公使のパークスのところに行きました。要件は、江戸城攻撃について。新政府軍の兵士が負傷した場合、手当・治療を横浜にあるイギリスの病院で受けさせてほしい、と申し出ました。

パークスはあっさりと拒否します。精一郎の記録には、

「今日の政権は徳川にあり。王政維新になったといえどもいまだ外国公使への通報もなし。われわれはどこまでも前条約を以て徳川政府を政府とみなすものなり」

とパークスに言われた、とあります。

あわせて「横浜にいる軍も艦上に引き揚げさせるつもりはない。自国民の安全がおびやかされないように治安を維持する」とも言っています（アーネスト・サトウの当時の日記などでも、戊辰戦争中の列強の「中立」と、幕府をその時点で条約上・外交上の政府と認識していたことが読み取れます）。

どうやらこれを西郷は、「江戸を攻撃することをイギリスは許さない」と解釈したのかもしれません（新政府の最初の外交案件といわれた、一八六八年二月に岡山藩兵と外国兵が衝突した「神戸事件」の後でも、実際はこのような状況でした）。

ですから、鳥羽・伏見の戦い後、「列強は局外中立を宣言し、旧幕府は国際的に承認された唯一の日本政府としての地位」を引き続き保っていたのです。

一八六八年二月、明治政府は王政復古と天皇の外交主権掌握を宣告しましたが、各国による明治天皇への信任は、イギリスが同年五月、フランスが翌六月です。以後、順次各国は承認し、おおむね一八六九年六月までに完了しています。

したがって、**明治政府の国際承認は一八六九年頃までかかった**、と言えるでしょう。

徳川慶喜の「逃亡」

一八六七年末、徳川慶喜率いる幕府軍は、大坂城に入っていました。

大坂城は、もともとは豊臣秀吉が建てた城ですが、大坂の役の後、再建されました。江戸時代には大坂城代《おおさかじょうだい》が座し、西国の要として重要な位置にあったことは、豊臣時代と変わっていませんでした。

大坂城からは淀川《よどがわ》をのぼり、京都へ軍を進めることが可能であり、新政府に対しては大きな圧力となります。しかし鳥羽・伏見の戦いでは、新政府軍が「錦の御旗」を掲げたことで、徳川慶喜は「賊軍」になることを恐れて撤退を命令。諸藩も寝返り始め、橋本《はしもと》と八幡《やわた》での戦闘で敗れ、じりじりと退きながら枚方《ひらかた》を防衛ラインとして踏みとどまっていました。

戦術的にはここで、大坂城からさらなる兵力（後詰《ごづめ》の兵）を投入すれば、十分押し返すことも可能だったかもしれませんが、慶喜は「撤退命令」を出しました。ただ、これも別に悪い作戦ではありません。いっそ大坂城まで撤退して態勢を立て直し、温存している日本最大の海軍を擁して反撃することも可能です。

事実、慶喜は全兵に対して「徹底抗戦」を発令したのですが、なんとその夜……慶喜は大坂城から逃亡してしまいました。ドラマなら俳優が、

「上様！　なぜでございますか！　今ここで戦えば、かならず逆転できますするぞ！」

「無理だっ。しょせん新政府軍には勝てぬ！」

「どうしてでございますかっ。われらには難攻不落の大坂城、最強の海軍があるではございませぬかっ！」

「何をいう。われらには大久保や西郷のような者がおらぬわっ」

なんて場面を演じるところです（こうしたやりとりが本当にあったかどうかはわかりません）。

取り残された会津・桑名・大垣《おおがき》などの諸藩兵、新撰組や陸軍伝習隊《でんしゅうたい》は呆然としてしまいます。慶喜は大坂湾に停泊していた開陽《かいよう》丸に乗り込んで、たった一隻でさっさと江戸城へ帰ってしまい、その他の幕府の役人たちも、残された艦艇に乗り込んで引き揚げます。

「こんなばかなことがあるか！」

と怒りが収まらなかったのが、開陽丸の艦長でありながら置き去りにされてしまった榎本《えのもと》武揚《たけあき》。というか、彼はあきれかえっていたかもしれません。大坂城には、武器はもちろん、文化財ともいうべきさまざまなお宝が放置されただけでなく、二十万両近い御用金がそのまま残されていたからです。榎本は、これらをすべて運び出し、富士《ふじ》丸に乗って大坂から出ます（ちなみにこの船には新撰組の近藤勇《こんどういさみ》と土方《ひじかた》歳三《としぞう》が乗船していました）。

大阪の人でも案外知らない人が多いのですが、玉造口《たまつくりぐち》に「残念さん」と呼ばれたお墓があります。幕府や諸隊が引き上げた後、新政府軍に大坂城を奪われるのは口惜しい、と大坂城に残り、火を放って切腹した武士たちがいました。逃亡した多くの幕府・諸藩の兵に比べて、なんと立派な者たちだ、と、新政府軍によって彼らは丁重に葬られたのです（現在は「城中焼《じょうちゅうしょう》亡埋骨墳《ぼうまいこつふん》」と刻まれているため、豊臣滅亡の大坂夏の陣の時の墓かな？　と誤解している方もいると思うので、ちょっと書いてみました）。

この徳川慶喜の「逃亡」によって、大きく流れが変わりました。様子見をしていた諸藩はもちろん、商人たちも「新政府は買いだっ」となり、新政府は財政援助も得やすくなったといいます。

それだけではありません。慶喜自身が、幕府の中での（というか徳川一族の中の徳川宗家《そうけ》としての）精神的な求心力を失くしてしまう、重大な失態をしでかしてしまいました。

『金扇馬標《きんせんうまじるし》』を大坂城に「置き忘れて」きてしまったのです。

これこそ、神君《しんくん》家康公以来受け継がれてきた馬標（本陣における大将の位置を示すもの）なのです。小牧長久手《こまきながくて》の戦いでも、関ヶ原の戦いでも使用され、徳川ここにあり、と、諸大名に睨《にら》みをきかせてきた「権威の象徴」。こんなものが新政府軍の手に渡ったら、もはや終わり。

そこで、

「野郎ども！　徳川さまの一大事だっ。おめぇたちの命、このおれにくれ！」

と『金扇馬標』奪回のミッションを引き受けたのが、町火消《まちひけし》の親方、新門《しんもん》の辰五郎《たつごろう》でした。

江戸時代の読み物などでは、エライさんと庶民の交流を描いたものがけっこうあります。た

とえば、

徳川家光と大久保彦左衛門と一心太助《いっしんたすけ》

徳川吉宗と大岡越前《おおおかえちぜん》と「め組」の辰五郎

などなど。でも、これらの話は基本的にフィクションです。庶民は政治家を悪として思い描きがちですが、同時にそれは為政者《いせいしゃ》に対する期待の裏返しで、「良き政治家」「庶民の味方」を心の中で待望し歓迎しているんですよね。大衆迎合はダメだ、民衆は飽きっぽい、とか言う政治家もいますが、民衆の期待を裏切るのはたいてい政治家のほうです。

さてさて、実は幕末、水戸家ブームが起こったことがあるんです。将軍継嗣問題をきっかけに、井伊直弼と水戸徳川家の斉昭が対立し、井伊直弼が大老となって、井伊が推す徳川慶福《よしとみ》(後の家茂)が将軍となりました。

しかし、井伊による安政の大獄の弾圧、開国にともなう経済の混乱などから、江戸の庶民は井伊直弼が嫌いで、対立して隠居させられた徳川斉昭を持ち上げる空気が出てきます。『水戸黄門漫遊記』という講談が流行し、水戸の殿様は「世直し」してくれる偉い人、という感じでもてはやされるようになりました。

江戸の庶民は、斉昭の息子で、一橋家に養子に出ていた次期将軍候補の慶喜も嫌いではありませんでした。

新門辰五郎は、火消し「を組」の親分で、浅草寺《せんそうじ》一帯に顔が利く町の実力者。上野大慈院《うえのだいじいん》の別当《べっとう》(お寺の一番えらい人)覚王院義観《かくおういんぎかん》は、管轄下にある浅草寺の「掃除方《そうじがた》」を彼に任せます。

「え? お掃除当番?」と思うなかれ。清掃方とは、寺の衛生、転じて風紀、その寺に関係する人々の生活まで取り締まる役で、門前などには、多くの店や出店が並ぶのですが、そういうこともすべて取り仕切りました。

江戸の町政は、たいていは町の有力者の自治に任せていましたから、民衆は「お上」が「民衆の中から選んだ代表」を仲介として、やわらかく「間接統治」されていました。江戸の衆たちは、上方《かみがた》に対抗する意識も手伝って、「徳川びいき」の者も多くいます。そういう空気をたっぷりと吸っていたのが、防火を任されていた町火消たちで、

「おれたちゃ、お上から見込まれて、江戸の町を守っているんだっ」

という心意気が強い。新門辰五郎もそういう意識が特に強い人物で、覚王院義観が、将軍になる前の一橋家の慶喜と辰五郎の仲をとりもったようです。「未来の将軍さまだ。お近づきになっておけ」「江戸の町のことならこの者を」……まあ、そういうことはありそうです。

そんな縁で、慶喜は辰五郎と親しくなり、なんとその娘と恋に落ちるというちょっとドラマティックな話（辰五郎の娘が奥女中をつとめていた時に慶喜が見初《みそ》めた）もあり、いっそう辰五郎と慶喜のつながりは深くなりました。

その慶喜が大坂城から脱出したものの、『金扇馬標』を忘れてきてしまった。いまさら兵を派遣するわけにもいかず、さりとて「忘れちゃったから返して」と新政府に言えるわけもない……そこで行動をともにしていた新門辰五郎が、手下を三十人ほど連れて大坂城にリターン。『金扇馬標』を見事に奪還し、大急ぎで、大坂湾に待っている慶喜のもとへ走る走る！

あれ？　開陽丸が……いない？

なんと慶喜は、辰五郎の帰りを待たずに出港していたのです。が、そんなことでめげる辰五

郎ではありません。「慶喜さまの無事のためなら先にお帰りになるのは当たりめえだっ」とばかりに、東海道を走って江戸まで帰りました。

「おれの作戦に必要なのは、こういう漢《おとこ》だっ」

と辰五郎に目をつけたのが勝海舟でした。すでに、西郷隆盛を実質的な司令官とする官軍が江戸に迫っていました。

この頃活躍したのが、「幕府の三舟」。勝海舟、高橋泥舟《でいしゅう》、そして山岡鉄舟《てっしゅう》です。

徳川慶喜は、とにかく新政府には逆らわないと決めて、ひたすら恭順の意を示すべく寛永寺に謹慎し、高橋泥舟が護衛していました。勝海舟は幕府の陸軍総裁として実質的な交渉を全権委任されており、まず山岡鉄舟が西郷との交渉に派遣されます。そして、停戦条件を引き出すことに成功しました。

一　慶喜を備前藩にあずける
二　江戸城を明け渡す
三　軍艦はすべて新政府が接収する
四　武装解除
五　江戸城内からの家臣の移動
六　慶喜を補佐した人物で新政府に逆らった者を処分する
七　停戦後、官軍に逆らう行動をした者たちは官軍が鎮定する第六項はいわゆる戊辰戦争の戦争犯罪人の処罰。第三項からは幕府の軍事力の中心が海軍にあったことがわかります。

鉄舟は、第一項をのぞいてすべて受諾することを明言しました。西郷は「無条件降伏」を繰り返し要求します。鉄舟は説きました。

「立場を変えて考えられよ。もし、島津公を他藩にあずけよ、と言われれば、貴公はこれを承知するのか！」

西郷は物事の核心を理解できる人物でした。幕府側も強硬派と恭順派の二派に分かれているはず……しかしもし、第一項を押し通してしまうと、この二派を「再統合」させてしまうおそれがある。西郷は、第一項だけを「未決事項」としました。

そしてこの間、勝海舟の「作戦」が密かに進行したといいます。いや、作戦というよりハッタリです。それは官軍との講和が破れた場合、江戸の町人たちを避難させた上で、官軍を引き込み、江戸の各所に火を放つ、というもの。そのため火消し、とび職、博徒《ばくと》の元締めたちの家に、新門辰五郎の案内で、勝海舟自ら嘆願に回った、という説です。

ただ、実際は違って、勝がそう決意し、交渉が頓挫したなら「そうしてやらぁ！」ぐらいの江戸っ子的な、ケツまくりで西郷との会談に臨んだ、ということだった可能性のほうがはるかに高いでしょう（『勝海舟日記』にもそのような記述が見られます）。

あるいは、そういう噂を流布させるくらいは、勝ならしたかもしれません。

新政府を後援していたイギリスは、新政府成立後の日本との貿易振興、利権の拡大を当然企図しており、最大人口都市で世界的マーケットの江戸が戦闘によって損なわれるマイナスを危惧していたと言われます。

　幕府は降伏するのか、戦争をするのか。イギリスは情報を集めなくてはなりませんでした。そこで公使のパークスは、アーネスト・サトウを江戸に派遣して情勢を探らせます。すると江戸の町は、勝の「決意」の噂でもちきりでした。

「新門辰五郎が勝安房守《あわのかみ》さまに呼ばれて、なにやらご相談があったらしい」

　官軍が江戸に攻め込んでくるかもしれないわけですから、町の実力者に事情も説明しておく必要はあったでしょう。パニックを避けるために、「こういう秘策があるから安心しな」という話の一つくらいしたのでは、とも考えられます。

「おめぇたちには迷惑かけるかもしれねぇぜ」

「でも、おれっちが話し合いでなんとかしてやる」

「だめだった時は、すまねぇが助けてほしいことがある」

　パークスは驚いたでしょう。

「守る旧幕府側」が強硬派と恭順派に分かれていた一方、「攻める新政府側」も、強硬派と穏健派に分かれていました。西郷と勝の会談が行なわれ、江戸城の無血開城が決まったものの、当然、強硬派たちは怒ります。特に土佐の板垣退助《いたがきたいすけ》は、軍を八王子まで進めており、「何をここまできてっ。あとは攻撃あるのみじゃないか！」と息巻きますが、「イギリスが怒っている」と西郷が説得して鎮静化させたといいます。西郷は、この「パークスの怒り」をフル活用して強硬派を説得しました。

　むろん、幕府側も強硬派たちが暴発します。いわゆる「彰義隊」。無血開城後、江戸での流血の最終決戦が行なわれました。上野あたりで出た火は、周囲に広がろうとしていましたが、ここで新門辰五郎率いる火消したちが活動を開始。新たな旧幕府軍の出現か、と官軍に緊張が走り、前線の部隊と火消したちの衝突も起こりましたが、

「ばかやろぅめ。こちとら火消しだっ。てめぇらなんかに興味はねぇぜ！」

気迫に圧倒された官軍は道をゆずり、しばし、彼らのあざやかな活動を眺めていた部隊もあったといいます。新門辰五郎は東叡山寛永寺《とうえいざんかんえいじ》への類焼《るいしょう》を防ごうと、必死で防火活動を行ないました。

勝海舟が火消し衆や町の実力者たちに言い含めておいたのは、案外とこれだったのではないでしょうか。

「すまねぇが、戦争になっちまっても、おめぇらの手で江戸を守ってくんねぇか？」

という感じ。現実に、町火消たちが江戸を焦土にする作戦に手を貸すとは思えませんし、勝海舟もそんなことを新門辰五郎に依頼するわけもなかったでしょう。

フランスとイギリスが自分たちの支配下に置こうと企んでいるのではないか？　と、勝海舟や西郷隆盛は恐れていたのかもしれません。もし戊辰戦争が長引けば、インドなどのように、フランスとイギリスの介入を受けて、幕府はフランスの傀儡、薩長土肥はイギリスの傀儡となって、やがて日本は植民地になるかもしれない……などと。しかし実際には、状況は違ったのです。

また、戊辰戦争が一年という短期間で終わったことも重要です。

一八六〇年代末、ヨーロッパではプロイセンが台頭し、大きく力を伸ばしつつありました。

アメリカは南北戦争の直後ですし、フランス、イギリスなどは実際にはヨーロッパの情勢から目を離せず、日本に対して本腰を入れて干渉する余力を割きにくい状況にありました。

一八六七年に大政奉還が行なわれ、六八年には新政府の基礎づくり、六九年に版籍奉還《はんせきほうかん》、七一年に廃藩置県《はいはんちけん》を断行して、以後、七〇年代に一気に近代化が進みます。

ヨーロッパでは、一八七〇年にフランスとプロイセンが対立して戦争を始めてしまい、七一年にドイツ帝国が成立して、さあ、本腰入れて日本に干渉しようか、と、思ったら、その間わずかな隙《すき》をついて「近代化」を目指す明治新国家が全速で動き始めていました。

明治維新の最大の功労は、徳川慶喜の「逃亡」にあった――と言っても、言い過ぎではないような気がしてきます。

102 来日外国人は、民衆の正直さと誠実さに一様に感銘を受けたわけではない

『日本国紀』には来日外国人による「日本の感想」がいくつか紹介されています。

私も、外国の方から日本の良さを教えてもらうと、たいへんうれしいですし、外国に行っても、外国人の方にお会いしても、「日本の良さ」をちょい混ぜしながら、日本の文化財の紹介や歴史の話をします。

四人の欧米人（シュリーマン、オールコック、バード、モース）についてのコラム（278〜280頁）で、

「彼らが一様に感銘を受けていることがある。それは日本の民衆の正直さと誠実さである」として、彼らの発言・逸話が紹介されています。

シュリーマンは『旅行記　清国・日本』、オールコックは『大君《たいくん》の都　幕末日本滞在記』、バードは『日本紀行』、モースは『日本その日その日』をそれぞれ読んでいただけたら、いろいろわかります。面白いですよ。

前にも触れたように、日本の当時の治安は悪く、窃盗や強盗、スリが横行していました。旅館も、安宿《やすやど》の相部屋などでは盗難がしょっちゅうありました。一人で泊まるような高級旅館と庶民の宿は同等に語れません。

四人の来日時期をみると、シュリーマンとオールコックは一八六〇年代の幕末の日本、バードとモースは一八七〇年代以降、と大きく二つに分けられます。

バードは一八七八年の六～九月に東京・日光・新潟・東北、十一月に神戸、京都、伊勢、大阪を旅行しています。

百田氏は、「一様に感銘を受けている」こととして「正直さと誠実さ」を挙げていますが、バードは、イギリスの地理学会員で、世界各地の旅行記を記している、いわば地理学者とも言える人です。読めばわかりますが、大部分は日本の風土・習俗を客観的に評価していて、日本人評はあまり出てきません。出てきてもバランスのいい記述がなされています。ネット上で彼女の話が引用されるときは、たいてい「良い話」を切り取って紹介されるのが常です。でも『日本紀行』における日本人の「総評価」はなかなか厳しいですよ。

「日本人の多くと話し、様々な見聞をした結論として、道徳レベルはかなり低く、生き様も誠実でもないし、純真とも言えない」

と記し、百田氏の話とは真逆の評価を結論しています。モースも『日本その日その日』の中では、良い面、悪い面、両方併記しています。

また、一八七〇年代以降の来日外国人としてはドイツ人医師のベルツも挙げられます。『ベルツの日記』が知られていますが、こちらも日本の良い点、悪い点をちゃんと両論併記しています。

彼ら来日外国人の意見の全体を読めば、日本人の賢愚、道徳不道徳、平凡でしたたかで、醜くて美しい、そのまま、ありのままの生活が感じられます。「ああ、やっぱり、そりゃそうだよね」となります。一部をつまみ食いするのではなく、著者の意を汲んでバランスよく理解する必要があります。

ところで、ベルツ、バード、モースの話をよく読むと、シュリーマンやオールコックの「日本人評」とは、ちょっと違いを感じるんですよ。つまり一八六〇年代と七〇年代の差。あとの時代になるほど、だんだん「悪い点」が目立つみたいなんですね。またベルツは、日清・日露戦争後の日本社会の様子も観察して、「極端に高慢になりのぼせあがる国民性」を指摘しています。

日本人のモラルは、幕末・明治・大正時代を通じて、しだいに帝国主義的風潮、対外戦争に傾いていくに連れ、「劣化」していったようにも思えます。それはもちろん来日外国人の意見に限らず、国内の言説を見ても感じます。

たとえば大正時代、鉄道利用のマナー改善を訴えたパンフレットに書かれていることなんかは、なかなか面白いですよ。

「無理無体に他人を押しのけ、衣服を裂いたり、怪我をさしたり、誠に見るに堪えない混乱を演ずるのが常である」

当時はお年寄りや体の不自由な人に席を譲る、という発想がありません。昭和になっても、酒や牛乳の瓶、ゴミが車内に残されたままという光景はありました（『写真週報』）。窓から投げられた弁当箱や瓶で駅員がケガを負う事件の記録もたくさんあります。

戦後の教育、社会の変化を通して、公共マナー、整列乗車、交通法規の順守などが進みました。みんなすっかり忘れているだけ。「昔はよかった」なんてのは、かなり割り引かなくてはならないんですよ（大倉幸宏『「昔はよかった」と言うけれど　戦前のマナー・モラルから考える』）。

百田氏はのちに、第二次大戦後の占領軍が「日本の伝統と国柄《くにがら》を破壊しようとした」（408頁）と言われていますが、一面的な批評です。違う側面から見れば、日本人は大戦後の社会の変化、人権意識の向上、平和を愛する気持ちを通じて、ベルツの指摘した「極端に高慢になりのぼせあが」った国民性を矯正し、イザベラ・バードが指摘した低下した道徳レベルを高め、誠実さや純粋さを取り戻していった、とも言えると思います。

ところで、オールコックは『大君《たいくん》の都　幕末日本滞在記』の中で、愛犬トビーのことを書いています。熱海にトビーの墓があるんですが、その経緯が書かれたものを読んで、マジか、こんな話あったんか、と驚いた記憶があります。伝承もまじえてお伝えしますと――。

熱海の間欠泉《かんけつせん》で熱湯を浴び、ヤケドを負ったトビー。地元の人々が心配し、多くの人が治療に力を貸してくれたようです。快方に向かうように見えたのですが、残念ながら死んでしまいました。

オールコックが哀しみにくれていると、宿の主がお坊さんを呼んで、熱海の人々は「葬儀」をしてくれました。好物の大豆までちゃんとお供えしてくれたそうです。オールコックはたいへん感動し、こう記しています。

「日本人は、支配者によって誤らせられ、敵意を持つようにそそのかされない時には、まことに親切な国民である」

あとがき

日本の歴史を綴ること。

それはつまり、「日本列島」という小さな世界での、人々の営みを探ることとです。

しかし過去の営みは、いつの時代、どこの地域をとってみても、「閉じられた空間」での「単一の動き」にとどまるものではありません。考古学、民俗学、歴史学……現在、そうしたさまざまな方面における研究により、「歴史」の多層性・多重性が日々、解きほぐされ続けています。

この『古代～近世篇』では、そのような視点・角度から、日本史にまつわる膨大な誤解や俗説に向き合い、多くの方による学問上の成果を紹介してきたつもりです。続く『近代～現代篇』でも、その基本姿勢は変わりません。

原始・古代から、中世をへて近世へ、とこれまで辿ってきました。

上巻を閉じる、というより、近代への扉を開く、という感じで、また次の巻でお会いしましょう。

浮世博史

参考・引用文献

全般

百田尚樹『日本国紀』幻冬舎（第一刷・二〇一八年十一月十日発行）
『詳説日本史B　改訂版』山川出版社、二〇一七
『詳説日本史研究』佐藤信・五味文彦・高埜利彦・鳥海靖編、山川出版社、二〇一七
ウィキペディア日本語版の各項目（二〇一八年十一月九日以前の版）
浮世博史『宗教で読み解く日本史』（すばる舎、二〇一九）

4

島善高『律令制から立憲制へ』成文堂、二〇〇九

5

今尾文昭『天皇陵古墳を歩く』朝日選書、二〇一八

13

『万葉集』佐竹昭広・山田英雄・工藤力男・大谷雅夫・山崎福之校注、岩波文庫、全五巻、二〇一三～一五

17

重文『大坂夏の陣図屏風』大阪城天守閣蔵
藤木久志『雑兵たちの戦場　中世の傭兵と奴隷狩り』朝日新聞社、一九九五／朝日選書、二〇〇五
藤木久志『飢餓と戦争の戦国を行く』朝日選書、二〇〇一／吉川弘文館、二〇一八

22

土田直鎮『日本の歴史5　王朝の貴族』中央公論社、一九七一／中公文庫、二〇〇四
瀬野精一郎『長崎県の歴史』山川出版社、一九七二
福田豊彦「戦争とその集団」、『室町幕府と国人一揆』吉川弘文館、一九九四
藤原実資『小右記』東京大学史料編纂所ウェブサイト・古記録フルテキストデータベース／『現代語訳　小右記』倉本一宏訳、吉川弘文館、二〇一五～

番外篇1

吉田兼好『徒然草』西尾実・安良岡康作校注、岩波文庫、一九八五

26
佐伯智広『中世前期の政治構造と王家』東京大学出版会、二〇一五

27
元木泰雄『河内源氏　頼朝を生んだ武士本流』中公新書、二〇一一

番外篇 2
東郷隆『「絵解き」雑兵足軽たちの戦い』講談社文庫、二〇〇七
黒田基樹『百姓から見た戦国大名』ちくま新書、二〇〇六
藤木久志『雑兵たちの戦場』前出

番外篇 3
『新訂　承久記』松林靖明校注、現代思潮社（新撰日本古典文庫）、一九八六

31
佐伯弘次「蒙古襲来以後の日本の対高麗関係」（『史淵』第百五十三輯、二〇一六年三月）
『岡屋関白記　深心院関白記　後知足院関白記』陽明文庫編、思文閣出版（陽明叢書）、一九八四

36
夏目漱石「模倣と独立」（三好行雄編『漱石文明論集』岩波文庫、一九八六／上記を底本に青空文庫にも収録）

41
今谷明『室町の王権　足利義満の王権簒奪計画』中公新書、一九九〇
石原比以呂『室町時代の将軍家と天皇家』勉誠出版、二〇一五

43
『満済准后日記』（森茂暁「『満済准后日記』　黒衣宰相がリードした室町政治」／元木泰雄・松薗斉編著『日記で読む日本中世史』ミネルヴァ書房、二〇一一）
小林保夫『中世公武権力の構造と展開』吉川弘文館、二〇〇一
大田壮一郎『室町幕府の政治と宗教』塙書房、二〇一四
伊藤喜良『日本中世の王権と権威』思文閣出版、一九九三
伊藤喜良『足利義持』吉川弘文館（人物叢書）、二〇〇八

44
『実隆公記』全十三巻、高橋隆三校訂、続群書類従完成会、

一九三一～六三
『後法興院記』全四巻、陽明文庫編、思文閣出版（陽明叢書）、一九九〇～九一

46
佐藤貴裕『節用集と近世出版』和泉書院（研究叢書）、二〇一七

47
黒田俊雄「中世の身分制と卑賤観念」（『日本中世の国家と宗教』岩波書店、一九七五）
呉座勇一『戦争の日本中世史　「下剋上」は本当にあったのか』新潮選書、二〇一四
『大乗院寺社雑事記』第四巻、辻善之助編、三教書院、一九三二（国立国会図書館デジタルコレクション）

50
太田牛一『現代語訳　信長公記』榊山潤訳、ちくま学芸文庫、二〇一七
和田裕弘『信長公記　戦国覇者の一級史料』中公新書、二〇一八

51
『多聞院日記』第三巻、辻善之助編（竹内理三編『増補続史料大成』四〇巻）臨川書店、一九七八
堀新「豊臣秀吉は征夷大将軍になりたかったのか」（山本博文・堀新・曽根勇二編『偽りの秀吉像を打ち壊す』柏書房、二〇一三）
『伊達世臣家譜』（国立国会図書館デジタルコレクション他）

52
高橋裕史『武器・十字架と戦国日本　イエズス会宣教師と「対日武力征服計画」の真相』洋泉社、二〇一二
『イエズス会士日本通信』上下、村上直次郎訳、柳谷武夫編、雄松堂書店（新異国叢書）、一九六八
『日本關係海外史料　イエズス会日本書翰集』全九冊、東京大学史料編纂所、一九九〇～二〇一八

53
『浅野家譜選書』（笠原一男・野呂肖生『史料による日本史』三訂版、山川出版社、二〇〇七）

57
福田千鶴『淀殿　われ太閤の妻となりて』ミネルヴァ書房、二〇〇七

桑田忠親『豊臣秀吉研究』角川書店、一九七五
桑田忠親『淀君』吉川弘文館（人物叢書）、一九五八
小和田哲男『北政所と淀殿　豊臣家を守ろうとした妻たち』吉川弘文館、二〇〇九
脇田晴子「日本中世史・女性史より」（『歴史評論』四四一号、一九八七年一月）

58
氏家幹人『古文書に見る江戸犯罪考』祥伝社新書、二〇一六

59
福田千鶴『酒井忠清』吉川弘文館（人物叢書）、二〇〇〇

60
松村博『大井川に橋がなかった理由』創元社、二〇〇一

64
東武野史『三王外記』（国立国会図書館デジタルコレクション他）
『国史大辞典』第六巻、吉川弘文館、一九八五

65
村井淳志『勘定奉行荻原重秀の生涯　新井白石が嫉妬した天才経済官僚』集英社新書、二〇〇七

66
高橋敏『江戸の訴訟　御宿村一件顚末』岩波新書、一九九六
仁科邦男『犬の伊勢参り』平凡社新書、二〇一三

67
吉田伸之「食類商人」、『伝統都市・江戸』東京大学出版会、二〇一二

69
大石久敬『地方凡例録』上下、大石信敬補訂、大石慎三郎校訂、近藤出版社（日本史料選書）、一九六九

70
三上隆三『江戸の貨幣物語』東洋経済新報社、一九九六
田谷博吉『近世銀座の研究』吉川弘文館、一九六三

71
北条氏康書状『安房妙本寺文書』（佐藤博信『安房妙本寺日我一代記』）思文閣出版、二〇〇七

72
『尾公口授』（江戸時代写本）

番外篇　8
笠谷和比古『主君「押込」の構造　近世大名と家臣団』平凡社選書、一九八八／講談社学術文庫、二〇〇六
海音寺潮五郎『尾藩勤皇伝流』博文館、一九四三／改題『吉宗と宗春』文春文庫、一九九五
大石学『徳川吉宗　日本社会の文明化を進めた将軍』山川出版社、二〇一二
『徳川実紀』第八篇、吉川弘文館（新訂増補　国史大系）、二〇〇七

76
『後見草』（『詳説日本史史料集　再訂版』山川出版社、二〇〇四／『精選日本史史料集　再訂版』第一学習社、一九九一）
藤田覚『松平定信　政治改革に挑んだ老中』中公新書、一九九三
藤田覚『近世の三大改革』山川出版社、二〇〇二
難波信雄「幕藩制改革の展開と農民闘争」（『大系日本国家史3　近世』東京大学出版会、一九七五）
竹内誠「寛政改革」、『岩波講座　日本歴史12　近世4』岩波書店、一九七六
安藤優一郎『寛政改革の都市政策　江戸の米価安定と飯米確保』校倉書房、二〇〇〇
藤田覚編『幕藩制改革の展開』山川出版社、二〇〇一

80
ゴロウニン『日本俘虜実記』上下、徳力真太郎訳、講談社学術文庫、一九八四
ゴロウニン『ロシア士官の見た徳川日本　続・日本俘虜実記』徳力真太郎訳、講談社学術文庫、一九八五
P・I・リコルド『対日折衝記　一八一二年と一八一三年における日本沿岸航海と日本人との交渉』斉藤智之訳・刊、二〇〇七

81
藤田東湖『回天詩史』（『維新草莽詩文集』新学社近代浪漫派文庫、二〇〇七）
原田種成編『会沢正志斎・藤田東湖』明徳出版社（叢書・日本の思想家）、一九八一
吉村昭「牛」、『幕府軍艦「回天」始末』文藝春秋、一九九〇／文春文庫、一九九三
デビッド・ハウエル「講演　えげれす人がやってきた！

ペリー来航前夜」京都学園大学、二〇一六年七月九日
田中弘之『「蛮社の獄」のすべて』吉川弘文館、二〇一一

84
大谷亮吉編著『伊能忠敬』岩波書店、一九一七
保柳睦美編『伊能忠敬の科学的業績』古今書院、一九七四
東京地学協会編『伊能図に学ぶ』朝倉書店、一九九八
嘉数次人「江戸幕府の天文学（その8）」(『天文教育』二〇〇八年十一月号)
織田武雄『地図の歴史・日本篇』講談社現代新書、一九七四

86
マクドナルド『日本回想記』ウィリアム・ルイス、村上直次郎編、富田虎男訳訂、刀水書房、一九七九
「合衆国漂流民風聞記」、『弘化雑記・嘉永雑記』汲古書院(内閣文庫所蔵史籍叢刊35)、一九八三

88
岩田みゆき『黒船がやってきた　幕末の情報ネットワーク』吉川弘文館、二〇〇五

89
荒野泰典「近世日本において外国人の犯罪はどのように裁かれていたか」(貴志俊彦編『近代アジアの自画像と他者　地域社会と「外国人」問題』京都大学学術出版会、二〇一一)

90
「北方領土問題とは？」外務省ウェブサイト「日本の領土をめぐる情勢　北方領土」

92
アーネスト・サトウ『一外交官の見た明治維新』上下、坂田精一訳、岩波文庫、一九六〇

番外篇13
一坂太郎『司馬遼太郎が描かなかった幕末　松陰・龍馬・晋作の実像』集英社新書、二〇一三

94
「水戸様系譜」(『徳川諸家系譜』第二巻、斎木一馬・岩沢愿彦・戸原純一校訂、続群書類従完成会、一九七四)
松平春嶽（慶永）『逸事史補』(『幕末維新史料叢書』第四巻、人物往来社、一九六八)

徳川慶喜『昔夢会筆記　徳川慶喜公回想談』渋沢栄一編、大久保利謙校訂、平凡社（東洋文庫）、一九六七

95

M・C・ペリー『ペリー提督日本遠征記』上下、F・L・ホークス編纂、宮崎壽子監訳、角川ソフィア文庫、二〇一四

96

久住真也『幕末の将軍』講談社選書メチエ、二〇〇九

野口武彦『長州戦争　幕府瓦解への岐路』中公新書、二〇〇六

「陸奥国棚倉藩主阿部家史料」学習院大学史料館蔵

福島県白河市編・刊『白河市史　第二巻　通史編2　近世』二〇〇六

100

『浅野長勲自叙伝』手島益雄編、平野書房、一九三七

『岩倉公実記』原書房（明治百年史叢書）、一九六八

102

ハインリッヒ・シュリーマン『シュリーマン旅行記　清国・日本』石井和子訳、講談社学術文庫、一九九八

イザベラ・バード『イザベラ・バードの日本紀行』上下、時岡敬子訳、講談社学術文庫、二〇〇八

E・S・モース『日本その日その日』123、石川欣一訳、平凡社（東洋文庫）、一九七〇～七一／講談社学術文庫、二〇一三

トク・ベルツ編『ベルツの日記』上下、菅沼竜太郎訳、岩波文庫、一九七九

『写真週報』第二〇六号・昭和十七年二月四日号、情報局

大倉幸宏『昔はよかったと言うけれど　戦前のマナー・モラルから考える』新評論、二〇一三

オールコック『大君の都　幕末日本滞在記』上中下、山口光朔訳、岩波文庫、一九六二～六三

史料・文献名索引

ま行

や行

ら行

わ行

さ行

事項索引

ま行

や行

ら行

な行

は行

『古代～近世篇』索引

人名索引

あ行

装幀　細野綾子

浮世博史（うきよ・ひろし）奈良県北葛城郡河合町の私立西大和学園中学校・高等学校社会科教諭。塾講師として二十年近く中学受験・高校受験の指導にあたった後、大阪市天王寺区の私立四天王寺中学校・高等学校社会科主任をへて現職。二〇一八年十二月、自身の「こはにわ歴史堂のブログ」で「『日本国紀』読書ノート」を連載開始し、注目を集める。著書に『浮世博史のセンター一直線！世界史B問題集』『日本人の8割が知らなかったほんとうの日本史』『超軽っ！　日本史』『宗教で読み解く日本史』。

もう一つ上の日本史
『日本国紀』読書ノート・古代〜近世篇
二〇二〇年三月十日　第一刷発行
二〇二〇年九月十日　第四刷発行
著者　浮世博史
発行者　田尻　勉
発行所　幻戯書房
郵便番号一〇一-〇〇五二
東京都千代田区神田小川町三-十二
岩崎ビル二階
電話　〇三（五二八三）三九三四
FAX　〇三（五二八三）三九三五
URL　http://www.genki-shobou.co.jp/
印刷・製本　中央精版印刷

ISBN 978-4-86488-191-3　C0021

卑弥呼、衆を惑わす

篠田正浩

古代女王の鬼道に見る、女神アマテラスを祀る天皇制の始原。記紀と倭伝の齟齬を衝き、「神話」と「正史」の結節点を探る、日本人および日本国起源の再考。天孫降臨から昭和の敗戦を貫き、そして現在の「象徴」を見据えた通史。篠田日本史三部作の完結篇。

四六判上製／三六〇〇円

骨踊り

向井豊昭小説選

あらゆる小説ジャンルを呑み込み笑い飛ばす強靭な文体。アイヌへの「ヤマト」の差別に対する苛烈な問題意識……おそるべきゲリラ作家の入手困難な代表作を精選し、知られざる傑作長・中・短篇6作をほぼ初書籍化するメガ・コレクション。

四六判／四九〇〇円